KB253633

액션 바이블 러브 스토리 2

패륜의 극치인가
사랑의 장벽인가

액션 바이블 러브 스토리 2

패륜의 극치인가
사랑의 장벽인가

BM 성안당

차 례

서모 빌하와 장남 르우벤의 통간사건,
근친 불륜의 사랑 이야기

패륜의 극치인가,
사랑의 장벽인가

사실 보도가 있기에 성경은 경전이다

내가 어렸을 때 숙모께서는 성경을 읽다가 갑자기 이런 말씀을 하셨다.

"에이, 구약성경은 지저분해서 더는 못 읽겠어."

성경은 분명 경전이다. 경전이란 거룩한 말씀이라는 뜻인데 그런 경전에 인간의 탐욕과 치정, 중상모략 등 별의별 사건이 다 기록되어 있다.

요즈음 신문이나 TV 뉴스에 자주 보도되는 치사하고 목불인견인 사건들은 그에 비하면 사실 아무 것도 아니다. 성경에 기록된 파렴치한 사건들을 보라. 롯과 그의 두 딸이 상관하여 모압과 암몬이라는 아들을 낳았다. 소돔 고모라성에

는 동성애 사건이 만연했다. 소돔성의 불한당들은 여자보다
는 롯의 손님으로 온 남자들과 상관하겠다고 했을 정도다.
또 시아버지와 며느리의 통간사건으로 유다와 큰며느리 다
말이 상관하여 아들을 얻었다. 현대에도 금기시하고 패륜으
로 여기는 일들이 그 시절에도 버젓이 벌어지고 있었던 것
이다.

성서에는 별 해괴하고도 지저분한 내용들이 많다. 어떤
사건은 지금 읽기에도 민망할 정도인데 이런 일들이 생략되
거나 왜곡되지 않고, 다시 말해 전혀 걸러지지 않고 기록되
어 있다. 내 숙모께서 구약성경을 읽기가 힘들다고 했던 것
도 바로 이런 내용들 때문이다.

일본의 어느 무신론 작가가 성경의 오류를 찾아내기 위
해 열심히 성경을 읽었는데 그가 다 읽고 나서 솔직한 심경
을 이렇게 피력했다고 한다.

"역시 성경은 하나님의 말씀이 맞다. 숨김없이 모든 사실
이 그대로 기록되어 있기 때문이다. 그래서 성경이다. 사실
보도는 진리가 아닌가?"

꽤 오래 전에 나는 북한을 방문한 적이 있는데 그곳에도
언론이라는 것이 있었다. 방송, TV, 신문, 잡지뿐 아니라 문
예지까지 출간되고 있었다. 그런데 그들의 언론에는 김일성
에 대한 찬양과 노동당을 자랑하는 선전이 대부분이고, 민

망하거나 좋지 않은 얘기는 눈을 씻고 봐도 찾아볼 수가 없었다. '우리는 행복해요, 수령님은 영원하셔라' 과연 그런 내용들이 실린 것을 언론이라 할 수 있을까? 그것을 문학이라 할 수 있을까? 노동당원들조차 북조선의 언론을 믿지 않는다는 데 그것은 사실을 보도한 것이 아니기 때문일 것이다.

또 세속의 종교들이 가지고 있는 많은 경전들을 보자. 특히 사이비나 이단의 경전은 잘 치장되어 있다. 그럴싸하면서도 듣기에 좋은 얘기와 훌륭한 내용들로 가득 차 있다. 사람들의 밑바닥 얘기가 아닌 이상향에 가까운 얘기만 쓰여 있다. 그 자체만으로는 참 훌륭한 책이다. 그러나 그것이 윤리적으로나 도덕적으로 도움이 될지는 몰라도 인간의 생명을 구원하는 지침서는 될 수 없다. 또 그런 내용만으로는 경전이라고 하기에 부족한 점도 많다. 왜냐하면 거기에는 생명력도 없을 뿐 아니라 사실 보도가 아니기 때문이다.

하지만 성경에는 인간이 겪을 수 있는 모든 이야기가 있는 그대로 기록되어 있다. 전쟁, 살인, 사기, 간통, 치정, 복수 등 인간의 흥망성쇠와 모든 사실을 가감 없이 기록하고 있다. 이런 얘기는 좀 빼고 지나갔으면 좋았을 텐데, 하는 내용마저 다 실려 있다. 이처럼 정직한 내용에는 감동이 있고, 생명이 있다. 정직한 기록이기에 하나님의 말씀이 될 수 있는 것이다.

빌하와 르우벤은 서모와 장남, 즉 어머니와 아들 사이다. 그런데 그들이 통간을 했다. 어떻게 이런 일이 일어날 수 있는가? 이스라엘은 단일민족으로 거룩한 혈통을 지닌 선민이라고 한다. 그런데 이토록 자랑스런 민족이 구성되던 초창기에 이런 불상사가 일어났다는 것은 매우 놀랄 만한 일이다. 서모라면 친어머니는 아니지만 그래도 아버지의 부인이니 어머니라 할 수 있는데, 어떻게 어머니와 아들이 통간을 할 수 있을까? 이 사건은 성서에 나타나는 최초의 근친상간 사건으로 성경의 첫 번째 책인 창세기에 기록되어 있다.

르우벤은 야곱의 첫째 부인인 레아의 소생으로 야곱의 열두 아들 중 큰아들로 태어났다. 그는 아버지 야곱의 총애를 한 몸에 받고 가문의 수장이 될 장손 중의 장손인 적장자다. 후일 그는 르우벤 지파의 조상이 된다. 먼 훗날의 얘기지만 르우벤은 이복 동생 요셉을 죽이자는 동복 형제들의 강경함을 누그러뜨리고, 어떻게 해서든지 어린 동생 요셉을 살려보려고 했다. 그런 면에서 르우벤은 맏형으로서의 도량과 우애도 있는 사람이었다. 요셉을 죽이자는 동생들을 달래고 대신 사막의 웅덩이에 요셉을 집어넣는다. 그러나 형제들은 르우벤이 잠시 자리를 비운 사이 요셉을 종으로 팔아버린다. 그로 인해 르우벤의 계획은 허사가 되고 요셉을 끝내 구해내지는 못했지만 큰형으로서 최선을 다했던 것은 사실이었다. 어쨌든 요셉이 생명이라도 건질 수 있었던 것은 맏형 르우벤 때문이었다.

다시 말하지만 한 가문의 장남이라면 지도력이나 윤리적인 면에서 뿐 아니라 다른 모든 면에서도 출중해야 그 가문이 든든하고 견고해진다.

요셉의 사건에서 보듯이 르우벤에게는 맏형으로서 어느 정도의 장남다운 기세를 엿볼 수 있다. 그가 서모와 불륜을 저지른 전대미문의 끔찍한 일만 아니었다면 이스라엘은 르우벤의 나라가 되었을 것이고, 르우벤 지파가 민족을 영도했을 것이다.

그는 왜 서모 빌하와 간통사건을 일으켰을까? 천인공노할 패륜의 죄악을 더구나 창세 시절에 범하게 된 것일까? 그리고 그 결과는 어떻게 되는가, 그의 후손은 왜 저주를 받게 된 것인가?

성경에서는 이 패륜적인 사건에 대해 여러 번 기록하고 있다(창세기 35:22, 49:4-1, 역대상 5:1). 또한 야곱은 임종시 유언에서 아비의 침상을 더럽힌 자라고 맏아들을 질타하며 재앙을 받으리라고 저주한다. 이로써 르우벤은 많은 장점을 가졌음에도 불구하고 저주를 받아 그의 지파 자체가 소멸되어 버린다. 장남과 서모의 간통사건, 너무나 추하고 더러운 사건이다. 그런데 이 일이 도대체 어떻게 발생하게 되었는지에 대해 오늘날의 시각으로 재조명해보려고 한다. 그것은 인간 육욕의 부산물이 얼마나 우리를 처참하게 하는가를 알기 위해서다.

르우벤이 다섯 살이나 여섯 살쯤 되었을 때 들에 나갔다가 합환채를 꺾어 왔다. 합환채는 일종의 최음제인데 하도 귀해서 어느 곳에나 깔려 있는 것은 아니었다. 이것을 뜯어 먹거나 차로 만들어 마시면 성욕이 생긴다는, 말하자면 남녀 간의 육욕을 돋우는 그런 식물이었다. 바로 현대판 비아그라 나무라 할 수 있다. 라헬이 이것을 탐내며 먹고 싶어 했다. 자기뿐 아니고 남편 야곱에게도 합환채 차를 먹여서 뜨거운 밤을 보내고 싶었다. 그리고 그 뜨거운 밤을 통해 아들을 낳고 싶었다. 그래서 언니 레아에게 그것을 달라고 했다. 그러나 합환채의 비밀을 알고 있었던 레아는 자신의 입장에서 아무리 동생이지만 그것을 줄 리 만무했다.

"오늘밤 언니가 남편과 동침하세요. 합환채만 준다면 허락할게요."

레아는 오랜만에 남편과 동침할 수 있다는 것에 기뻐했다. 남편과의 동침을 라헬이 허락한다지 않는가. 레아는 어린 아들 르우벤이 꺾어온 합환채를 얼른 라헬에게 주었고, 오 귀여운 내 자식아, 하면서 르우벤의 등허리를 두드려주었다. 오랜만에 남편 야곱과 합궁을 하게 된 것이다. 그것은

어린 아들 르우벤이 꺾어온 합환채 때문이었다. 합환채라는
식물 때문에 남편을 주고받는 웃지 못할 일이 생긴 것을 보
면 당시 야곱과의 잠자리에 대한 권한이 라헬에게 있었음을
알 수 있다. 야곱은 말만 남편이지 라헬이 시키는 대로 하는
시종이나 다름 없었다. 오늘은 이 여자와 자라, 내일은 저 여
자와 자라, 라헬 마음대로다. 이것만 봐도 당시 라헬의 위세
를 알 수 있다.

그렇다면 어린 소년 르우벤은 무엇 때문에 합환채를 꺾
어왔을까. 합환채가 무엇인지 알고 꺾어왔을까, 아니면 모
르고 꺾어왔을까. 겨우 대여섯 살밖에 되지 않는 어린 소년
이 왜 이런 식물을 꺾어왔을까? 후일 그가 일으킨 서모와의
불륜사건을 보면 시사하는 바가 크다.

그렇다면 빌하는 어떤 여자인가? 그녀는 이스라엘의 열
두 지파 중에서도 단 지파와 납달리 지파의 어머니가 되는
여인이다. 라헬의 몸종 출신이면서 야곱의 첩이기도 하다.
그런 여인이 당시 가나안의 대부호였던 야곱의 부인이 되었
다. 빌하의 입장에서 그만하면 대단한 신분상승이다. 그러
나 불행하게도 빌하가 깨닫지 못하는 것이 있었다. 그것은
자신이 족장의 거룩한 어머니라는 사실을 잊고 있었던 것이
다. 사건 당시의 빌하는 출신이 미미한 여종이었다. 그런 그
녀가 야곱의 아들을 둘이나 낳고 민족의 어미가 된 것은 본

처의 자식이든 첩의 자식이든 상관 없이 야곱의 아들들은 모두 이스라엘의 족장이 되었다는 것을 알 수 있다. 얼마나 민주적이며 휴머니즘이 넘치는 가문의 역사인가?

과거 조선의 관습으로는 상상조차 할 수 없는 일이다. 조선시대에는 첩의 자식은 사람 대접을 받지 못했다. 게다가 노비종모법이라 하는 법에 의해 아무리 아버지가 양반이라 해도 어머니가 노비이면 그 자녀도 노비가 될 수밖에 없었다. 그러니 민족의 시조가 된다는 것은 어림도 없는 일이었다. 그런데 이스라엘은 여종의 자식이든 정실의 자식이든 상관하지 않았다. 이것만 봐도 창세 시대에는 신분의 차이가 없었던 것을 알 수 있다.

성경에서는 빌하에 관해서 그리 자세히 기록하지는 않았다. 다만 그녀가 여종 출신으로 르우벤과 간통했다는 것만 서술되어 있을 뿐이다.

우리는 빈한하거나 한미한 출신의 사람이라고 해서 무조건 멸시해서는 안 된다. 어려운 상황에서도 자신의 운명을 헤치고 노력하여 성공한 사람들이 한둘이 아니기 때문이다. 그러나 한미한 출신의 대부분은 주어진 환경과 운명을 헤쳐 나오지 못하고 그대로 주저앉는 경우가 많다. 그것이 그들의 한계다.

어느 해 겨울, 내가 뉴욕의 코리아타운인 후러싱의 거리를 걷고 있을 때, 흑인 소년 몇 명이 내 옆을 지나가고 있었다. 그런데 갑자기 그 흑인 소년들이 눈덩이를 들어 내 머리에 던졌다. 감짝 놀라 쳐다보았더니 그들은 낄낄거리며 아무 일도 없었다는 듯 태연하게 지나가고 있었다. 같은 또래도 아니고 내가 그들에게 이런 무례한 짓을 당할 아무런 이유도 없었다. 또 내가 그들에게 적의를 느끼게 할 만한 어떤 일을 한 적도 없었다. 선입견을 갖는 것은 좋지 않지만 이후로 흑인들에 대해 유쾌한 감정을 갖기가 힘들었다. 장사하는 분들 가운데는 흑인들에게 강도나 살인까지 당하는 경우도 있으니 이 정도는 아무것도 아닐 것이다.

우리나라에서는 여자 종을 '종년'이라고 불렀다. 종들은 사람 대접은커녕 기본적인 대우마저 받지 못했고 심한 경우에는 오히려 짐승 취급까지 받기도 했다. 그러나 빌하는 '종년'에서 하루아침에 야곱의 부인이 되어 단과 납달리라는 두 아들을 출산했고 가문의 어머니가 되었다. 비천한 몸에서 영화로운 자리에까지 앉게 되었던 것이다. 이쯤되면 그녀는 겸손하고 더욱 조심해서 훌륭한 인격을 갖추었어야 하는데 그게 말처럼 쉬운 일이겠는가. 개꼬리 삼 년 묵혀도 황모가 되지 못한다는 속담이 있듯이 개꼬리는 역시 개꼬리일 수밖에 없다는 얘기다.

분수를 몰랐던 야곱의 부인 빌하

　라헬이 죽자 집안의 안주인 자리는 빌하가 차지하게 되었다. 라헬은 야곱의 애처가 아닌가. 아름다운 여자, 야곱 가문의 꽃이 아니었던가. 이제는 빌하가 라헬처럼 야곱의 꽃이 되어 있었다. 빌하는 원래 라헬의 몸종이었다. 성격도 싹싹했고 인물 또한 곱상해서 여러 여종들 가운데 가장 아낌을 받았다.

　라헬이 언니 레아와 자녀 낳기 경쟁을 할 때에도 라헬 대신 빌하가 투입되었다. 그것은 빌하가 라헬의 신임을 얻었다는 것을 말해 준다. 자매의 질투와 욕심은 끝이 없었다. 자신들의 아이 낳기 경쟁에 '종년'들까지 투입했다. 말하자면 빌하는 라헬의 구원투수였던 것이다. 아이를 낳지 못하는 여주인 라헬에게 징발당해 하늘 같은 대주인 야곱의 수청을 들어 아들을 둘이나 생산했다. 그야말로 하루아침에 대권을 거머쥐게 된 것이다. '여자 팔자 뒤웅박'이라고 한다. 평소에는 눈 한 번 맞추기 힘든 대주인 야곱과 동침까지 하게 되다니, 더구나 아들을 둘이나 얻다니 바로 빌하를 두고 한 말인 것 같다. 일이 이렇게 되자 처음에는 조신하고 겸손하기까지 했던 빌하가 날이 갈수록 그 기세가 하늘 높은 줄 모르고 치솟기 시작했다. 더구나 그녀는 라헬이 난산 끝에 낳은 베냐민까지 자기 손에서 키우게 되었다.

막내 베냐민은 슬프게 태어난 아이다. 그래서 더욱 야곱이 애지중지할 수밖에 없었다. 야곱은 물론이고 열한 명의 형들이 베냐민을 보기 위해 빌하의 처소에 자주 드나들게 되었다. 열두 번째 중 막내로 태어났으니 얼마나 예쁘고 귀여웠겠는가. 집안의 대소사를 관장하는 것은 이제 빌하뿐이었다. 야곱 가문의 안주인은 여종 출신인 빌하였다. 젊고 예쁜 그녀는 야곱 가문의 명실상부한 안주인으로 떠오르는 별이 되었다. 그렇게 오만방자함은 점점 자라고 있었다.

그때쯤 르우벤은 기골이 장대하고 매력이 넘치는 청년으로 성장해 있었다.

빌하는 자신이 아무리 야곱의 부인이라 해도 남편이 어려운 처지였다. 남편과 아내의 사이라기보다는 여종과 주인이라는 수직관계가 더욱 어울렸다. 또 야곱은 그동안 라헬이라는 애처만 애지중지해왔기 때문에 빌하는 그때까지도 천시당하고 있었다. 말이 부인이지 여종 그 이상도 이하도 아니었다. 남편에게 따뜻한 사랑의 말 한마디 제대로 들어보지 못했다. 모르긴 해도 여인으로서 아내로서 불만과 한 맺힌 일들이 누적되어 있었을 것이다.

여자란 무엇인가, 아내란 무엇인가? 꽃이라고 하지 않는가? 꽃은 연약하지만 아름답고 어여쁘다. 누군가는 '아름다움은 곧 권력'이라고 하지 않던가. 꽃은 연약하지만 파워가 있고 세력이 있다. 그러나 꽃은 누군가가 잘 가꿔야 한다. 여자는 남자가 잘 가꿔주면 활짝 펴서 그 아름다움을 더욱 빛내고 힘도 발휘하지만, 내버려두면 어느새 비바람에 뽑히고 쇠락해진다. 여자란 항상 관심을 가져주어야 꽃처럼 아름답게 잘 자란다. 그렇기 때문에 여자는 남자의 따스한 말 한마디에도 금방 감동하고 각별한 사랑과 배려에 열정과 아름다움을 활짝 피우게 된다.

그런데 빌하에게 그런 기회가 있긴 했을까? 남편으로서의 야곱은 어떤 사람인가? 사실 빌하 같은 '종년' 출신의 여자들은 상대도 하지 않는다. 게다가 이미 죽어 떠나버린 라헬만 그리워하고 있다. 더구나 이젠 늙고 병들고 지친 노인이다. 기력마저 쇠잔해 있었다. 그에게 무슨 기력이 있겠으며 무슨 청춘이 있겠는가. 젊은 여종 빌하와 열정의 밤을 보낼 수 있을 것인가. 뜨거운 밀어를 속삭일 연인이 되어 줄 수 있을 것인가.

그동안 야곱은 라헬과 레아의 사랑 쟁탈전에 지칠 대로 지쳐 있었다. 여종 출신 아내인 빌하와 실바는 상전인 레아와 라헬의 눈치보랴, 남편 눈치보랴 정신이 없었다. 거기에 무슨 사랑이 있고, 부부의 낙이 있었겠는가. 아이 낳는 씨받

이 역할 말고 그 이상의 무엇이 있었겠는가. 상전보다 더 젊고 싱싱했어도 박대만 받지 않았던가.

빌하는 젊고 뜨거운 여자였다. 그러니 얼마나 남성이 그리웠겠는가? 거기다 늙은 남편의 사랑은 가뭄에 콩 나듯했으니 얼마나 불만이 많았겠는가? 남편의 동침권을 한손에 틀어쥔 라헬이 자신의 몸종 빌하에게 과연 몇 번이나 남편과의 동침 기회를 주었겠는가? 그녀로서는 두 아들을 얻은 것만으로도 과분했을 것이다.

당시 여인들이 만날 수 있는 남성이라고는 친족밖에 더 있었겠는가? 그래서 그때는 친족과의 결혼이 성행할 수밖에 없었다. 아브라함도 이삭도 야곱도 다 그랬다. 빌하와 르우벤 역시 서모와 아들이라는 친족 관계였다.

빌하와 르우벤—누가 먼저 유혹을 했을까? 서모인 빌하가 먼저 유혹을 했을까, 아니면 젊은 장정 르우벤이 먼저 유혹을 했을까. 아무래도 남자인 르우벤이 먼저 유혹을 했을 가능성이 크다. 젊은 아들 르우벤은 농익은 여인 서모 빌하의 관능적인 육체미에 정신을 잃었을 것이다.

하긴, 누가 먼저 유혹을 했든 둘은 이미 눈이 맞은 상태였기 때문에 그것은 별로 중요하지 않다. 빌하는 르우벤에게 어머니이기도 하지만 최상의 여인이었고, 빌하에게 르우벤은 젊은 아들이며 죽고 못사는 연인이었던 것이다. 그러니 누구라 할 것도 없이 서로 좋아하게 된 것이다.

잠자는 서모와 큰아들 르우벤

불나방이 타 죽을 줄 알면서도 불에 뛰어드는 이유는 불
이 너무 아름답고 찬란해서라고 한다.

여자의 육체는 무엇인가? 여자의 아름다운 육신은 무엇
인가? 불이다. 바로 죽음의 불이다. 눈부시도록 찬란하고 아
름다워서 남자들은 불나방처럼 뛰어든다. 불에 타 죽을 것
을 알면서도 뛰어드는 것은 여체야말로 그만큼 찬란하기 때
문이다.

불은 되도록이면 멀리 있어야 한다. 그래야 그 불의 온기
를 느낄 수 있다. 불이 아름답다 해서 너무 가까이 가면 뜨겁
기만 하다. 불의 현란함 때문에 뛰어들면 참혹하게 죽음을
당할 수도 있다. 당나라의 현종이나 솔로몬, 삼손이 그 좋은
예이다.

빌하의 처소는 막내 베냐민을 보기 위해 남편 야곱은 물
론이고 장정인 아들들도 무시로 드나들고 있었다.

형들은 과거 요셉에 대한 자신들의 악한 행동에 후회하
고 있었다. 요셉을 학대했던 과거에 대해 항상 미안한 마음

을 가지고 있었다. 요셉을 죽이려고 했던 일에 대해 반성을 하고 있었다. 애굽의 종으로 요셉을 팔아버렸던 일이 형들의 마음에는 부채(負債)로, 한(恨)으로 남아 있었다.

"그 아이가 마지막 살려달라고 애걸복걸 할 때의 그 모습을 잊을 수가 없네."

"그 아이 생각만 하면 눈물이 나요, 형님."

"우리가 왜 그런 짓을 했을까?"

"그러게요. 종으로 팔려갔으니 죽었을 거예요. 살아 있어도 매일 매 맞고 학대받으며 살고 있을 텐테……. 아버지는 그 일로 노쇠한 영감님이 되셨고, 불쌍한 우리 아버지……."

"세상에, 세상에, 우리가 그런 짓을 하다니."

형들의 가슴에는 멍울이 져 있었다. 막내 베냐민은 너무 어려서 자신들의 질투 대상이 될 수도 없었다. 그들은 요셉에 대한 미안함 때문에 베냐민을 더욱 사랑했다. 이해 관계가 없기에 베냐민을 더욱 사랑했다. 더구나 늙은 아버지 야곱에 대한 희망과 기대는 이제 오로지 베냐민뿐이었다. 형들은 아버지를 생각해서라도 베냐민을 위해주고 있었다.

언젠가 외국의 어느 작가가 찍었다는 100년 전 한국의 거리를 사진으로 본 적이 있다. 그런데 이상하게도 길거리를 지나다니는 여인 중에 젖통을 드러내고 다니는 사람들이 꽤 있었다. 예의를 중시하는 한국 사람들의 모습이라고 하기엔 이해가 되지 않았지만 사진설명에 보면 아마 그들은 아기에게 젖을 먹여야 하는 어머니였기 때문에 자랑스럽게 유방을 내놓고 다니는 것이라고 했다. 사실이 그랬을까. 그 사진은 지금도 의문투성이다.

빌하는 베냐민에게 젖을 먹이는 어미였다. 그렇기 때문에 가슴을 늘 풀어헤치고 있었다. 풀어진 옷 사이로 그녀의 탐스러운 유방이 흔들렸고 여인에게 있어 성의 상징이라 할 수 있는 젖꼭지를 내놓는 것도 다반사였다.

"서모님, 고생하십니다."

큰아들 르우벤은 장남으로서 자주 빌하의 처소에 출입하고 있었다. 지난 날 요셉에게 지은 죄를 속죄하고픈 마음뿐이었다.

"베냐민이 잘 자라고 있네요."

처음에는 별 뜻이 없었다. 서모 빌하를 여자로 본 적도, 그녀를 어찌 하겠다는 마음도 없었다. 그저 베냐민이 보고 싶어 온 것이다. 그런데 그날 일이 생기고 만 것이다.

"서모님, 주무시나요?"

빌하의 숙소에 들어와 보니 서모 빌하는 막내 베냐민을 안은 채 잠이 들어 있었다. 앞가슴은 풀려 있고 치마는 휘감겨 있었다. 그녀의 미끈한 두 다리와 터질 듯한 둔부가 드러나 있었다. 젊은 서모가 반나의 모습으로 곤하게 잠들어 있다. 너무 섹시하다.

"어허."

르우벤은 이내 방을 나가려고 했지만 이미 몸과 맘이 따로 놀았다. 찬란한 불, 활활 타는 서모의 그 불길이 현란하다. 마침 서모의 방에는 아무도 없었다. 텅 빈 방에서 모든 것을 드러내고 잠든 빌하. 르우벤은 당시 장정이었다. 정열이 넘치는 청년이었다. 그는 자신도 모르게 서모의 곁에 가서 앉았다.

"흠……."

자기도 모르게 빌하의 치마를 슬쩍 들춰보았다. 르우벤은 이미 제정신이 아니었다. 자기도 모르게 서모의 치부를 훔쳐본 것이다. 그녀의 나신이 현란하게 비치고 있었다. 쭉 곧은 다리, 아무 것도 걸치지 않은 하체가 그대로 드러나 보인다. 불, 불, 그것은 뜨거운 불이었다.

"흐흠……."

그는 침을 삼켰다. 그녀의 치부가 거침 없이 보인다. 여자의 치부는 처음이다. 여자의 시원은 처음이다. 그는 저 뜨거운 불길에 뛰어든다.

"이럴 수가, 이럴 수가."

그녀의 피부는 백옥 같았다. 유방은 탐스러웠고 둔부는 터질 듯했다. 르우벤은 자신도 모르게 그녀의 하체를 만지고 있었다. 뜨겁다. 활활 타오르는 불길, 내가 왜 이러는가, 내가 무슨 짓을 하는가, 그러면서도 르우벤의 손은 서모의 몸을 더듬고 있었다.

"어머, 이게 무슨 일이에요?"

르우벤의 손이 거칠어지자 서모 빌하가 놀라 일어난다. 그리고 순간 르우벤의 눈과 마주친다. 아무 생각 없이 아이를 안고 퍼질러 잔 것 말고는 사실 빌하의 잘못은 아무것도 없었다.

"어머."

몸을 추스렸으나 하체는 이미 벗겨져 있다. 치부가 환히 보이고 맹렬한 불길이 치솟고 있다.

이럴 때 여자의 태도가 중요하다. 르우벤, 이게 무슨 짓이냐, 하면서 서릿발 같은 기품과 당찬 모습으로 큰아들을 냉큼 쫓아냈어야 한다. 이런 경우 남자는 사실 갈림길에 있기 마련이다. 계속 저 여자를 상대하며 집적거릴 것인지, 아니면 빨리 이 자리를 떠날 것인지 갈등하게 된다. 또 남자들은 이런 상황에 처하면 대개 겁을 먹는다. 친어머니는 아니지만 젊은 새어머니의 몸을 더듬던 르우벤이 아니던가, 서모 빌하가 얼음장 같은 태도와 추상 같은 말로 야단을 치고 강경하게 나왔다면 르우벤은 얼굴이 뜨거워져서 도망쳤을 것이다. 그랬다면 이런 황당한 사건은 아예 일어나지도 않았을 것이다. 사실 남자는 그런 면에서 강한 것 같지만 약하다. 그런데 빌하가 문제였다. 빌하의 처신이 온당치 않았다. 모든 것을 알아 챈 빌하의 태도는 어땠는가. 그녀는 그만 장남 르우벤을 받아들이고 만다.

빌하는 왜 아들 르우벤에게 선뜻 다가선 것일까? 무엇 때문에 그랬을까? 여성의 내밀한 심리를 어떻게 해석해야 하는가? 『뉴욕타임스』에 생물학 기사를 쓰고 있는 나탈리 앤지어(Natalie Angier)는 『그 내밀한 지리학 여자』(문예출판사)에서 여자의 음란성에 대해 방탕한 여자의 자궁은 대개 심장과 뇌에 관련이 있다고 얘기한다. 한마디로 당시 빌하는 젊은 여자였다. 또 그녀는 음란했다. 그녀의 피는 뜨거웠고 그 뜨거운 피가 방탕한 자궁을 연출한 것이다. 나탈리 앤지어의 여성학설을 인용해 볼 만하지 않는가?

"아… 난 또 누구라고, 큰아드님이셨군."

그녀는 별로 쑥스러워하지도 않았고 드러난 몸을 챙기려 하지도 않는다.

"누구의 손이 이렇게 뜨겁나 했더니 르우벤 당신이었군."

유혹이나 다름 없다. 짐승을 설핏 찔러 건드리면 길길이 날뛴다. 지금 빌하는 흥분해 있는 르우벤을 설핏 찌르고 있는 것이다. 이제 르우벤이 길길이 날뛸 것은 시간문제다.

"꿈을 꾸었어요. 커다란 곰이 달려들었어요. 그런데 큰아드님이셨네, 호호.”

르우벤은 처음엔 무안하고 미안하였으나 빌하가 민망한 일을 웃어대며 넘어가자 점점 자신감이 생겼다. 내가 곰이 었어요. 서모님에게 내가 곰이었어요. 아니 곰이 되어 드릴게요. 서모님을 향해 덤벼드는 곰이 되어 드릴게요. 그는 서모의 손을 만졌다. “왜 그래요” 그녀가 빤히 쳐다보면서 웃는다.

“난 서모님이 좋아요.”

르우벤이 그녀의 엉덩이를 쓰다듬었다. “어머” 하고 그녀가 소리를 질렀으나 그 소리는 거기서 멈추었다. 왜냐하면 건강한 르우벤의 입술이 그녀의 입을 덮쳤기 때문이다. 곰, 곰이 달려든다. 아, 어쩔 수가 없어. 곰이 덤벼드는데 난 어쩌면 좋아, 그리고 난 당신이 좋아요. 이제 둘은 다른 생각할 겨를도 없이 서로 뒤엉킬 뿐이다. 서로가 기다렸다는 듯 격렬하게 빠진다. 그들은 곰이 되었다. 아니 짐승이 되었다. 이제 그들은 더 이상 서모도 아들도 아니었다. 단지 암컷과 수컷일 뿐이다.

성서에 보면 유독 근친상간 사건이 많이 등장한다. 르우벤과 서모 빌하, 시아버지 유다와 다말, 롯과 그의 딸들, 암논 왕자와 누이동생 다말 등등.

당시는 친족간의 결혼이 성행했지만 근친상간은 금기였

고 죄악이었다. 그런데 왜 이런 일이 생겼을까? 그것은 인간의 마성이요, 변태적 욕정 때문이었을 것이다.

빌하와 르우벤의 근친상간은 그들에게 과연 사랑의 장벽이었는가, 아니면 패륜의 극치였는가. 서모 빌하와 장남 르우벤의 통간사건을 우리는 어떤 시각으로 보아야 하는가. 서모와 아들이라는 장벽이 그들의 사랑을 막았는가, 아니면 단순한 근친상간의 치정사건이었는가. 우리는 이 사건을 도대체 어떻게 해석해야 하는가.

성서로 되돌아가 보자. 성서는 냉정하다. 성서는 그들의 간통을 사랑이라기보다는 패륜으로 규정짓고 있다. 결코 어쩔 수 없는 남녀 간의 사랑으로 인정하지는 않는다. 유다와 다말의 사건처럼 호의적이지도 않다. 이 일로 인해 이스라엘 가문은 풍비박산되었고 상하관계의 질서마저 무너지고 말았다.

르우벤은 장남의 직위를 잃었다. 서모와 간통을 한 그의 죄과는 너무 컸다. 역사 속에 그는 대명천지 패악범으로 몰리게 되었고 그의 후손들은 영광의 장손 자리에서 버림받게 되는 비극의 주인공이 된다.

그러자 그의 형제 중 원만한 성격으로 차분히 신앙을 지키던 유다가 그나마 가문을 수습하고 이스라엘 민족의 수장이 되었다. 하마터면 없어질 뻔한 민족과 야곱의 가문이 유다로 인해 다시 일어설 수 있게 된 것이다.

둑이 무너지면 그만이다

제방은 무너지기가 힘들어서 그렇지 한 번 무너지기 시작하면 집중호우와 비바람에 걷잡을 수 없을 정도로 온 천지가 물바다가 되어 철철 넘치게 된다. 그리고 홍수의 범람이 있기 마련이다. 폭우와 파도의 엄청난 파괴력, 그것 뿐이다.

서남 아시아에 밀어닥친 해일이나 쓰나미를 보라. 세상을 온통 쑥대밭으로 만들지 않던가. 거대한 해일의 파괴력이 얼마나 무섭던가. 남자와 여자, 더구나 금지된 사랑은 더욱 그렇다. 성역이 존재할 때까지는 신비롭고 위엄스럽게 보인다. 봇물 둑 그 자체가 거룩하기까지 하다. 그러나 성역이 무너지면 더 말할 것도 없이 무섭게 죽음으로 몰아친다. 만약 서모 빌하와 장남 르우벤이 그런 장벽을 인정해 조금만 절제하고 조신하게 지냈더라면 이스라엘 민족은 더욱 위대해졌을 것이다.

하지만 서모 빌하와 장남 르우벤은 정반대의 길로 갔다. 불륜을 저지르고 가문의 둑을 무너뜨렸다. 어차피 이렇게 된 것 마음대로 욕해라, 우린 두려울 것 없다. 더 이상 겁날 것이 없으니 모든 것을 무너뜨리고 깨뜨린다.

문제는 습관이다. 한 번 금기를 깨뜨리면 단 한 번으로 끝나지 않는다. 그 다음부터는 아주 쉽고도 친숙하게 금기를 깰 수 있다. 불륜, 마약, 도박, 사기 모든 것의 문제는 습관과 중독이다. 근친상간 역시 마찬가지다.

수년 전에 인기리에 방영한 「애인」이라는 드라마가 있었다. 유부남 유부녀라는 성벽을 깨뜨리는 불륜에 관한 이야기였다. 이런 내용이 인기 드라마의 소재가 된다는 것은 우리들 가슴 속에 어떤 마성이 있다는 뜻이기도 하다.

썩은 사과가 더 맛있다는 말이 있다. 금기된 사랑을 깨뜨리려는 인간의 변태적 희열이 거기에 있는 것이다. 『실낙원』이라는 불륜 소설이 일본에서 베스트 셀러가 되었다. 내용은 별 것 없다.

구키라는 중년 남자와 린코라는 30대 초반의 젊은 유부녀가 사랑을 하고, 둘은 결국 자살을 한다. 그야말로 퇴폐적이다. 여인이 부친상을 당해 상복을 입었다. 그것이 서로의 욕망에 불을 질러 상복을 입었음에도 불구하고 성행위를 한다. 성역을 깨뜨리려는 퇴폐화된 현대인들의 변태성을 그대로 보여주는 장면이다.

"정말 이대로 죽을 수는 없을까요. 당신과 함께 가슴도 배도 결합된 채."

　너무 사랑하기 때문에 서로 맞댄 채로 죽고 싶다는 것이다. 같이 죽어서 사랑을 완성하자는 것이다. 그리고 그들은 정사를 했다.

　불륜의 시작은 아주 미미하여 처음부터 죽음을 생각하지는 않는다. 처음에는 아주 세미하고 아무도 모르게 서서히 시작된다. 주변의 어느 누구도 그들의 사랑을 눈치채지 못하는 경우가 많다. 그러나 그 불길은 점점 거세게 번져 산불처럼 활활 타오르게 된다. 그들은 자신들의 사랑을 지상 최대의 진리로 생각하기도 한다. 자신들의 사랑을 가장 순수하고 아름다운 사랑으로 정당화한다. 모든 사람이 불륜이라 해도 자신들만은 순수한 사랑이라고 믿는다. 그리고 자기들의 사랑을 이해하지 못하는 사람들에 대해 오히려 원망하고 비난하기도 한다.

　빌하와 르우벤도 금단의 벽이 무너지자 정신 없이 쾌락에 탐닉하고, 뒤를 생각할 겨를조차 없었다. 르우벤은 빌하가, 빌하는 르우벤이 자기의 명품이라고 서로에 대해 확신했다. 우리의 사랑은 누구도 깨뜨리지 못할 것이라고 자신했다. 그러나 한순간 쾌락을 누리고 잠깐은 행복했지만 영원한 수치에서 벗어날 수 없는 것이 불륜의 결과다. 빌하는 단과 납달리 지파의 어미라는 영예로운 이름을 더럽혔고 결국 '종년'이라는 때를 벗지 못하는 결과를 맞아 그 더러운 이름으로 성서에 기록된다.

"이러지 말아요, 누가 보면 어떻게 ……."

정사를 벌일 때마다 서모 빌하는 이러지 말라고 했다.

"어쩌려고, 어쩌려고 이러는 거야."

그러나 빌하는 뜨거운 여자였다. 젊은 아들이 숨 막히도록 안아줄 때 그녀는 아, 어쩌려고, 어쩌려고……, 하면서 아들을 안았다.

서모 빌하와 르우벤은 정말 사랑한 것일까. 사실 르우벤과 빌하는 비록 모자간이지만 나이 차이는 그리 많이 나지 않는다. 둘 다 건강한 젊은이들이다. 그렇다면 그들의 사랑에 서모와 아들이라는 관계가 장벽이 되었던 것일까? 둘은 그렇게 사랑했을까? 그들은 결코 사랑 때문에 불륜을 저지른 것이 아니라고 나는 자신 있게 말할 수 있다.

그 이유는 그들의 얘기가 더 이상 성서에 기록되지 않은 것만으로도 알 수 있다. 그들이 만일 진심으로 사랑했다면 얘기는 더 진전되고 깊어졌을 것이다. 그러나 그들은 그때뿐이었다. 우발적으로 몸이 부딪치다 보니 열기가 끓어 올라 활활 타오르게 된 것이다. 그나마 그들이 이 정도에서 끝난 것은 다행이라 할 수 있다. 왜냐하면 간통이나 불륜은 중독성이 강해 대개 일차로 끝나지는 않는다. 사건이 터지고 불륜이 폭로되어도 어떤 경우에는 계속된다. 불륜과 간통은 제어장치가 없는 열차와 같아서 충돌하고 폭발되어야만 겨우 멈출 수 있다.

그렇다면 그동안 정숙했던 젊은 부인 빌하는 비록 일시적이긴 하지만 왜 큰아들 르우벤에게 몸을 허락했던 것일까. 그것은 여자의 종잡을 수 없는 예측 불허의 성욕 때문이다.

플러신학교의 교수이며 심리학자인 아치볼드 디. 하트(DR. Archibald D. Hart)는 『여자의 성』(홍성사)이라는 책에서 여자에게는 자신도 알 수 없는 성욕이 있다고 말한다.

대부분의 여성들이 성욕의 기복 때문에 혼란스러워 한다는 말은 과장이 아니다. 성적으로 따뜻하고 부드럽고 예민한 감정을 가지고 있다가도 한순간 정체를 알 수 없는 원인으로 욕망의 불꽃은 꺼져버리고 성욕은 사라진다. 성욕은 마치 하늘의 구름과 같아서 마음만 먹으면 쉽게 형성되었다가 바람만 살짝 불어도 사라지거나 사라진 것처럼 보이니 말이다.

성욕은 일관성도 없고 예측할 수도 없다. 그렇다고 상식이나 논리에 따라 움직이는 것도 아니다. 많은 사람들이 성적인 반응은 날씨처럼 예측하기 힘들다고 한다. 평소에는 성욕을 느끼지도 않는다. 이것이 여자가 남자와 다른 점이다. 바람처럼 육체의 욕망은 사라지고 없다. 그러나 어느 순간 정체를 알 수 없는 욕망의 불꽃이 전신을 뒤덮는다. 그때는 통제하기가 쉽지 않다. 온몸은 뜨거워 정욕의 늪에 빠진다. 이것이 여자의 성욕이며 신비이다.

평소에는 조신하고도 얌전했던 빌하였다. 성욕이 무엇인지도 몰랐고, 쾌락이나 향락이 무엇인지도 몰랐다. 물론 그럴 정신도 없었을 것이다. 야곱 가문은 당시 대부호였다. 여종에서 대주인의 부인이 되었다가 아이를 낳고 아이들의 모친으로 평소 하늘같이 모시던 주인 라헬이 죽으면서 해산한 베냐민까지 키우고 있다. 그런 와중에 성욕이 생길래야 생길 수도 없었을 것이다. 그러나 예측불가한 여체, 상식이나 논리로도 통제되지 않는 여인의 성욕은 르우벤이라는 젊고 건장한 아들의 육신에 함몰당하자 자신도 알 수 없고 이해되지 않는 폭풍우를 일으킨다. 그녀 자신마저도 여체의 비밀과 신비를 몰랐던 것이다.

"당신의 황금빛 육체를 생각하면 잠이 오지 않아요, 당신의 뜨거운 몸 때문에 나는 미치겠어요. 아, 죽어도 좋아요."

젊은 아들 르우벤 역시 마찬가지다. 이제 죽어도 좋다고 생각한다. 이렇게 세상의 종말이 온다 해도 겁날 것이 없다. 이 금빛의 여인만 내가 취할 수 있다면 그녀가 서모든, 어머니든 무슨 상관이 있겠는가. 이 유혹을 누가 이기겠는가. 누가 이 모닥불에서 초연할 수 있단 말인가. 그는 서모를 안고 이렇게 외쳤다.

"당신의 몸이 나를 유혹하고 있어요. 당신만 생각하면 현기증이 난단 말예요. 죽어요, 우리 죽어요."

"모르겠어요. 당신 앞에서 내가 왜 이렇게 되는지 모르겠어요. 당신만 보면 왜 내 몸이 마비되는지 모르겠어요. 당신만 보면 온몸이 떨리고 황홀해져요. 나 어떡하면 좋아요. 이러지 말아야지 하면서도 그냥 무너져요."

빌하 또한 마찬가지였다. 씩씩하고 젊은 큰아들 품에서 그냥 자지러지는 것이다.

내가 대학시절에 보았던 영화 「죽어도 좋아」가 바로 이런 부류의 얘기다. 귀공자같이 생긴 안소니 홉킨스가 아버지의 여자인 새엄마를 좋아해서 새엄마의 육신에 빠지게 된다. 새엄마 역시 젊은 아들에게 빠진다. '페드라—!' 새엄마의 이름을 부르며 절벽 아래 바다로 차와 함께 곤두박질하여 아들은 처절하게 죽게 된다. 이것이 영화의 마지막 장면이다.

르우벤과 빌하의 근친상간은 가나안 근동 일대에 큰 사건(sensation)을 일으켰다. 이제는 누구 하나 이 사건을 모르는 사람이 없을 정도로 엄청난 뉴스거리였다. 한번으로 끝내지 못하는 불륜과 간통과 근친상간, 그래서 이런 사랑은 치명적일 수밖에 없다. 중독과 습관으로 더욱 큰 문제를 야기시키고 그동안 쉬쉬하며 숨겨왔던 일을 이젠 아예 내놓고 하는 것이다.

르우벤이 누구인가. 열두 지파의 장남이 아니던가. 영광스러운 맏 지파의 족장이며 이스라엘 민족의 수령자리가 아닌가. 그러나 그는 불륜 사건으로 인해 하나님과 아버지의 저주를 받게 된다. 그 영광된 자리에서 쫓겨나 패역한 자식으로 평생의 굴레를 지고 사는 재앙의 사람이 되고 만다. 그뿐인가. 본인뿐 아니라 그 후손 전체가 저주를 받아 르우벤 지파에서는 출중한 인물이 더 이상 나오지 않는다. 그리고 르우벤 지파는 장남 지파면서도 나중에는 아예 소멸되고 만다. 한때의 불장난이 얼마나 무서운 타격을 주는지 이 사건을 통해 알 수 있다. 순간의 쾌락이 얼마나 긴 불행을 야기시켰는지도 알 수 있다.

침착함이 사건을 해결한다

여기서 주목할 만한 것은 야곱의 태도다. 큰아들이 자기의 처를 건드려 간통을 저질렀다. 이럴 수가 있는가. 보통사람들 같았으면 펄펄 뛰면서 굉장했을 것이다. 연놈들을 잡아들여라, 죽여라, 내쫓아라 했을 것이다. 더구나 아들놈이 계모와 상피 붙어먹다니 있을 수 있는 일인가. 당장 쳐 죽여야 하지 않겠는가. 그러나 야곱은 그렇지 않았다.

> 이스라엘이 그 땅에 유할 때에 르우벤이 가서 그 서모 빌하 와 통간하매 이스라엘이 들었더라   (창세기 35:22)

성경의 기록이다. 마치 남의 얘기를 듣듯이 야곱은 르우벤과 빌하의 통간사건을 듣고도 침착했다. 거기에는 그럴 만한 이유가 있을 것이다. 파란만장한 일생을 살아왔기에 야곱은 무슨 일을 당해도 우선 침착할 수가 있었다. 또 그때는 야곱이 애처 라헬을 잃고 장사지낸 지 얼마되지 않아 애처를 잃은 상심이 클 때였다. 야곱이 라헬을 얼마나 사랑했는가는 우리 모두 잘 알고 있다. 그럴 때 여종이자 첩인 빌하와 큰아들이 상피를 붙었다는 것이다.

아마도 야곱은 이때 자포자기한 상태였을 것이다. 사실 야곱에게는 모든 것이 시들했다. 그보다 더 한 대형 사건이 터진다 한들 그게 무슨 대수겠는가. 총애하던 요셉이 죽고 그 어미 라헬마저 죽었는데 이보다 더 큰 문제가 또 어디 있겠는가. 그리고 야곱은 이런 면에서는 대범한 데가 있었다.

외동딸 디나가 세겜 성에서 강간을 당했을 때도 그는 흥분하지 않고 아들들이 돌아올 때까지 조용히 기다리고 있었다. 야곱이 얼마나 무서운 사람인가는 바로 이런 면에서 알수 있다. 소인배들은 큰일을 당하면 천방지축, 흥분과 분노를 밥 먹듯 하고 자기 분에 못 이겨 물불 가리지 않고 덤벼든다. 그러나 야곱은 침착했다. 어차피 사건은 벌어졌는데 어찌 하겠는가, 침착함만이 사건을 해결할 수 있다.

설사 이제 와서 두 남녀를 잡아들여 족친다고 한들 무슨 소용이 있겠는가. 이미 엎질러진 물이 아닌가. 이런 경우는 하나님께 맡기고 분노를 유보시키는 것이 좋다. 만약에 사건 당시 야곱이 흥분하고 분노했더라면 일은 더욱 커지고 걷잡을 수 없이 꼬이게 되었을 것이다. 참는 것이 나를 이기는 길이고 살리는 길이다.

> 르우벤아 너는 내 장자요 나의 능력이요 나의 기력의 시작
> 이라 위광이 초등하고 권능이 탁월하도다마는 물의 끓음 같았
> 은즉 너는 탁월치 못하리니 네가 아비의 침상에 올랐었도다
>
> (창세기 45:3-4)

야곱이 임종시 아들들 앞에서 한 유언 중 르우벤에게 한 말이다. 이 정도면 야곱으로서는 르우벤에 대해 상당히 관대한 처분이다. 자기의 아내인 서모 빌하와 불륜을 저질렀는데도 르우벤이 아버지 임종 곁에 있었던 것을 보면 이 얼

마나 관대한 처분인가. 한국 같으면 이런 자식은 아버지 임종은커녕 무덤가에도 오지 못한다. 야곱은 역시 위대한 배포가다. 야곱은 임종 시에 큰아들의 정욕은 물이 끓음 같다고 했다. 그러나 그 뜨거웠던 사랑도 언젠가는 식기 마련이다. 위광이 초등하고 권능이 탁월한 르우벤이 정욕이라는 수풀에 걸려 그의 명예와 축복이 객사하고 말았다. 너무나 슬프고도 가슴 아픈 일이다. 그러나 르우벤은 미처 거기까지 생각하지 못한 것이다.

나의 신학대학 동문 중 총명하고 어학의 천재인 K라는 친구가 있다. 영어도 능수능란했고 설교 또한 기가 막혔다. 그러던 그가 이 수풀에 걸리고 말았다. 총각 때부터 숱한 화제만 뿌리고 다녔는데 어찌어찌 목사가 되었고, 목회를 하긴 하지만 그의 탁월함에 비해 남은 인생은 지리멸렬하기만 했다.

빌하와 르우벤! 명예를 아껴라. 그대여, 이 수풀에서 벗어나라. 현란한 육체를 던져버려라. 대망을 품은 자여, 이름을 아껴라.

성경학자들 중에 어떤 학자들은 르우벤 지파는 앗수르의 다글라 빌렛셀 3세에 의해 요단 동편 이스라엘 백성들이 추방될 때 종말을 맞이했다고 한다. 또 다른 학자들은 사울 왕 시대에 이미 르우벤 지파와 갓 지파가 모압에 흡수되어 소멸되었다고 주장하기도 한다. 다른 지파들도 후에 이처럼 소멸되어 간다.

만약 르우벤과 빌하의 통간사건이 없었다면 르우벤 지파는 이스라엘 모든 지파의 수령이 되었을 것이고 민족의 숱한 고난과 방황도 없었을 것이다. 왜냐하면 이스라엘의 모든 지파는 르우벤 지파처럼 천천히 소멸되어 가거나 가나안의 이방족속들에게 흡수되어 갔기 때문이다. 참으로 서글픈 일이다.

모닥불을 쳐다보는 이들이여! 스스로 불을 끄라.

야곱의 딸 디나의 강간과 세겜 성의 학살,
피바다 사랑 이야기

야곱의 아들들, 정의의
칼부림인가 못난 복수혈전인가

야곱의 외동딸 디나의 강간사건

호사다마라는 말이 있다. 좋은 일이 진행되는데 악한 일이 생긴다는 말이다.

인생만사가 다 그렇다. 좋은 일이 생기면 나쁜 일, 즉 마가 끼게 되는 것이다. 야곱의 경우, 처갓집에서 20여 년간 머슴 아닌 머슴살이를 했다. 새경 한 번 제대로 받지도 못하고 고생고생했다. 말만 외삼촌이고 생질 간이었지 그런 관계를 말하기가 우스울 정도로 푸대접 일쑤였다. 대신 그는 외삼촌의 딸들인 레아와 라헬을 아내로 맞아들이게 된다. 이제는 외삼촌이 아니라 장인 영감 라반이었다.

장인 라반은 수전노에 지독한 사기꾼과 다름없는 사람이

었다. 야곱은 처갓집에서 종 아닌 종노릇을 했던 것이다.

그러나 야곱은 하나님의 은혜로 현재의 그가 가진 많은 재산을 모을 수가 있었다. 이제 그는 처갓집을 뒤로 하고 그립던 고향으로 돌아가게 되었다. 만난의 어려웠던 고생을 끝내고 가족들과 함께 고향으로 돌아간다. 축복의 출발이 시작된 것이다. 그런데 이 감격스러운 일에 마가 끼게 된 것이다.

그동안 피땀으로 일군 많은 재산과 사랑하는 가족들, 그리고 명령 한마디면 일사불란하게 움직이던 휘하의 종들이 있었다. 그만하면 이제 일어설 때가 된 것이다. 지금까지 살면서 숱한 난관이 있었지만 드디어 몸을 일으켜 고향 땅, 새로운 땅으로 가게 된 것이다. 야곱의 가족들은 의기양양하게 호호탕탕 앞으로 나아갔다. 그런데 이미 얘기한대로 호사다마가 그를 기다리고 있었다. 야곱에게 무서운 시련과 도전이 찾아오기 시작했다.

첫 번째 도전은 외삼촌이면서 장인인 라반의 추격이었다. 딸들과 재산을 빼앗아 달아나는 사위 녀석을 장인과 처남들이 쫓아온 것이다. 장인은 야곱이 가지고 있는 모든 것을 빼앗으려 했다. 그의 재산과 아내들까지 내놓고 가라는 것이다. 더구나 야곱에게는 처남이 되는 라반의 아들들이 분노하여 야곱을 질책하고 귀가할 것을 명령했다. 다시 처가로 돌아가라는 것이다. 그리고 지금 가진 모든 재산을 다 내놓으라는 것이다. 그렇지 않으면 큰 불상사를 당할 줄 알라고 한다.

야곱은 운명의 기로 앞에 서 있었다. 다시 머슴의 신세가 되느냐, 아니면 한 민족을 이끌어나갈 족장이 되느냐, 실로 중대한 순간이 아닐 수 없었다. 그러나 하나님의 도우심이 있었다. 야곱은 외삼촌과 대결했다. 한동안 설전이 벌어졌지만 야곱이 이겼다. 그리고는 오히려 장인 영감인 라반의 축복까지 받으면서 고향을 향한 대장정의 길을 떠나게 되었다. 이로써 야곱은 마의 계곡이었던 일차 관문을 통과할 수 있었다.

두 번째 시험은 얍복 강변에서였다. 건너편에는 쌍둥이 형인 에서가 400명의 군사를 거느리고 야곱을 죽이려고 호시탐탐 기회를 노리고 있었다. 이 사건은 야곱에게 있어 일생일대의 가장 무서운 시련일 수밖에 없었다. 그는 강변에서 하나님의 사자와 씨름하며 밤새도록 기도했다. 그는 선발대로 수하의 종들을 보내며, 형 에서에게 엄청난 선물도 같이 보냈다. 그리고 제2진으로 레아와 그녀의 아들들과 식솔들을 보내며 이번에도 선물을 보냈다. 그리고 제3진으로 자신이 출발했다. 애처 라헬은 자기 뒤편에 두고 행군했다. 이 대열을 보면 야곱이 얼마나 라헬을 사랑했으며 또한 무서운 시련을 앞두고 있었는지 알 수 있다.

야곱다운 발상이었다. 제1선에 종들을 배치하고 제2선에 는 레아와 그의 아들들, 그리고 제3선에 자신이 서 있고, 안전지대인 제4선에 애처인 라헬을 두었던 것, 여기서 라헬을 향한 그의 애틋한 사랑을 느낄 수 있다.

얍복 강변 앞에 서게 된 그는 이제 어떻게 되는가. 이런 엄청난 시련도 하나님의 축복하심과 인도하심으로 그는 능히 이겨낼 수 있었다. 형 에서는 예상과 달리 동생 야곱에게 복수를 하거나 그를 죽이려 하지 않고 오히려 선대하며 우애와 자애로움으로 대해주었다. 위기가 변하여 기회가 된다더니 이 사건이야말로 전화위복(轉禍爲福)이 되었다. 형 에서와 화해를 하는 것은 물론이고 넓은 땅을 차지하는 기회를 얻기까지 했다.

그리고나서 세 번째 찾아온 변란이 외동딸 디나의 강간 사건이었다. 이것은 참으로 끔찍하고도 무서운 사건이었다. 야곱으로서는 전혀 상상할 수도 없었던 일이었다. 우리가 살아가는 인생 길에도 이처럼 예상치 못한 이상한 일이 많이 생긴다. 그래서 강간을 당한 디나뿐 아니라 강간범인 세겜의 성주와 성민들이 참살을 당하는 참극이 벌어진다. 인생에 무서운 일이 생길 수 있다. 불행한 일이 생길 수도 있다. 지금 야곱에게 그런 일이 생긴 것이다. 고명딸인 디나의 강간사건은 너무 참혹했고 끔찍한 사건이었다. 외동딸 디나의 강간사건은 야곱의 아들들에게는 복수혈전이 되어 세겜 성민을 대량 학살한 사건으로까지 번진다. 이렇게 성민 전체를 살해하는 소름이 끼칠 정도로 엄청난 피바다의 비극이 벌어진다.

대부분의 사건은 아주 사소한 데서 시작되는 경우가 많다. 제1·2차 세계대전을 보라. 아무 것도 아닌 조그만 일이 엄청난 전쟁으로 커져버린 것이다. 알렉산더대왕 같은 천하의 영웅도 원숭이에게 물려 죽었다는 것이다. 얼마나 기막힌 일인가. 나폴레옹 같은 영웅도 센트 헤레나 무인도에서 최후를 맞게 된다. 부부싸움도 누가 처음부터 싸우려고 작정해서 벌어지는 것이 아니다. 별 것 아닌 일로 시비가 붙어서 부부간에 피 터지는 싸움을 하게 된다. 청년들이 사소한 말싸움으로 시작하여 길거리에서 칼침을 주고받게 된다. 언제나 비극은 생각지 않았던 때에 찾아온다.

얍복 강을 건넌 후 야곱은 형 에서와 만났다. 그는 형에게 죽음을 당할 것이라고 생각했다. 그러나 뜻밖에도 무섭게만 여겼던 형은 자애로웠다. 그들에게 축복과 화해가 이루어진 것이다. 이것은 하나님의 은혜였으며, 형 에서의 너그러운 성품 때문이었다. 잠시의 형제 상봉은 눈물 가운데 이루어졌다. 그리고 형제는 아쉬운 가운데 헤어졌다. 화가 변하여 복이 된 것이다. 야곱과 그의 식솔들은 호호탕탕 사막길을 지났다. 가나안의 주인으로 자부심을 느끼며 행진을 계속하고 있었다. 이제 야곱에게는 거리낄 것이 없었다. 그토록 무서웠던 형 에서의 문제가 따뜻한 봄날 눈 녹듯 사라졌다. 그러니 가슴에 응어리졌던 한도 풀어지고 고민거리도 없어졌다. 눈 앞에 전개되는 끝없는 벌판의 오곡백과가 모두 그의 가슴에 안기듯 가득 차 있었다. 그의 행진 대열에는 기쁨의 노래가 흘렀고 이제 빛나는 미래만이 눈 앞에 펼쳐 있을 뿐이었다.

평화롭기 짝이 없는 여기에 함정이 있었다. 바로 여기에 비극의 씨앗이 있었다. 누구나 그렇지만 방자할 때에 비극이 찾아온다. 어려웠던 고난의 시절을 보내고 정상에 서게 되면 소리 없는 함정이 다가오고 있음을 인지해야 한다. 그리고 여기서 조심해야 한다. 더 올라서느냐 아니면 나락으로 빠지느냐는 자만과 방자함으로 분명 갈리게 된다.

이승만 대통령은 나름대로 애국자였고 혁명가였다. 자신이 세운 나라에서 그는 두 번씩이나 대통령을 지냈다. 그야말로 그는 정상에 우뚝 선 것이다. 그런데 3선개헌 파동을 겪으며 독재를 감행했다. 욕심을 절제하지 못하니 자만하게 되고 방자해진 것이다. 결국 그는 하야했고 망명까지 했다. 대한민국의 국부로서 동상이 곳곳마다 섰어야 할 사람이 그만 그 자리에서 실족을 한 것이다.

나의 선배 목사님 중 K라는 분은 신학생 때부터 노숙자와 고아 등 사회의 어려운 이들을 위해 전도하고 일하는 성자 같은 분이었다. 그의 소탈한 성격과 진솔한 겸손은 누구에게나 존경받을 만했다. 숱한 고생 끝에 이분은 몇천 명씩 모이는 교회의 담임목사가 되셨다. 그런데 어렵던 시절과는 많이 달라지신 것이다. 고개가 숙여질 정도로 겸손했던 목사님의 모습은 간데없고, 자만과 방자함이 하늘을 찌르고도 남을 정도로 변했다. 그 성실한 품격과 존경스러움과 순수함은 사라지고 교만함과 세속적인 모습만 보일 뿐이다. 안타까운 일이지만 출세하고 나면 사람의 마음이 자기도 모르게 변하는 경우가 많다. 이것은 개인뿐 아니라 민족도 마찬가지다.

가난할 때의 우리 민족은 인정과 사랑이 있었다. 6.25 전란 중에도 네 것 내 것 없이 서로 나누고 베풀면서 살았다. 피난민이 동네에 들어오면 너도나도 간장이니 고추장이니 쌀 등을 챙겨 먹고 살 수 있게 해주었다. 어렵던 시절이었지만 그때는 사람 사는 맛이 있었다. 동네에 마실을 가도 서로 반기며 좋아하던 시절이었다.

그러나 조금 살만해지면서 어떻게 되었는가. 서로 잡아먹을 듯 으르렁댄다. 우리 민족만큼 띠앗머리가 나쁜 민족도 없을 것이다. 그 극심한 가난 속에서도 효행을 으뜸의 덕목으로 삼지 않았던가. 그러나 이제 살만하니까 부모를 내다버리기까지 하는 시대가 된 것이다.

야곱에게도 그런 일이 생긴 것이다. 일이 잘 되어가는 것 같으니 자기도 모르는 사이에 방심하고 교만해진 것이다. 그의 잘못은 자만심과 방자함이었다. 그는 말 머리를 세겜으로 돌릴 것이 아니라 벧엘로 향했어야 했다.

그에게 벧엘이란 어떤 곳인가. 그가 고향을 떠나던 소싯적 하나님을 만난 장소였다. 외삼촌 집으로 도망갈 때 하나님께 도움을 청하던 그런 장소였다. 일찍이 노숙하면서 하나님을 만나던 광야의 장소가 아닌가. 하나님의 축복과 계시를 받으며 하나님께 약속하던 신앙의 장소가 아니던가. 고향에 돌아오면 돌단을 쌓고 이곳에 하나님의 성전을 세우겠다고 맹세하던 그런 장소가 아니던가. 그 약속의 돌이 지금도 벧엘 광야에 버티고 서 있는데 야곱은 고향에 돌아와서도 벧엘은 찾지 않고 차일피일 늘어지고 있었다. 그가 한 일이라고는 사리사욕에 빠져있는 것뿐이다. 하나님과의 약속은 까마득하게 잊고 있었다. 그는 하나님이 계신 벧엘 광야로 가지 않고 세상의 부귀영화가 만연한 세겜 성으로 들어온 것이다.

문제는 바로 여기에 있었다. 한 순간이라도 방심하면 안 된다. 자신을 잊어버리면 안 된다. 하나님을 잊으면 이런 결과가 오는 것이다. 하나님을 잊지 마라. 한시라도 그대의 신 여호와 하나님을 잊지 마라. 그러면 그분도 당신을 잊지 않을 것이다.

외동딸 디나는 당시 방년 16세쯤 되었다. 그야말로 박속처럼 순진무구한 절세의 미인이었다. 부모의 사랑은 물론이고 오빠들의 귀염과 지극한 돌봄 속에 자라던 이팔청춘이었다. 디나는 처녀의 설렘과 열정으로 새로 이사온 세겜이라는 도시를 구경하고 싶었다. 도시는 너무 아름다웠다. 광야와 사막을 거치는 그동안은 그저 삭막함의 연속일 뿐이었다. 그런데 여기에 나타난 세겜 성은 매우 화려했다. 디나는 세겜이라는 도시가 마음에 들었고, 자신의 아름다움을 뭇 사람들에게 과시하고 싶었다. 이것이 젊은 여인의 가슴에 숨겨진 본능 아니겠는가.

레아가 야곱에게 낳은 딸 디나가 그 땅 여자를 보러 나갔더니…

(창세기 34 : 1)

아마도 디나는 이미 세겜의 처녀들과 사귐이 있었던 것 같다. 그곳에서의 모임이 즐겁고 재미있었다. 그래서 디나는 도시의 처녀들을 만나러 나간 것이다. 그곳의 친구들과도 잘

어울렸고 그 도시의 생활은 새롭고 신선했다. 그로서 비극이 시작되고 있었다. 어느 날 우연히 성의 추장인 세겜이 그녀를 보았다. 그리고 세겜은 어여쁜 그녀를 보자마자 욕정이 발동하여 부하를 시켜 디나를 끌어다가 강간해 버렸다. 이제 막 봉오리를 피우려고 하는 아름다운 꽃을 무참하게 꺾어버린 것이다. 곱디 고운 꽃은 순식간에 참혹하게 허물어지고 말았다.

미인박명이란 말이 있다. 여자는 아름다운 꽃과 같아서 남자들이 그냥 두지 않는다. 제아무리 여자가 애를 써도 소용이 없을 때가 있다. 연약한 꽃이 무엇을 어떻게 하겠는가. 결국은 강한 힘에 의해 뽑히기 마련이고, 죽거나 버림받기 마련이다. 디나는 꽃도 피기 전에 세겜 성에서 무참하게 짓밟혔다.

영국의 황태자비 다이애나가 죽었을 때 전세계가 그녀의 죽음을 애도했고, 그녀의 장례식에는 육백만 명이라는 인파가 모여서 인산인해를 이루었다. 영국은 물론 미국과 유엔 본부의 깃발이 조기로 내려서 나부낄 정도였다. 여인 한 명 죽었는데 세상이 온통 떠들썩했다. 더구나 바람피우다 죽은 여인을 전세계가 애도하고 야단법석이었다. 추모의 물결이 수십 리에 달했다니 뭔가 잘못되어도 한참 잘못된 것 아닌가. 무엇 때문에 그녀의 죽음이 그토록 많은 세인들에게 감동을 주었는가. 왜 이런 일이 생겼는가. 그것은 한마디로 그녀의 명성과 미모 때문이다. 한국인의 정서로는 도저히 이해가 되지 않는다. 그녀가 어떤 상태에서 죽었는가. 좋은 일하다가 죽은 것도 아니다. 물론 그녀가 지뢰반대 운동이니, 에이즈환자 돕기 운동이니, 어린이 돕기 운동이니 하는 일을 안 한 것은 아니다. 그러나 그녀에게는 그런 일들이 그저 여가선용쯤으로만 보였을 뿐이다. 그 정도의 일을 한 것 가지고 극구 찬양하는 언론이나 사람들이 내 눈에는 기이하게 보일 따름이다.

당시 다이애나는 불륜 중이었다. 그녀가 돈 많은 중동 사람과 호텔로 가기 위해 자동차로 달리다가 파리에 있는 어느 지하도에서 교각을 들이받아 즉사했다고 보도되었다. 중동 남자와 바람 피우려고 호텔로 가는 길에 죽은 것이다. 그녀의 복잡한 남자관계에 대해 얘기하는 것도 민망할 따름이다. 아무리 이혼을 한 상태라지만 다이애나는 모든 사람들이 우러러보는 황태자비였다. 그런 그녀가 남자를 끌어들이다 사고를 당했다니……. 신문에 난 기사만 보더라도 남자를 네 명인지 다섯 명인지 갈아치웠고 남자 없이는 못 사는 여자라고 한다. 아무리 전 남편 찰스 황태자가 밉거나 그럴 만한 사정이 있다 해도 한국사람의 정서로는 그녀의 죽음에 세상이 떠들썩한 것을 이해하기가 힘들 것이다.

황태자비가 불륜이라니, 기막힌 일이다. 근래 보도에 따르면 케네디의 젊은 아들과 다이애나가 정사를 나누었는데 젊은 케네디의 말로는 그녀의 섹스 점수는 만점이었다니 이 여자가 과연 황태자비인지…….

만약 한국에서 이런 일이 일어났다면, 이혼한 어느 고관의 부인이 외국인 남자와 연애를 하다 교통사고로 죽었다면, 누가 그녀의 무덤에 꽃다발을 갖다 놓겠는가. 그리고 그녀가 죽었다고 해서 누가 눈이 퉁퉁 붓도록 울어주겠는가? 그런 사람들이 있을까. 모르긴 해도 한국 같은 사회에서는 그렇게 하기가 쉽지 않을 것이다. 모두가 그런 여자를 미워하고 경원했을 것이다. 뉴스에서도 매몰차게 경멸을 보냈을 것이다. 그것을 보면 여자는 태어나도 영국이나 미국에서 태어나야 한다. 그래야 죽어서도 이런 대접을 받는다. 그렇다면 백인들의 이런 모습을 우리는 어떻게 이해해야 할 것인가.

좋게 표현하면 착한 사람들이다. 나도 미국에 이민을 와서 살고 있지만 착한 사람들을 많이 보게 된다. 단점보다는 장점을 보려고 노력하는 것이 미국인들의 습성이다. 미국인들의 그런 모습은 참으로 인상적이다. 그들은 다이애나의 좋은 점만 생각한다. 그녀의 우아하고 아름다운 모습만 생각한다. 그녀의 그릇된 점은 생각하지 않는다.

우리는 어떤가. 우선 상대방을 우습게 보고 비하하려고 한다. 서양인과는 다른 정서를 가지고 있다. 상대방의 장점보다는 단점을 들여다보는 경향이 있다. 그렇기 때문에 우리로서는 바람피우다 죽은 다이애나를 애도하고 열광하는 서양인의 모습을 이해하기 힘든 것이다.

또 나쁘게 표현하자면 미국인들과 서양인들의 감성은 아류에 가깝다. 바꿔 말하자면 간사하다고 할 수 있다. 조그마한 친절에도 자연스럽게 '땡큐'라고 말하고, 조금만 잘해주면 간이라도 내줄 것 같은 표정을 짓는 사람들이 바로 이 사람들이다.

다이애나의 외모가 아름답고, 또 그녀가 영국의 황태자비였기에 그럴 수 있는 것 아닌가. 솔직히 말해 다이애나쯤 되니까 그녀의 죽음에 흥분하고 눈물까지 짓는 것이다. 만약 다이애나가 아름답지도 않고 영국의 황태자비도 아닌, 그저 그런 여자였다면 그들은 그녀를 위해 눈물을 흘리기는 커녕 관심도 없었을 것이다. 뭐가 뭔지도 모르면서 매스컴이 떠들어대니 그저 장단에 맞추는 사람들, 간사한 시류에 휩쓸리는 사람들이 이 사람들이다. 황태자비가 급사했다며 아름다운 여인의 죽음을 언론 매체가 앞다투어 보도한다. 시민들은 흥분하고 TV에서는 더욱 열심히 부채질한다. 이렇게 되면 서로 박자가 맞아서 상승작용을 할 수밖에 없다.

다이애나의 죽음은 천지 사방에 연기를 내며 불을 태우는 것이다. 이것이 서양인들의 감성이다. 이것이 서구의 언론이며 시민들이다.

사랑이냐, 강간이냐

세겜 성 추장의 이름은 세겜이다. 개인의 이름인지 공식 명칭인지는 자세히 알 수 없다. 아마 세겜이란 성의 이름이며 성주의 이름인 것 같다. 세겜은 자신이 속한 부족의 젊은 영도자였다. 그는 자부심이 넘쳐흘렀고 패기만만했다. 그리고 그는 젊은이답고 영웅답게 미인을 좋아했다. 이것이 그를 패망의 길로 들어서게 만든 이유 중 하나였다. 영웅이 망하는 것이나 미인이 박명하는 것이나 다 비슷한 경로다.

세겜은 자기 영지 내에 와 있는 디나를 우연히 발견하게 된다. 치렁한 머릿결, 늘씬한 허리, 아직도 소녀티가 가시지 않은 천진한 모습—세겜은 디나를 보자 한눈에 반했다. 젊은 성주는 생각이고 뭐고 없이 측근의 용사들을 시켜 디나를 자신의 침실로 납치해버린다. 그리고 이후의 일에 대해서는 생각하지도 않고 그녀를 강간해버린다. 세겜의 눈에는 그녀의 현란한 육체만이 보였을 뿐이다. 이 아름다운 육신

54

을 내 것으로 만들 수만 있다면, 이 여자를 내가 소유할 수만 있다면, 세상에 어떤 형벌을 받아도 좋으리라. 이 여자 때문에 어떤 손해를 본다 해도 무엇이든 감수하리라. 그녀의 아름다운 육체는 나의 인생이며, 나의 재산이며, 우주며, 나의 모든 것이다. 세겜은 그렇게 생각했던 것이다. 그렇게 생각하는 사람들이 한둘이 아니다. 나폴레옹, 진시황제, 백제의 의자왕이 그랬다. 그러나 여자의 육신을 소유한 다음에 남는 것은 무엇인가. 그것은 허탈과 회한뿐이다. 수치와 모멸감만이 남는다. 그것이 사랑의 비극이다. 천상의 기쁨에서 지옥의 고통으로 순식간 나락으로 빠지게 된다.

야곱의 외동딸 디나가 세겜 성주의 침실로 납치되었다. 처녀는 바들바들 떨고 있었다.

"한 번만 살려주세요."

불쌍했다. 강자 앞에서 떨고 있는 디나는 차라리 가련한 꽃이었다.

"무서워하지 말아요, 나는 이곳의 성주 세겜이요."

젊은 성주 세겜은 아버지 하몰의 뒤를 이어 세겜 성의 성주가 되었다. 그는 영민하였으며 총명해서 세겜 성을 크게 부흥시켰다. 세겜은 근동 일대에서 새롭게 떠오르는 강력한 실력자였다. 아무 사고 없이 이대로 뻗어나가면 세겜은 도시 국가에서 크게 부흥 발전하여 커다란 나라가 되었을 것이다.

성민들은 젊은 주인을 환호했다. 그가 집권한 이후 훨씬 살기가 좋아진 것이다.

"그대는 아름답소. 나는 그대의 아름다움에 몹시 흔들린다오."

거리낌 없는 성주였다. 그의 사전에 불가능은 없었다. 감히 그의 앞길을 막는 자도 없었다. 지금까지 인생은 그가 마음먹은 대로 되었다. 여자도 마찬가지였다. 지금까지 그의 뜻을 어기는 여자는 없었다. 오히려 여자들이 성주의 눈에 들기 위해 꼬리를 치고 있었다. 지금 잡혀온 여자라고 대단할 리는 없다. 세겜은 거침이 없었다. 더구나 여자에게는 거침이 없었다. 디나의 옷을 벗기고 완전히 나신으로 만들었다. 그녀의 알몸이 드러났다. 거기 순결한 처녀의 고운 자태가 비온 후의 숲길처럼 신선하고 매력적이었다. 그러자 현기증이 났다.

"그대를 사랑하오."

세겜은 생각이 아득해지고 순간 어지러웠다. 사고가 정지되었다. 세겜은 디나의 육체에 침몰당하고, 압도당하고 있었다.

"이럴 수가, 이렇게 예쁠 수가."

젊은 성주는 쾌감의 비명을 질렀다. 이렇게 예쁜 여자를 갖게 되다니, 그는 황홀경에 빠져 있었다. 그러나 디나는 무서웠다. 너무나 무서워 울먹이면서 그녀는 소리를 질렀다.

"싫어요, 싫어."

처녀는 발버둥쳤다. 이런 일이…… 이런 일이 일어나다니, 믿을 수가 없었다. 세겜은 그녀를 안았다. 이 순간 그에게는 온통 디나뿐이다. 너무 아름다운 처녀다. 나는 이 처녀를 사랑한다. 그는 진심으로 디나를 사랑한다. 내 사랑은 진실이라고 세겜은 확신했다. 그리고 그는 자신만만하게 이 여인을 책임지겠다고 했다. 너를 위해서라면 무슨 짓이라도 하겠다며 진심으로 그녀를 사랑한다고 했다. 내가 이 여자를 사랑한다는데, 그것보다 더 중요한 일이 어디 있는가. 세겜은 그렇게 외쳤다. 그리고 그녀를 소유했다. 그녀의 영혼과 육체를 소유했다.

그는 비록 순간의 실수로 강간을 해버렸지만 후일 디나를 진정으로 사랑하게 되었다. 강간 이전보다 더욱 그녀를 사랑했다. 남자들은 여자를 막상 소유하고 나면 시들해진다. 사랑의 열정이 없어진다. 그러나 세겜은 그녀를 소유하고 나자 더욱 열렬하게 사랑했다. 디나로 인해 세겜은 오히려 사랑의 열병을 앓게 되었다. 그는 결코 비겁한 남자가 아니었다.

다윗 왕에게는 장자인 암논이 있었다. 그가 이복 여동생 다말을 사모했다. 병든 체했다가 문안차 방문한 여동생 다말이 과자를 굽는 중에 강제로 끌어다가 겁탈을 한 것이다. 그는 여동생의 미모에 반해 강간을 한 것이다. 그러나 막상 여동생을 겁탈하자 그 후에 밀려오는 수치심과 허탈감, 그리고 동생을 강간했다는 모멸감이 찾아왔다. 암논은 정사 후 여동생 다말을 인정사정없이 내쫓았다. 더 이상 꼴도 보기 싫다며 여기서 빨리 나가라고 했다. 어린 여동생 다말은 큰오빠에게 순결을 빼앗긴 것도 억울한데 이런 수치를 당하다니 너무 원통해서 재를 무릅쓰고, 머리에 손을 얹고 통곡하며 오빠를 떠나갔다. 이 일은 후에 다말의 친오빠인 압살롬이 다윗 가문의 장자인 암논을 살해하는, 제1차 왕자의 난이 발생하는 엄청난 사건의 계기가 된다. 잔치를 배설한 자리에서 압살롬은 부하들을 시켜 암논을 살해해 버렸다. 가문의 큰형은 참살을 당하고 세자를 살해한 압살롬은 해외로 도망친다.

그리고 몇 년 후에는 아도니아 왕자가 쿠데타를 일으킨다. 솔로몬 왕자와 부친 다윗 왕까지 몰아내려고 역모를 꾸민다. 이른바 제2차 왕자의 난을 일으킨다. 조선왕조 이방원이 일으킨 왕자의 난과 압살롬과 아도니아가 일으킨 왕자의 난에는 비슷한 요소가 많다. 다만 이방원은 성공한 쿠데타를 일으켰으나 압살롬, 아도니아는 쿠데타에 실패했다.

사랑하는 여인을 정복한 후에 배신하는 남자들이 너무나 많다. 여자의 정조를 짓밟고, 여자의 순결을 갈갈이 찢어놓고 모른 체하는 소갈머리 없고 책임감 없는 남자들이 너무나 많다. 그런데 세겜은 달랐다. 어쩔 수 없이 디나를 강간했지만 그는 그녀를 진심으로 사랑해서 아내로 맞이하고 싶었다. 그래서 그는 부친 하몰에게 야곱 가문과의 중재를 요청했다. 부친 하몰이 생각하니 별로 나쁜 일이 아니었다. 야곱의 가문은 아브라함 시절부터 명망 있는 가문이었다. 더구나 야곱은 현재 거부로서 야훼의 은총을 받는 선민의 족속이 아니던가.

아버지에게 중매를 부탁한 아들 세겜은 결혼이 성사될 것이라고 믿었다. 그는 항상 자신만만해 있었다. 세겜은 젊고 씩씩한 성주로 자부심과 자만심이 넘쳐 있었다. 그에게는 세상에 부러울 것이 없었다. 그의 패기와 용기, 담대함, 그리고 저돌적인 성격은 그를 더욱 단단하고 확고한 인물로 만들어 갔다.

"젊은 성주님은 영웅이시다. 근동 일대에서 우리 성주님께 까불었다가는 큰일 나지."

"암, 젊은 수령을 모신 세겜 성민은 행복하지 않은가. 지도자가 강단이 있으니 백성들이 무슨 걱정을 하겠는가."

"그렇고 말고, 우리의 위대한 지도자 세겜 성주 만세."

그의 주변에는 젊은 참모들이 포진하고 있었다. 그는 성내 젊은이들의 우상이었고 그들의 주인이었다. 그날 세겜은 성내를 순시 중이었다. 젊은 부하들과 함께 거리에 나왔다. 디나가 강간당하기까지의 사건을 다시 한 번 영상으로 되돌려본다.

"뭐 좀 신나는 일 없는가. 요즘 너무 따분하니 말이야."

성은 그런대로 잘 굴러가고 있었다. 백성들은 편안했고 외적의 침입 같은 큰일도 없었다. 그야말로 태평성대였다. 요즘 젊은 성주는 따분해 있었다. '신명나는 일이 좀 생겼으면……' 하고 생각할 정도로 너무나 조용하고도 지겨운 나날이었다.

"오, 저런 미인 아가씨가 있다니……."

성주 세겜 그들 일행이 성내를 순시 중 번화한 거리로 나왔을 때였다. 마침 젊은 처녀들의 웃음소리가 들려오고 있었다. 까르르 하는 처녀들의 웃음, 티 한 점 없이 순수하고 천진스러운 웃음, 젊은 남자가 아니라도 눈길이 갈 수밖에 없는 그녀들이다. 거기에 디나가 있었다. 디나는 세겜 성 처녀들과 담소 중이었다. 아들들만 열두 명 있는 남자 집안에서 고명딸로 자란 디나 역시 거리낄 것이 없이 활달했고 씩씩했다. 봄 아지랑이 같은 신비와 여름 숲과 같은 젊음과 건강, 그리고 부모의 사랑, 오라비들의 보살핌을 받는 야곱 가

문의 유일한 딸 디나가 세겜 성에 나가 처녀들과 놀고 있었
다. 그녀는 새로 사귄 동무들과 이 동네가 마음에 들었다.

"오랫동안 광야에 있었어. 거기는 너무 넓어. 이처럼 많
은 사람들을 만나다니 신기해. 그리고 너희 같은 동무가 생
길 줄은 정말 꿈에도 몰랐어."

"우리도 마찬가지야. 너 같은 예쁜 여자가 이 성내에 나
타나리라고는 생각도 못했었지."

"광야에서 살았다고 했니? 그래서 그런지 디나는 들꽃처
럼 신비해. 너무나 곱고 들풀처럼 신선미가 있는 거야. 그런
네가 우리 성내에 들어오다니. 너는 아마도 사막의 여인, 아
니 오아시스의 공주인가 봐."

"그런가. 그 말이 듣기 좋은데."

"호호호."

처녀들이 까르르 웃고 있을 때 나타난 것이 성주 세겜과
그 일행이었다.

"성주님이시다, 인사드려라."

세겜이 나타나자 처녀들과 근처의 성민들이 성주에게 인
사를 한다.

"너는 왜 내게 인사를 하지 않느냐?"

디나는 송아지처럼 멍한 눈을 하고 있었다. 성주라니, 그
런 사람도 다 있나.

"기가 막힌 미인이로구나."

세겜은 디나를 만나는 순간 황홀경에 빠졌다.

저런 처녀가 있었는가. 저렇게 아름다운 여자가 있었단 말인가.

"성주님, 저 처녀가 마음에 드십니까?"

부하들이 디나가 맘에 드느냐고 묻는다. 그때까지 세겜은 황홀경에 빠져 있었다. 어여쁜 디나를 보는 순간 제정신이 아니었다. 이처럼 아름다운 처녀가 내 앞에 있다니, 이런 처녀가 내 영지에 있다니 믿어지지가 않았다. 너무나 반가웠고 놀랄 일이었다. 이것이 정말인가. 세겜은 무엇에 뒤통수를 얻어맞은 듯했다. 정신이 없었다. 멍한 표정으로 디나를 보는 세겜의 주변에서 부하들이 한마디씩 한다.

"웬만한 여자에게는 눈도 안 돌리시더니 저 여자한테는 홀딱 반하신 모양입니다."

"마음에 드신다면 염려하지 마십시오. 우리가 진상해 올리겠습니다."

"우리가 누굽니까, 성주님의 돌격부대가 아닙니까. 떡 벌어진 잔치상을 차리겠습니다."

언제나 주변 인물들이 일을 망쳐 놓는다. 충성분자가 일을 그르친다. 강경분자가 나라도 망치고 제가 속한 단체나 당을 망친다.

사실 이때 성주 세겜은 냉정함을 찾아야 했다. 그는 성주가 아닌가. 지도자가 아닌가. 명실공히 세겜 성의 최고 수령답게 처신했어야 했다. 아름다운 처녀를 만났으면 미소로 인사하고 지나갔어야 한다. 우리 성내에 이런 미인이 있다니 반갑다면서 담담하게 지나갔어야 한다. 그래야 지도자로서 덕이 생기고 격도 올라가는 것이다. 천하의 미인을 보고도 담담한 사람, 전혀 동요가 없는 사람, 이런 사람이 지도자가 될 수 있는 것이다. 그리고 정작 그 처녀가 마음에 든다면 강간이라는 악수를 두어서는 안 된다. 모든 것을 순리대로 진행시켜야 한다. 합법적이고 점잖은 방법으로 일을 진행시켰어야 한다.

그런데 사람이 망하거나 죽음의 때가 오면 정신이 혼미해지기 마련이다. 영화 타이타닉을 보자. 수천 명이 떼죽음을 당하는 참사 현장, 수천 명 모두가 제정신이 아니다. 선주도 그렇고 항해사도 그렇고 경비병들 또한 그렇다. 그 배의 선장을 보자. 참으로 멋있는 선장이다. 오랫동안의 경륜에 성성한 흰 머릿결과 수십 년의 선장 지도력, 그는 당시 세계 최대 유람선의 최고 선장이었다. 그러나 그 침착함은 삽시간에 사라진다. 정신이 없다. 파선된 배를 어떻게 해야 할지 몰라 정신이 없다. 선장은 이 엄청난 재난에 당황할 뿐이다. 이 난국을 어떻게 타개해야 하는지 비상한 지도력이 나와야 할 판에 그는 정신이 혼미할 뿐이다. 그동안의 경륜과 천재적인 선장의 지휘는 간 곳이 없다. 그저 멍한 표정에 혼비백산한 모습일 뿐이다. 자포자기한 상태다. 그는 바닷물로 걸어 들어가 자살한다. 그것이 고작 선장이 한 일이다.

나폴레옹 같은 영웅, 전쟁의 천재도 죽을 때가 되니 형편없는 편법으로 결국 워털루에서 패망한다. 관운장 같은 천하의 용장도 죽을 때가 되니 맥성에서 아들과 함께 정신없이 도망친다. 혼비백산하여 졸렬하게 싸우다가 목이 달아난다. 로마의 영웅 시저도 죽을 때가 되니 무장도 하지 않은 채 경호원도 없이 원로원회의에 입장하다가 그만 참살을 당한다. 죽을 때가 되면 혼이 나간다고 하지 않는가. 아무리 영특하고 용맹한 사람이라도 죽을 때가 되면 이처럼 정신이 나가고 머저리가 된다는 것을 우리는 알아야 한다.

이때 세겜은 정신을 차려 디나를 납치해 진상하겠다는 부하들을 물리치고 그녀를 곱게 보냈어야 했다. 그 정도의 지도력과 남다른 총명함이 있어야 한다. 세겜이 온전한 지도자였다면 일은 원만히 끝났을 것이다. 디나가 강간당하고 세겜 성민이 학살당하는 무서운 참극만은 피해갈 수 있었을 것이다. 그런데 세겜은 디나를 보는 순간 죽으려고 했는지 너무 혼미하고 정신이 없었다.

"저 여자를 진상하겠다고? 좋다, 내 침실로 여자를 데려오라.”

세겜으로서는 일생 최대의 악수를 둔 것이다. 망하려고 작심을 했고 죽으려고 환장을 한 셈이다.

“그래, 너만 가질 수 있다면, 너만 내 품에 안을 수 있다면 무엇이 두렵겠는가.”

세겜 성주의 침실에 디나가 납치되어 왔다. 처녀는 오돌오돌 떨고 있었다. 가엾은 한 마리의 새였다.

“허허, 그대가 여기 있구나.”

세겜은 황홀했다. 침실에서의 그녀는 더욱 아름답게 보였다. 너울대는 촛불에 비치는 어여쁜 처녀 디나의 머리가 허리까지 치렁이고 있었다. 늘씬하고 건강한 처녀였다.

“무서워요.”

디나는 공포에 질려 온몸을 바들바들 떨고 있었다. 얼굴은 하얗게 질려 있었다. 그런 그녀의 모습이 세겜의 욕정에 더욱 불을 질렀다. 세겜의 정욕이 활활 타오르고 있었다.

이것이 남자고 여자다. 여자는 이 남자가 두렵고 무섭기만 하다. 성욕은커녕 발발 떨고 있는데 남자는 그런 모습에 오히려 성욕을 느끼고 있다. 그러니 여자와 남자는 영원히 평행선을 달릴 수밖에 없는 것이다.

“무서워하지 말아요, 아가씨. 나 좋은 사람이에요. 아가씨를 지금 사랑한단 말이에요. 그것도 무지무지하게 사랑한

단 말이에요. 나는 여기 성주랍니다. 성주의 명예를 걸고 당신을 사랑합니다."

세겜이 디나를 안았다.

"어머, 이러시면 안 됩니다. 내게는 야곱이라는 부친이 있어요. 그리고 무서운 오빠들이 있어요."

그녀가 필사적으로 반항한다. 그리고 자기를 건드리면 아버지와 오라비들이 가만 있지 않을 것이라고 했다.

"허허 알아요, 알아. 처녀의 가족을 내가 만날 겁니다."

세겜이 디나의 옷을 북 찢는다. 여자를 많이 다뤄본 바람둥이들이 그런다고 한다. 여자의 옷부터 찢어 버린다고. 여자의 기를 꺾고 여자가 어쩌지 못해 자포자기 하도록 하는 방법이다.

디나의 옷이 찢겨나갔다. 맨살이, 맨몸이 보인다.

"헉."

세겜은 소리를 질렀다. 아름다운 처녀의 몸매가 드러나자 자기도 모르게 소리를 지른 것이다. 이 여자가 누구인지, 이 처녀의 가문이 어떤 가문이며 어떤 신을 섬기고 있는지, 지금 그런 것은 전혀 생각할 겨를도 없다. 이 처녀의 오빠들이 얼마나 무서운지는 생각도 해보지 않는다. 세겜에게 보이는 것은 아리따운 저 모습, 한번도 가보지 못한 처녀림, 처녀의 숲과 계곡, 그곳의 주인이 되고 싶은 것이다. 그것 밖에 보이지 않는다. 그는 이제 사람이 아니다. 짐승일 뿐이다.

"악."

디나의 입에서 비명이 나온다. 처절한 비명이다. 단말마의 비명이다. 그리고 시간이 흘렀다. 끝없는 시간이 흘렀다.

세겜이 정신을 차리고 보니 여자는 널브러져 있다. 처녀는 온몸을 내던지고 널브러져 있다.

"허허 내가 이런 짓을……."

밉다. 자기 자신이 밉다. 정욕을 이기지 못하고 이런 짓을 하다니, 자기 자신이 너무나 싫다.

"일어나요. 미안해요."

그러나 처녀는 미동도 하지 않는다. 죽은 듯이 조용하다.

"용서하시오. 내가 몹쓸 짓을 했습니다."

세겜은 디나를 안았다. 죽은 듯이 널브러져 있는 그녀를 가만히 안아 일으켜 세우자 픽 쓰러져버린다.

"미안하오. 이처럼 고운 당신을 내가 망쳐놓다니."

세겜은 그녀를 힘차게 끌어안는다. 너를 버리지 않겠다. 젊은 성주 세겜은 스스로 결심한다. 세겜과 디나의 만남, 그들은 좋은 인연인가, 악연인가? 악연이다. 악연 중에도 그런 악연은 없는 것이다.

야곱의 가문에 쓰라린 수치와 모멸을 주었던 이 사건, 세겜 가문은 물론 온 성민이 몰살당하는 이 참극 중의 참극이야말로 악연 중의 악연이 아니겠는가.

세겜 성의 학살, 피바다의 향연

고명딸 디나가 세겜에게 납치되어 강간당했다는 소식을 들은 야곱은 망연자실했다. 이럴 수가……. 어떻게 얻은 딸 인데. 아들들만 있던 가정에 고명딸 디나가 출생했을 때 얼마나 기뻐했던가. 눈에 넣어도 아프지 않을 귀여운 딸이 아닌가. 야곱은 하늘이 무너지고 땅이 꺼지는 듯했다. 더 이상 생각할 기력도 없어 그저 멍하게 있을 뿐이었다.

그러나 야곱은 가부간에 잠잠히 있었다. 그는 냉정을 찾고 있었다. 왜 그랬을까. 이러한 그의 모습은 우리로 하여금 두 가지를 생각하게 한다.

첫 번째는 이 사건을 통해 하나님의 경고를 깨닫게 된 것이다. 왜 진작에 벧엘로 가지 않고 세속과 향락을 쫓아 이곳으로 왔던가. 우선 하나님의 성전을 세우고 하나님께 경배 드렸어야 하지 않았는가, 그것은 하나님과의 약속이 아니었던가, 하나님의 도우심으로 살아온 내가 잠시나마 하나님의 존재를 잊다니, 주여! 나를 용서하옵소서.

두 번째는 아들들이 올 때까지 참은 것이다. 지금 화를

낸다고 해결될 일이 아니었다. 지금 혈기를 부리고 분노를 터뜨린다고 될 일이 아니었다. 잘못하면 적의 함정에 빠질 수도 있었다. 딸도 잃고 자기 목숨마저 잃을 수 있는 것이다. 그들은 유목민이었다. 아들들은 양과 소와 가축들을 데리고 들판에 나가 있었다. 그들이 돌아오기까지는 시간이 좀 걸린다. 야곱은 공연히 지금 흥분해봤자 아무 소용이 없는 일이라고 생각했다. 디나가 납치당한 상태인데 무슨 일을 당할지 어떻게 알겠는가. 사건을 만났을 때 침착해지는 것은 아무나 할 수 있는 일이 아니다. 이것은 야곱이 가진 최대의 장점이었다. 그런 면에서 야곱은 역시 비범한 사람이었다.

사건을 만나면 절대 흥분하지 말라. 흥분하면 일을 망치게 된다. 그러니 냉정하라. 야곱은 언제나 침착했다. 큰아들 르우벤과 애첩 빌하가 간통을 했을 때에도 호들갑스럽게 나서지 않고 침착했다. 이미 엎질러진 물, 허둥댄다고 될 일이 아니다. 그리되면 오히려 일을 그르칠 수가 있다.

시간이 흐르고 아들들이 돌아왔다. 마침 세겜의 부친인 하몰이 야곱의 집에 와서 정중하게 청혼을 하고 있는 중이었다. 하몰은 온갖 예물을 싸들고 와서 사돈을 맺자고 했다. 세겜 성주와 야곱의 가문이 서로 결혼을 하고 어울려 사돈의 관계를 맺자는 것이다. 처음에 야곱의 아들들은 의아했다. 이방인이 내 집에 오다니, 어떻게 이런 일이 있을 수 있는가. 아버님이 왜 저런 자를 만나는지 궁금하지 않을 수 없었다. 부친이 이방 족속인 하몰을 만나다니, 더구나 야곱과 하몰의 대화를 들어보니 어린 여동생 디나는 이미 납치되어 강간당한 상태로 몸이 더럽혀진 상태가 아닌가.

하몰은 이 강간사건을 기정사실화하여 강자의 입장에서 디나를 며느리로 삼으려고 했던 것 같다. 엎질러진 물 아니냐. 서로 같이 잘 살아보자. 그러니 당신의 딸을 내게 며느리로 주시오. 선수치고 있는 것이다. 딸까지 빼앗겼는데 당신이 더 이상 무슨 할 말이 있겠느냐는 식이었다. 그것이 양가가 평화롭게 사는 길이 아니냐, 하몰은 이렇게 종용하고 있는 것이다.

"야곱 대인의 성명은 우레와 같습니다. 만나서 반갑소이다. 우리 세겜 가문도 근동 일대에서는 명가로 소문나 있습지요. 어떻습니까. 따님은 지금 내 집에 있습니다. 내 아들 세겜과 혼인을 맺어 사돈이 됩시다. 그때까지 댁의 따님을 잘 보호하겠습니다. 그리고 서로 부강하게 한번 잘 살아봅시다."

하몰은 겸손과 예의를 차렸으나 의기양양한 모습이었다. 야곱의 딸 디나가 이미 강간을 당한 것 때문이었다.

하몰이 그들에게 이르되 내 아들 세겜이 마음으로 너희 딸

을 연연하여 하니 원컨대 그를 세겜에게 주어 아내를 삼게
하라

(창세기 34 :8)

이 소녀만 내게 주어 아내가 되게 하라 아무리 큰 빙물과 예
물을 청구할지라도 너희가 내게 말한 대로 수응하리라

(창세기 34 : 12)

어떻게 보면 세겜은 그 나름대로 지도자의 자세를 갖추
고 있었다. 자신이 비록 강간은 했지만 그 여인을 끝까지 책
임지겠다는 의무가 강했다. 강간한 죄의식과 책임의식은 어
느 정도 있었던 것이다. 더구나 그의 부친을 통해 정중하게
청혼한 점, 그리고 따님만 주신다면 어떠한 조건이라도 수
용하겠다는 점 등으로 미루어 보아 비록 악한 일을 저지르
기는 했지만 일처리는 원만하게 마무리하려고 했다.

그런 면에서 그는 원만한 인격을 지녔던 것으로 보이기
도 한다. 그러나 일은 세겜의 뜻대로 되지 않고 정반대의 방
향으로 흘러가고 있었다.

오빠들이 들고 일어난 것이다. 오빠들은 사건의 자초지
종을 알고 경악할 수밖에 없었다. 이럴 수가 있는가. 여동생
이 백주대낮에 이방 족속 놈에게 강간을 당하다니, 오빠들
이 생각하니 이것은 말도 안 되는 소리였다. 백 번 사과해도

시원찮은 판에 디나를 납치해 놓고 며느리로 삼겠다니, 이런 기막힌 일이 어디 있는가. 더구나 여동생은 지금 저쪽에 붙잡혀 있다. 순결한 여동생을 강간하고 놈의 구석방에 내쳐버린 세겜을 도무지 용서할 수가 없었다. 야곱의 아들들은 이를 갈았다.

그들은 분노를 참을 수가 없어 혈기를 내고 분기탱천했다. 하나님을 모르는 이방의 것들이 선민의 족속인 야곱 가문의 외동딸을 감히 납치로도 모자라 강간까지 하다니 단매에 하몰을 때려죽이고 싶었다. 그러나 그것은 상책이 아니었다. 복수와 보복은 나중에 할 수도 있었다. 아들들은 모여서 의논했다. 우선 디나를 어떻게든 빼내야 할 것 아닌가. 괜히 성급하게 굴지말자고 의논했다. 그리고 세겜의 부친 하몰에게 이런 제안을 했다.

그런즉 이 같이 하면 너희에게 허락하리라 만일 너희 중 남자가 다 할례를 받고 우리같이 되면 우리 딸은 너희에게 주며 너희 딸을 우리가 취하며 너희와 함께 한 민족이 되려니와 너희가 만일 우리를 듣지 아니하고 할례를 받지 아니하면 우리는 곧 우리 딸을 데리고 가리라   (창세기 34 : 15-17)

할례란 무엇인가, 남자 생식기의 양피를 도려내는 일이

아닌가. 히브리 인들은 철모르는 어린 시절에 할례를 실시한다. 할례는 하나님의 명령이다. 태어난 지 8일만에 할례를 행해야 한다. 어린아이 때 행한 할례니 성인이 된 지금은 그 때의 고통을 기억하지 못하지만 세겜 성의 성인 남자들이 어른이 된 지금 이 의식을 한다면 그 고통이 얼마나 극심하겠는가. 더구나 의료시설이 갖추어져 있지 않던 그 시절에…….

세겜 측은 그 제안을 수락했다. 신랑이 될 세겜은 물론이고 이 사건과 아무런 관계도 없는 성중의 모든 남자와 심지어 세겜의 부친 하몰, 그리고 손님들과 노예들까지 할례를 받게 되었다. 이것은 야곱 가문과 인연을 맺고 싶은 세겜 측의 간절한 소원이기도 했다. 더구나 아름다운 야곱의 딸 디나를 성주의 부인으로 모실 수만 있다면 좋다는 것이다. 이것만 봐도 세겜이 얼마나 디나를 사랑했고, 성 중의 모든 시민들이 얼마나 세겜을 따르며, 디나의 미모를 연모했는지, 그들이 야곱 가문과 한민족이 되기를 얼마나 원했는지 알 수 있다.

드디어 할례를 시작했다. 생살을 잘라내는 아픔이었다. 지금처럼 의료기구나 의약품이 제대로 갖추어진 시절도 아니었다. 성 안의 모든 남자들이 할례를 시작했다. 제3일이 되니 그들의 환부는 부어오르고 몸을 운신할 수 없을 정도로 고통이 왔다. 온몸에 통증이 온다. 얼마나 아픈지 그들은 엉엉 울면서 고통의 비명을 지른다. 고통으로 온몸이 마비되고 있었다.

그때였다. 때를 기다려온 야곱의 아들들과 수하 장졸들은 일제히 거사를 했다. 세겜 성에 무서운 학살이 시작되었다. 야곱의 아들들은 꼼짝 못하고 있는 세겜 성 안의 남자란 남자는 모두 쳐죽였다. 칼로 찔러 죽이고 돌로 쳐죽였다. 피비린내가 온 성에 진동했다. 세겜은 물론이고 그의 부친 하몰과 죄 없는 일반 시민 남자들 모두가 도륙당했다. 빤히 눈을 뜨고 있으면서도 그들은 꼼짝없이 당하고 말았다. 심한 통증으로 일어나 앉을 수도 없다. 학살당하는 그들의 모습을 생각해 보았는가. 세계 역사에 무수한 전쟁이 있었지만 이런 무시무시한 학살극은 그리 많지 않았을 것이다. 이 얼마나 참혹함의 극치인가.

특히 시므온과 레위가 더했다. 이들 두 형제가 사건의 주모자였다. 선두에 나서 가장 잔인하게 사람들을 죽이고 복수했다. 그것은 아마 그들이 레아의 소생이었기 때문에 더 그랬을 것이다. 레위와 시므온은 다름 아닌 디나의 친오라비였다. 또 그들은 원래 다혈질이기도 했다. 이들은 후일 동생 요셉을 죽이려 할 때도 가장 학대했던 장본인들이다.

그들의 복수가 얼마나 잔인했으면 훗날 야곱이 임종 시

자녀들에게 유언으로 복을 빌어줄 때, 축복을 빌어주기는커녕 시므온과 레위의 잔인성을 지적하면서 "나뉨"과 "흩어짐"의 저주를 내렸겠는가. 세겜 성을 쑥대밭으로 만든 것도 바로 이들이었다. 3일 동안의 난동이었다. 야곱의 가문과 화해하고자 행했던 할례 소동은 세겜 성의 처참한 학살극으로 막을 내렸다.

이들의 행동을 어떻게 보아야 하는가. 귀여운 여동생 디나를 강간한 세겜 성에 대한 야곱의 아들들의 정의로운 응징인가. 선민에 대한 이방 족속의 무례를 야훼의 이름으로 처벌한 것인가, 아니면 일시의 흥분으로 저질러진 못난 야곱 아들들의 복수혈전인가. 성경학자들 간에도 논란이 많다. 그러나 아무리 좋게 보려고 해도 복수의 광란극이라고밖에는 볼 수 없다. 참혹한 학살이었다. 더구나 할례라는 성스러운 행사를 사람잡는 데 이용하다니 말도 안 되는 일이었다.

어쩌면 아랍인들과 유대인들 간의 불화는 이때부터 시작되었는지도 모른다. 그리고 이 사건은 야곱의 생애에 가장 치명적이면서 얼룩진 역사로 남게 된다. 하나님의 선민이 평화보다는 복수의 학살극으로 일을 마무리하려 하다니 있을 수 없는 일이었다.

한바탕 살인의 피바다가 지나간 뒤에 야곱의 아들들은

드디어 납치되었던 디나를 구출해 온다.

"디나야."

야곱의 외동딸 디나는 피투성이가 되어 있었다. 그렇게 예쁘고 곱던 소녀 디나는 망가질 대로 망가져 있었다. 디나를 보자 오빠들이 일제히 통곡을 한다.

"이럴 수가 있는가. 이방의 더러운 것들이 선민의 딸을 이 지경으로 만들다니……."

아들들이 분노한다. 그들의 칼이 다시 춤을 춘다. 그리고 온 성을 약탈한다. 금은 보물은 물론이고 이제는 가축도 모자라 쳐죽인 남자들의 자녀와 아내들까지 노략질하기에 이른다. 어린 남자 아이들은 쳐죽이고 여인들은 모두 겁탈한다. 정의로 시작되었던 일이 결국은 또 다른 학살과 노략질로 마감을 하게 된 것이다.

이 사건에서 하나님의 뜻이 어디 있다고 보는가. 이 사건이 하나님 선민의 혈통을 지키려는 어쩔 수 없는 정당한 공격이었는가. 어린 여동생 디나가 강간당한 것에 대한 정당방위였는가. 그것도 아니면 이방 족속에 대한 선민의 순수성을 찾으려는 명분 있는 전쟁이었는가. 세겜 성의 처절한 학살과 노략질을 어떻게 설명해야 하는가. 이 사건 이후 하나님은 침묵하신다. 하나님은 결코 동의하시지 않는다는 뜻이다.

야곱이 시므온과 레위를 불러서 야단을 쳤다. 왜 이런짓을 했느냐. 사람을 죽이다니 말이 되느냐. 앞으로 어쩌려고 이런 일을 꾸민 것이냐. 너희들은 내게 화를 끼쳤다. 우리 수는 적은데 어쩌란 말이냐. 그들이 후일 연합하고 작당하여 나를 치면 너희는 어떻게 하겠느냐. 세겜 성민들이 죽을 힘을 다해 나를 죽이려고 한다면 우리 가문이 어떻게 해야 할 것이냐. 우리들은 저들에게 멸망당할 것이 아니냐. 야곱은 아들들을 준열히 야단쳤다. 그렇다고 가만히 있을 아들들이 아니었다.

시므온과 레위가 아버지에게 대들었다. 아버지를 이해할 수 없었던 것이다. 그들은 오히려 기고만장했다.

"아니, 놈들이 우리 디나를 강간했는데 그냥 보고만 있으란 말입니까?"

그가 우리 누이를 창녀같이 대우함이 가하니이까

(창세기 34 : 31)

이 대답을 보면 세겜 성의 성민 학살사건은 선민의 혈통을 지키려는 성스러운 전쟁이었다기 보다는 여동생 디나의 강간사건에 분개한 한 편의 복수혈전이라고 봐야 할 것이다.

한 여자 때문에 무섭고 끔찍한 사건이 일어났다. 수많은 사람들이 살해당하고 한 성이 쑥대밭이 되는 참극이 벌어졌다. 그 이유는 한 가지였다. 현란한 여자의 육신 때문이었다. 한 여자의 육신 때문에 한 도시가 피바다를 이루게 된 것이다. 그리고 이러한 사건은 이 시대에 와서도 언제 어디에서나 벌어지고 있다.

어떻게 보면, 이런 사건은 현대에 와서 매일 재연되고 있다 해도 과언이 아니다. 우리들이 사는 세겜 성 안에서 욕정, 강간, 살육은 매일 자행되고 있는 것이다.

나는 분명히 말한다.

"강간은 결코 사랑이 될 수 없으며 학살은 절대로 정의가 될 수 없다."

야곱은 사건 직후 가문을 이끌고 벧엘로 갔다. 그리고 그동안 그들이 가지고 있던 이방 신상들을 모두 버리게 했다. 가문의 회개 운동을 벌였다. 어찌되었든 살인의 가문이 아니던가. 그리고 벧엘 땅에서 야곱의 식솔들은 돌단을 쌓고 하나님께 경배했다.

그들은 돌단 앞에서 하나님께 예배를 드리고 회개했다. 그리고 선민으로서의 새로운 각오를 다짐했다. 하나님은 그들을 다시 축복하셨다.

나는 이런 생각을 해본다. 이미 야곱의 딸 디나는 강간을 당했다. 그런데 세겜 성주 이하 성민들이 용서해달라고 청원한다. 심지어 그들은 하나님을 섬기는 선민이 되겠다고 할례까지 받았다. 기분은 좀 나쁘지만 야곱 가문은 그때 화해를 했어야 한다고 생각한다. 그랬다면 세겜 성민, 그 많은 수의 사람들을 할례받은 야훼의 선민으로 만들 수 있었을 것이다. 그랬다면 이스라엘의 인구는 팽창되었을 것이고 후일 그들은 강대국이 되었을 것이다. 그리고 야곱의 딸 디나는 세겜 성주의 부인으로, 비록 본의는 아니었으나 퍼스트 레이디가 되었을 것이다. 또 야곱은 유랑 민족이 아닌 세겜 성을 기반으로 더 큰 도약을 할 수 있었을 것이다.

화가 복으로 변한다고 강간으로 끝나버린 디나의 사건은 디나의 명예회복은 물론 야곱 가문의 새로운 전기가 되고, 야훼 하나님을 예배하는 강성한 민족이 건설될 수도 있었을 것이다. 그러나 야곱 아들들의 무모한 복수혈전으로 모든 것은 참극으로 끝나버렸다. 아름답던 디나는 모멸의 여생을 살게 되었고, 무엇보다 디나의 참혹한 수욕과 참담한 인생이 아깝지 않은가. 피비린내 나는 참살극은 막았어야 하지 않았겠는가.

보디발 장군 부인의 유혹을 거절한
요셉의 공의로운 사랑 이야기

요셉, 청순한 남자의 대명사인가
매정한 출세지상주의자인가

꿈꾸는 자가 오는도다

　얼마 전 대한항공과 아시아나항공의 티켓이 동이나서 할 수 없이 노스웨스트 항공을 이용하여 한국에 다녀오게 되었다. 예전에는 비행기를 타면 자리가 많이 비어 있어 누울 수도 있었고, 쉴 수도 있어서 참 편했었다. 그러나 근래에는 중국이나 타이완, 필리핀 등의 아시아인들이 쏟아져 나와서 그런지 서울로 오가는 비행기가 언제나 만석이다. 그런데도 항공사들은 적자라고 하니 알다가도 모를 일이다. 예전에는 비행기 여행이 여유도 있고 쾌적하기도 했었다. 그러나 요즘은 동네 시장터 같은 북새통을 이루는 바람에 비행기 여행이 보통 고역이 아니다. 이럴 때는 읽을 만한 책 두서너 권

정도 넣고 다니면 여행이 한결 수월해진다. 나는 원래 책을 좋아해서 책을 항상 가지고 다닌다. 그리고 비행기에서의 책 읽기는 그럭저럭 즐겁고 유익한 시간을 보낼 수 있다.

이번 여행길에서 『꿈꾸는 자가 오는도다』라는 책을 읽었는데 저자는 젊고 신선한 목사님이라고 소문이 나 있는 K목사였다. 큰 교회 중 하나인 L.A의 D교회에 얼마 전 담임목사로 청빙된 분인데 아주사 신학대학원과 탈봇 신학 등을 마친 재색(?)을 겸비한 분이다. 따지고 보니 S신학대학의 내 후배이기도 했다.

『꿈꾸는 자가 오는도다』는 K목사의 역저라고 할 수 있다. 수려한 문장과 꿈을 주는 격동감이 있었다. 현대 크리스천들에게 필요한 영적인 양식으로 가득 담겨 있었으며, 깊은 신학 사상까지도 느낄 수 있었다. 방황하는 민중에게 갈 길을 예시하는 근래에 보기 드문 책이었다.

"꿈꾸는 자는 훈련을 통해 성취된다."

"꿈의 성취를 섬김의 기회로 만들라."

"큰 숲을 그리며 꿈의 씨앗을 심으라."

"믿음의 꿈은 최후까지 승리한다."

K목사의 이런 주장은 안일함과 진부한 일상생활을 살고 있는 현대인에게 새로운 도전과 감명을 주기에 충분하다.

『꿈꾸는 자가 오는도다』의 내용은 젊은 성직자의 시각에서 본 요셉에 대한 일대기를 크리스천의 입장에서 다시 기록한 이야기다. 요셉의 일생에 대해 절묘한 해석과 풀이를 해 놓았는데 요셉의 인격과 믿음이 정확하게 표현되어 있었다. 그렇다. 요셉은 꿈의 사람이고 신앙의 사람이다. 또 정확한 사람이어서 찬사를 받을 만하다. 성서에 등장하는 요셉은 어디 한군데도 불안한 요소가 없다. 그의 아버지 야곱이나 후일에 등장하는 다윗과 비교를 해보아도 군더더기가 없이 순진무구하며, 청순한 남성의 대명사다. 그렇기 때문에 어떤 성경학자들은 요셉을 후일에 오실 예수 그리스도의 예표라고 보기도 한다. 요셉의 환난이 예수의 고난과 대비되기도 한다. 억울한 죄명으로 감옥에 갇히는 등 숱한 역경은 십자가 고난으로 대비되기도 하고, 고난 후 마침내 애굽의 총리대신이 되는 영광의 절정은 예수의 부활승리로 예표되기도 한다.

사실 요셉은 한점 부끄럼도, 시비거리도 없는 순수한 한 편의 드라마 같은 인생을 살았다고 볼 수 있다. 착하고, 신앙적으로 살았던 우리들의 위대한 선각자였다.

나 역시 요셉의 이러한 완벽함에 대해 이의를 제기하지 않는다. 단지 그가 너무 완전한 사람이라 존경은 하지만 사실 매력이 없어 친근감은 없다고 말하고 싶다. 어쩌면 오히려 이런 것이 요셉의 약점일 수도 있다.

어떤 목사님은 성서의 인물 중 야곱과 다윗을 좋아하는데 그 이유가 결점과 단점, 욕심이 우리와 비슷해서라고 했다. 그러면서도 그 결점이나 단점, 욕심을 극복하고 승리한 위인이어서라는 것이다. 그렇다. 요셉은 너무 완전한 의인이나 성자로만 보인다. 우리와 동떨어진 사람이라 재미가 없다. 그러다 보니 인간미도 없고 매력도 없다. 그래서 나는 이 기회에 요셉도 우리처럼 비슷한 성정을 가진 사람이라고 쓰고 싶다. 그것이 요셉을 보는 나의 시각이다.

요셉의 어린 시절은 그리 탐탁할 것도 뛰어날 것도 없었다. 물론 그가 죽을 고생을 하고 성공하여 우리의 귀감이 되는 인물이기는 했지만, 소년 시절의 요셉은 그저 단순하고 평범하기만 했다.

당시 요셉은 17세의 소년이었다. 그는 부친 야곱의 애처 라헬에게서 태어난 아들이었다. 그의 동생으로는 막내 베냐민이 있었다. 그들은 아버지와 함께 본가에서 기거했다. 내리사랑이라는 말이 있듯이 요셉과 베냐민은 부친의 애정을 한몸에 받고 있었다. 본가에는 아버지의 첩 빌하와 실바, 그리고 손위의 여러 형제들도 함께 살고 있었다. 당시 아버지 야곱은 많이 늙어 있었다. 어머니 라헬과 큰어머니 레아도 이미 세상을 떠나 젊은 첩인 빌하와 실바 그리고 아들들이 남아 있었다.

그런데 여기서 문제가 되는 장면이 있는데, 그것은 집안에 고자질쟁이가 있었다는 것이다. 아비의 첩들과 그의 아들들이 저지르는 실수와 비리를 사사건건 부친에게 고발하고 물고 늘어지는 사람이 있었는데, 그가 바로 요셉이었다. 당시의 상황을 기록한 성경 전문을 보자.

요셉이 십칠세의 소년으로서 그 형제와 함께 양을 칠 때에
그 아비의 첩, 빌하와 실바의 아들들로 더불어 함께 하였더니,
그가 그들의 과실을 아비에게 고하더라   (창세기 37:2)

야곱의 가문은 당시 대가족이었다. 더구나 형제는 각각 다른 어머니들에게서 출산된 이복 형들이었다. 이복 형제들과 함께 산다는 것은 매우 어려운 일이다. 여간해서는 한뜻이 되기 어려워 미움과 불화가 싹트기 마련이다. 이런 상황에서는 모두가 자중자애하고, 용서와 아량을 베풀어 서로를 이해하고, 사랑하는 길밖에 없다. 관대함과 너그러움, 이것이 대가족제 식구들인 이복의 형제들이 가져야 할 품성이었다. 그런데 요셉은 형제들의 실수를 서슴없이 고발했고 서모인 빌하와 실바의 비리까지 들춰내곤 했다. 그는 누가 시키지도 않았는데 이른바 가문의 감찰실장이요, 안기부장 노릇을 하고 있었다.

"납달리 형은 천성이 게으르답니다. 양 떼가 몇 십리 떨어져 나가도록 모르고 잠만 자구요, 해가 중천에 떠 있는데도 늦잠을 자더라니까요."

"갓과 아셀, 두 형들은 절대 믿지 마세요. 글쎄 지난번에 보니까 양과 염소가 숫자에서 몇 마리나 비어 있는 거예요. 알아보니까 가나안의 주막집에 가축 몇 마리 갖다 주고는 술만 퍼 마시더라니까요. 집안 망칠 사람들이에요."

"실바라는 저 여자는 왜 그렇게 지저분한지, 그 여자가 만든 음식은 먹지 마세요. 손도 씻지 않고 음식을 만들어요. 더럽기 짝이 없다니까요."

"빌하란 여자, 우리 집안을 망칠 여자랍니다. 세상에 서모가 되어서 어떻게 그럴 수 있습니까. 큰형님 르우벤에게 꼬리를 치는 거예요. 아버지, 저것들이 사람입니까, 짐승입니까. 어떻게 이런 일이 일어날 수 있습니까?"

요셉의 고발은 무차별했다. 자기 집 식구는 물론이고 근동 일대 주민들의 일거수 일투족을 아버지 야곱에게 고발했다. 이런 요셉의 고발정신을 우리는 어떻게 보아야 하는가. 어떤 성경주석에서는 요셉의 고발정신이 의로운 것이라고 했다. 당연한 것이라고 했다. 요셉을 본받아라, 요셉은 정의의 사람이다. 이렇게 요셉을 주석하고 있는 학자들도 있다. 고발 정신이 나쁜 것은 아니다. 민주주의가 제대로 되려면 불의에 대항하는 고발과 폭로가 나와야 한다. 고발 문화가 발달되어야 한다.

그러나 요셉의 고자질은 그런 고발 문화와는 조금 거리가 멀다. 소소한 문제를 침소봉대하여 사람 잡는 데 썼다. 적어도 내가 보기에는 그렇다. 다분히 정략에 의한, 사리사욕에 의한 고자질이 아니었나 싶다. 이것은 결국 형들에게 원한을 산 원인이 된다. 왜냐하면 얼마 후 형들이 요셉을 죽음으로 몰아넣는 일이 생기는데 그것은 바로 이 고자질 때문에 그동안 별것 아닌 일로 부친에게 진노와 야단을 맞았기 때문이다. 물론 형들의 심성이 곱지 않은 이유도 있겠지만, 어쨌든 사건의 발단은 고자질 때문이었다. 정의를 위한 고발과 사리사욕에 의한 고자질은 마땅히 구별되어야 한다. 그리고 정의를 위한 고발이라 할지라도 개인의 사생활에 대한 것에는 주의할 필요가 있다. 잘못하면 소의 뿔을 고쳐주려다 소를 죽일 수도 있기 때문이다.

나는 군대에서 군종과에 근무했었는데 연대장은 늘 부대 내의 정보를 알고 싶어 했다. 그는 늘 정보를 틀어쥐려 했다. 그래서 예하 부대의 움직임과 장·사병들의 동정에 늘 관심을 갖고 있었다. 그러다 보니 보고 채널도 여러 개가 있었다. 정식으로 올라오는 대대와 중대의 보고가 있고 보안부대, 인사처, 정보처를 통해 들어오는 정보가 있었다. 각급 부대의 정보 채널은 누가 먼저 신속하고 정확하게 부대장에게 보고할 것인지 경쟁 아닌 경쟁을 하고 있었다. 그동안 자기 부대가 어떻게 돌아가는지도 몰랐던 예하 부대장은 혼줄이 났다. 그것은 연대장의 신임과 총애를 받는 열쇠이기 때문에 당연한 일이었다.

근간에 해병대 중 어느 부대에 강도가 들어서 실탄을 훔쳐갔는데 대대장이 이를 알고도 쉬쉬했다. 그런데 그만 강도가 잡히는 바람에 이 일이 백일하에 드러나게 되었다. 세상에, 귀신 잡는 해병대에 도둑이 들어가 실탄을 훔친 기가 막힌 일이 생긴 것이다. 그런데 이런 사건이 난 줄도 모르고 방심해 있던 부대장은 혼줄이 났다.

나는 군종과에서 정보기관 노릇을 하고 있었다. 군종업무와는 상관도 없는 일을 하고 있었던 것이다. 예하 부대를 무시로 드나들 수 있는 것이 군종병들이다. 장교든 사병이든 수시로 만날 수 있는 것도 군종과 요원들이다. 그때 우리들은 무슨 사건이 생기면 즉시 군목과로 연락을 했다. 어떤 부대에서 사고가 지금 발생했습니다. 장교 누구누구가 이런 말을 했습니다. 사병 누구누구가 사고를 칠 위기에 처해 있습니다. 이런 식이었다.

지난 번 전방에서 어느 병사가 수류탄을 터뜨리고 총을 난사하여 여덟 명의 장병을 살해한 적이 있다. 이런 문제의

사병이나 사고 위험이 있는 병사는 사전에 즉각 보고해야
한다. 군종병은 군목에게, 군목은 지휘관에게 보고해야 한
다. 어떤 때는 보안 부대나 정보처가 알아내지 못한 사항을
군종과가 먼저 알아내고 지휘관에게 보고할 때가 왕왕 있
다. 이쯤 되면 지휘관은 군종과에 대하여 치하하고 사례한
다. 무서운 사고를 군종과가 미연에 방지해 주었다며 부대
장이 군종과를 신임해준다. 그러면 군목의 기세가 올라가고
군종병들의 사기도 올라간다. 별로 끗발 없던 군종과가 이
런 기회에 탁월한 진가를 나타내는 것이다. 그래서 내가 근
무할 때 우리 부대에서는 군종과가 어느 정도 끗발을 날리
곤 했었다. 그 이유는 군종과 저 친구들한테 공연히 잘못 보
였다가는 물 먹을 수 있다는 것이다. 물론 이런 일들은 본연
의 군종 업무가 아니다. 더구나 잘못하면 군종과 요원들이
부대 내에서 경원당하기 쉬운 일이 이런 일이기도 했다. 이
런 일들은 결국 군종과로 하여금 자충수를 만드는 일이 되
었다.

　사실 군종 하사관이나 군종 전도사라면 누구나 환영하
며, 친근하게 종교적 입장에서 가까이 다가와야 하는 직책
이다. 그리고 어느 정도는 존경을 받아야 하는 자리다. 그래
서 격의 없이 누구든지 만날 수 있어야 한다. 하나님의 말씀
을 전파하고 상담과 인격지도 교육을 할 수 있어야 하며 진

중교회 예배를 인도할 수 있어야 한다. 그런데 군종과 요원들이 정탐 행동이나 한다는 소문이 돌고 난 다음부터는 부대 분위기가 영 달라진 것이다. 사병들은 군종 업무와는 상관도 없는 청탁을 하기가 일쑤다. 군종과를 권력 있는 기관으로 착각한 것이다. 그러다 보니 휴가까지 부탁하는 일도 있었다.

"나, 이번에 휴가 좀 갈 수 있을까요."

중대장이나 대대장을 만나면 더 기가 막힌다. 전혀 엉뚱한 애기를 하는 것이다. 우국충정의 발언뿐이다.

"박정희 대통령 각하께서는 단군 이래 우리의 지도자시다. 암, 그렇고 말고. 각하께서 일으키신 유신의 뜻이 부디 성공을 해야 할 텐데……."

그렇게 말하는 장교들의 얼굴은 자못 비분강개하기 짝이 없다. 이분이 갑자기 왜 이런 발언을 하는지 뻔하다. 그것은 이분이 군종요원을 정탐꾼으로 보기 때문이다. 군종과가 고발업무에나 관여하는 한 전도는커녕 권력의 주구 노릇밖에 할 수 없는 것이다.

고발자가 된다는 것은 이미 어떤 위험을 내포한다. 후일 요셉이 형들에게 그 무서운 곤욕을 당하는 것도 무분별한 고발의 자업자득 측면이 있었던 것을 무시할 수 없다.

꿈꾸는 자, 질투를 받는다

그 다음 요셉이 미움을 받은 것은 꿈 때문이었다. 왜 꿈 때문에 요셉은 형들에게 미움을 받게 되었는가.

어느 날 요셉이 꿈을 꾸었는데 참으로 기이했다. 밭에서였다. 곡식이 가득한 들판이었다. 그런데 이상한 일이었다. 추수하며 묶어놓은 곡식 열한 단이 자기 단에게 절을 하는 것이었다. 형들의 곡식 단들이 자기의 곡식 단에게 둘러서서 절을 하는 참으로 기이한 일이었다. 꿈을 깨고 나서 요셉은 한동안 얼얼해 있었다.

"형님들, 어젯밤에 이상한 꿈을 꾸었어요. 아, 글쎄 내 곡식 단에 형님들의 곡식 단이 절을 하는 거예요."

밭에서 일하는 형들에게 군음식을 내온 요셉이 이렇게 말하자 형들은 일순간 잠잠했다. 너무 기가 막히고 황당했다. 기분이 나빠도 너무 나빴다. 저 녀석이 너무 방자하지 않은가. 우리가 제놈에게 절을 하다니. 형들은 너무나 불쾌하고 화가 나서 이를 갈았다. 당시의 사건 전문을 성경은 다음과 같이 보도한다.

요셉이 그들에게 이르되 청컨대 나의 꿈을 들으시오. 우리가 밭에서 곡식을 묶더니 내 단은 일어서고 당신들의 단은 내 단을 둘러서서 절하더니이다. 그 형들이 그에게 이르되 네가 참으로 우리의 왕이 되겠느냐. 참으로 우리를 다스리게 되겠 느냐하고 그 꿈과 그 말을 인하여 그를 더욱 미워하더니

(창세기 37:6-7)

형들은 참을 수가 없을 정도로 화가 나서 요셉에게 모두 한마디씩 한다.

"야 이놈아, 네가 우리의 왕이 된다는 말이냐?"

"이 녀석아, 네가 우리를 다스리겠다는 말이냐?"

"이놈이 이제는 아버지 편애만 믿고 눈에 뵈는 게 없는 모양이구나. 아무리 꿈이라지만 우리가 네놈의 종이라도 된다는 것이냐. 네게 절하고 받들어 모시는 부하라도 된다는 말이냐고?"

"저놈의 색동옷을 찢어 버려. 이 젖비린내 나는 놈을 그냥 해치워 버리자구!"

형들은 요셉이 늘 못마땅했고, 요셉은 이런 일들 때문에 그들에게 증오의 대상이었다. 늙으신 아버님은 이놈만 편애하시고, 이놈의 말만 들으시니 기분 나쁜 것이다. 어린 것이 아버지의 사랑을 독차지하다니……. 그들은 화가 나고 시기심으로 가득 차 있었다.

그러나 요셉은 기고만장했다. 그때만 해도 요셉은 철이 없어서 형들이 자기를 어떻게 생각하는지 분간도 하지 못했다. 언제나 요셉은 이런 식이었다. 꿈밖에는 몰랐다. 형들이 자기에게 절을 한다는 것이다. 그 꿈이 너무 신기했고 기분이 좋은 것이다. 형들은 목부가 되어 죽어라 고생을 하고 있는 데 요셉은 최신 유행하는 색동옷을 입고 나와서 사람의 감정만 박박 긁어대는 것이다.

"형님들, 내 말 좀 들어봐요. 글쎄 어젯밤에 또 꿈을 꾸었지 뭡니까. 지난 번 꿈과 비슷해요. 그런데 어제는 말에요. 아, 글쎄 형님들 곡식 단은 물론이고, 해와 달까지 내게 절을 하더라니까요. 형님들, 이게 무슨 징조래요? 형님들, 이 꿈 좀 해몽해 주세요."

요셉은 너무 기쁜 나머지 아무 생각도 없이 떠들어 댔다. 형들이 무슨 생각을 하는지도 모르면서 철없이 떠들고 있는 것이다. 자신의 꿈 이야기 때문에 어떤 환난이 올지도 모르고 떠드는 것이다.

"아니, 아니. 저 어린놈이 뭐라고 하는가."

"제놈이 제일이라고 떠드는 것이 아닌가."

"허허, 기가 막힌 일이네. 우리가 저 어린놈에게 절을 하다니, 허허."

요셉이 꿈을 꾼 것에 대한 소동은 드디어 부친인 야곱에게까지 알려진다.

"얘야, 요셉아."

"네."

부친은 어린 아들을 불렀다. 아무래도 요사이 이 아이 때문에 형제들 간에 불화가 있는 것 같아서 이 아이를 진정시킬 필요를 느낀다.

"네가 꿈을 꾸었다고? 형들이 네게 절을 하는 그런 꿈이라고? 왜 그리 생각이 없느냐. 쓸데없이 형들 앞에서 그렇게 떠들고 다녔느냐? 칠칠하지 못한 녀석아."

"아버님, 들어보시라니까요. 아, 글쎄 말이에요. 내 곡식 단에 형님들의 곡식 단들이 절을 하지 뭡니까. 그뿐인 줄 아십니까? 어젯밤 꿈에는 해와 달까지 나를 보고 절을 했단 말입니다. 이게 예사 꿈입니까?"

요셉은 형들의 단이 자기에게 절하는 모습과 해와 달이 자기에게 절하는 모습을 그럴 듯하게 흉내낸다.

"이 녀석아."

"네, 아버님."

"해와 달이 네게 절을 하다니. 그렇다면 형들이 네게 절하는 것은 물론이고, 이 애비와 모친들도 네게 절을 한단 말이냐?"

"그렇게 되는 겁니까, 아버님?"

"허허, 생각 없는 녀석 같으니……."

아버지 야곱은 짐짓 야단을 친다. 그러면서 한편 기특하게 생각한다. 저 녀석이 보통 인물은 아닌데……. 그런 생각을 하는 것이다. 요셉의 꿈 사건으로 형들은 요셉을 시기했지만 그 부친 야곱은 그 말을 마음에 두고 있었던 것이다.

"아무리 꿈이 좋으면 뭘 하느냐. 그 꿈을 이루기 위해서는 언제나 자중자애 해야 하느니라……. 그래야 꿈이 이루어지는 것이다. 그래야 너의 꿈을 이룰 수 있는 것이다."

"알았습니다, 아버님."

"성공하기도 전에 경거망동해서는 안 된다. 이 애비는 항상 그것을 절실하게 느낀다. 이 애비를 보아라. 젊은 시절에 공연한 객기와 경거망동으로 하나 밖에 없는 형님을 잃고, 너의 큰아버님이신 에서와 이렇게 불편한 사이가 되지 않았느냐. 모쪼록 형들과 화목하게 지내야 한다. 공연한 객기를 부리거나 경거망동하지 말거라. 형들의 마음을 불편하게 해서는 안 된다. 형들을 편협하게 만들어서는 안 된다. 이제부터라도 너의 처신을 온유하고 겸손하게 하여라."

"네, 아버님."

"첫째도 겸손이요, 둘째도 겸손이다. 모든 일을 지혜롭고 슬기롭게 처리해라. 어떤 일이 생겨도 누구를 원망하지 말거라. 원망하지 않는 것이 성공의 비결이다."

"네, 아버님."

부친 야곱의 이 말씀들은 요셉에게 유언이 된다. 후일 요셉이 우물에 빠지고 감옥에 있을 때에도 요셉은 아버지의 당부를 잊지 않았다. 고통과 환난이 올 때에도 부친의 교훈은 큰 힘이 되었다.

요셉이 당시 문명국이며 대국인 애굽의 국무총리가 되는 먼 훗날, 아버지와 감격의 해우를 하게 된다. 그러나 그때는 야곱이 너무 노쇠해 있을 때였다. 그때까지 요셉이 인내하고 성공할 수 있었던 것은 아버지의 당부 말씀을 명심했기 때문이다. 요셉은 이후 언행심사에 조심하게 되었으며, 아버지 말씀을 인생의 교훈으로 삼았다.

천방지축 같던 소년 시절에 비해 청년 요셉은 드디어 원만한 인품의 소유자가 된다. 성자형의 인격을 갖춘다. 그것은 환난을 겪은 풍파의 세월 탓도 있었겠지만 부친 야곱의 말씀을 유언처럼 여기고 가슴에 새겼기 때문이다.

우리는 '그런 꿈 같은 소리하지 마라'는 말을 자주 한다. 그것은 꿈은 믿을 수 없고 이루어지지 않는다는 뜻이다. 나아가서 환상일 뿐이라고 생각해서 이루어질 수가 없다는 것이다.

그러나 생각해 보라. 꿈은 결코 무익한 것이 아니다. 꿈이 있어야 성공이 온다. 설계도가 있어야 건물이 세워지는 것처럼 꿈은 인생의 설계도이고 인생의 시나리오다. 누구에게나 꿈이 있어야 한다. 성경에도 꿈이 없는 백성은 망한다고 했다. 인생의 성공여부는 꿈이 있느냐 없느냐에 달려있다. 『꿈꾸는 자가 오는도다』의 저자 K목사는 '꿈은 과학'이라고 했다. 꿈을 꾼대로 이루어지기 때문에 오히려 과학이라는 것이다.

꿈을 성취하기 위해서는 노력과 대가를 지불해야만 한다. 그것이 우리가 할 일이다. 원대한 꿈을 갖는 자에게 기회를 주시는 것은 하나님의 일이다. 이 말은 꿈이 있는 자에게는 기회가 오지만, 꿈이 없는 자에게는 그런 기회가 아예 오지도 않는다는 뜻이다. 그렇기 때문에 세상 사람들은 꿈이 있는 사람을 두려워한다. 꿈이 있는 사람을 질투한다. 왜 그런가? 그것은 자신이 갖지 않은 꿈을 상대방이 갖고 있기 때문이다.

요셉은 17세의 가장 청순한 나이에 엄청난 꿈을 꾸었다. 온 천지의 주인이 되는 꿈이었다. 이것이 그의 미래를 결정하게 되었고, 그의 생애를 격동과 감격으로 몰고 갔던 것이다. 꿈은 폭발력이 있다. 요셉은 꿈대로 후에 온천지에 폭발한다.

그는 결코 좋은 가정에서 태어나지 않았다. 오히려 복잡한 가정에서 태어났다. 네 명의 어머니와 열 명의 이복 형들

틈바구니에서 애처롭게 태어난 것이다. 그들 사이에는 무서운 것들이 존재하고 있었다. 싸움, 이기심, 갈등, 편애, 질투, 미움, 복수, 색욕, 근친상간, 사기, 게다가 대량학살까지 있었다. 이런 복잡한 가정에서 태어난 요셉이 무슨 수로 성공을 할 수 있었겠는가. 그것은 전적으로 그에게 꿈이 있었기 때문이다. 질풍노도와 같은 그의 인생은 꿈이 있었기에 도전과 용기를 가질 수 있었다. 그리고 그는 도전과 용기 때문에 드디어 정상에 설 수 있었던 것이다.

요셉이 꿈을 꾼 시절이 17세였다고 했다. '소년이여 꿈을 가져라'라고 선언했던 슬로건은 그래서 유명한 것이다. 요셉은 일찍이 소년시절에 꿈을 가졌다. 그것은 그에게 축복이었고 은총이었다. 그러면 이미 40, 50, 60, 70, 80세 된 분들에게는 꿈이 없다는 말인가. 꿈이 필요 없다는 말인가. 이제는 끝난 인생이란 말인가. '옛날의 금잔디 동산에 메기'나 부르면서 죽을 날만 기다리면 된다는 말인가. '해는 져서 어두운데 찾아오는 사람 없어'가 되어야 한다는 말인가. 그렇지 않다, 절대로 그렇지 않다. 꿈은 무차별이다. 누구에게나 꿈은 온다. 젊을 때에도 꿈은 오고, 늙어서도 꿈은 온다. 오히려 노년이 되면 더 많은 꿈을 꾸게 된다. 더 많은 소망을 갖게 된다.

아브라함을 보라. 그의 나이 75세였던 노년에도 꿈이 있었다. 설레는, 폭풍 같은 꿈을 그 나이에 갖게 되었던 것이다. 가나안 땅으로 이민을 가서 그 땅의 주인이 되었다. 그리고 더 늙은 100세에 아브라함은 꿈의 결정판인 아들 이삭을 얻게 되었고, 민족의 조상이 되었다.

모세를 보라. 나이는 80세의 노년이었고 인생은 다 망했다. 몸은 결단이 났다. 겉보리 서 말만 있어도 처가살이는 하지 말라고 했는데, 모세는 늙어서 처가살이 하는 처량한 신세가 되었다. 80세가 되어서 처가살이를 했다. 처갓집에서 양이나 치는 목부가 되어 있었다. 그러나 그는 꿈이 있기에 희망을 잃지 않았다. 패기를 잃지 않았다. 그는 호렙 산에서 여호와의 불꽃을 만난다. 그리고 힘을 얻는다. 나머지 40년 인생의 후반부를 가슴 설레는 청년처럼 꿈 속에 살게 된다. 그는 마침내 민족을 위한 원대한 꿈을 갖는다. 그는 바로 왕을 타도하고, 홍해를 가르며, 바위를 쳐서 샘물을 냈다. 그리고 200만 동포를 고국으로 이끄는 민족의 지도자가 되었다.

갈렙을 보라. 그는 85세에 유다 지파의 족장이 되었다. 그는 은퇴할 나이에 일을 시작했고, 일을 달라고 했다. 가나안 점령 후 영토분배를 할 때에 가장 위험한 지역인 산악의 땅, 헤브론 산지를 내게 달라고 했다. 청년들도 생각하지 못하는 씩씩한 기상과 애국심이 그에게 있었다.

괴테를 보라. 그는 74세의 나이에 14세 소녀를 사모하고, 그녀를 위해 사랑의 시를 썼다. 어떤 사람들은 괴테가 늙어서 망령이 났느니, 치매 기운이 있느니, 주책이 없느니 할지 모른다. 그러나 나는 절대로 그렇게 보지 않는다. 괴테는 언제나 소년의 마음과 청년의 기상을 갖고 있었던 것이 아닌가. 청춘의 마음을 갖고 있었던 것이 아닌가. 그는 꿈과 낭만을 우리에게 다시 보여주었던 것이 아닌가. 아름다운 여인을 보면 설레는 시인의 평상심을 그때까지 잃지 않은 괴테는 그 나이에도 청춘의 꿈을 갖고 있었던 것이다. 사랑을 갈구하는 문학 소년의 마음을 그때까지 잃지 않았던 것이다. 아니, 문학 소년의 마음을 74세가 되었어도 그대로 간직했던 것이다. 낭만과 사랑이 74세 노년까지 있었던 것이다. 경하할 만한 일이고 기뻐해야 할 일이 아닌가.

삼국지에 나오는 황충을 보라. 엄안을 보라. 그들은 모두 노장들이었다. 그러나 그들에게는 꿈이 있었다. 씩씩했다. 구국의 용사들이다.

레이건을 보라. 그는 노년에 세계 최대 강국인 미국의 대통령이 되었다.

꿈이 무엇인가. 그것은 미래를 창조하는 자료다. 미래의 설계도다. 앞으로 나아가게 하는 원동력이다. 어린이고, 청년이고, 노인이고 간에 누구나 꿈이 있어야 한다.

괴테는 이런 이야기를 했다. "꿈이 있는 사람은 술이 없어도 취할 수 있다." 당신은 꿈에 취해본 적이 있는가. 꿈으로 인해 설레어본 적이 있는가.

이 나라 최대의 재벌이었던 정주영 씨는 80세가 넘은 나이에도 자신이 가진 꿈에 대해 얘기했다. 심지어 기저귀 차고 다닌다는 흉을 들으면서도 정주영 씨는 대권에 도전하는 등 꿈에 살았다. 정주영 씨는 살아 생전에 새벽 2, 3시면 일어났다고 한다. 사람들이 그에게 왜 그렇게 일찍 일어나느냐고 물으면, 그는 내일 할 일 때문에 가슴이 설레서 잠이 오지 않는다고 했다는 것이다. 하고 싶은 일이 너무 많아서 잠을 잘 수가 없었다고 했다는 것이다. 그러니 그는 성공할 수밖에 없었다. 성공하지 못한 것이 오히려 이상할 정도가 아닌던가. 할 일이 없어 빌빌대는 이들이여, 백수로 지내는 젊은이들이여 일어서라. 내일 때문에 설레는 밤을 가져라. 꿈을 가져라. 누구에게나 설레는 꿈은 오게 되어 있다. 당신은 꿈을 가져라. 그 꿈이 당신을 살려낸다. 그 꿈이 당신을 성공하게 한다. 우박비처럼 쏟아지는 꿈의 사람이 되라. 무차별로 오는 꿈, 꿈의 주인공이 되라. 이것이 요셉의 이야기다. 꿈의 이야기다.

이 글을 읽는 그대여, 잠시 책장을 덮고 그대의 꿈을 다시 생각해 보라. 그대의 꿈을 다시 일으켜 보라. 생생하고 신

선한 꿈을 다시 일으켜 보라. 그리고 내일을 꿈과 함께 도전
하라. 이제 그대는 가슴이 뜨거워질 것이다. 설레는 가슴이
될 것이다.

우물에 빠지는 요셉, 시련의 시작

　야곱의 열한 번째 아들 요셉이 드디어 시련을 당하기 시
작한다. 그의 형제들로 인해 우물에 빠지게 되는 사건에 당
면하게 된다. 사건은 아버지의 심부름으로 시작되었다. 어
느 날 야곱이 요셉을 불렀다.
　"애야, 요셉아."
　"예, 아버님."
　"너희 형들이 지금 세겜에서 양을 치고 있질 않느냐."
　"그렇습니다."
　"먹을 것과 마실 것을 갖다주고 오너라. 그리고 가축을
잘 건사하고 있는지 살펴보고 오너라."
　"예, 아버님."
　일은 이렇게 시작된 것이다. 형들의 목양지를 둘러보러
가는 길이었다. 부친의 심부름이기도 했다. 그리고 그것은
일종의 시찰이기도 했다. 요셉의 보고에 따라서 형들의 근

무성적을 알 수 있는 것이다. 형들이 나중에 부친으로부터 칭찬을 받느냐, 불호령을 듣느냐는 요셉의 보고에 따라서 결정되기 때문이다. 요셉은 머리가 좋았다. 계산에 능했다. 집안의 대소사를 관장했다. 부친의 비서실장 역할을 했으며, 가문의 총무, 가문의 집사 역할을 감당하고 있었다. 요셉은 부친의 명에 따라 길을 나섰다.

요셉이 세겜 땅에 이르니 형들은 그곳에 없었다. 아무리 둘러보고, 찾아봐도 형들과 가축들은 보이지 않는다.

"허허, 이거 큰일 아닌가."

요셉은 순간 당황했다. 형들을 만날 수가 없었던 것이다. 그들은 유목민이었다. 가축과 함께 떠돌이 생활을 하고 있었다. 주거가 일정할 리가 없었다. 가축 떼가 풀을 뜯을 수 있는 들판이면 어디로든 향하는 그들이었다.

"도단으로 간다고 한 것 같은데요."

세겜의 어떤 양치기 소년이 들려주는 말이었다. 도단 땅으로 가자고 형들이 의논을 하더라는 것이었다. 요셉은 도단으로 발길을 옮겼다. 도단이 어디인가. 도단은 세겜에서 북쪽으로 50여 리 넘게 멀리 떨어져 있는 곳이었다. 이 도단은 요셉이 죽을 장소였고 재앙의 장소였다. 그리고 도단은 요셉이 새롭게 변신되는 장소이기도 하다. 요셉에게는 환난의 장소였으며, 운명이 바뀌는 장소였다. 여러분이 지금 기거하고 있는 장소는 어디인가. 도단이 아닌가. 그렇다면 환난이 올 수도 있다. 그러나 그 환난을 통하여 당신이 새롭게 변신할 수 있는 장소일 수도 있다.

"저게 누구인가."

양을 치고 있던 형들이 요셉을 보고 있었다. 그들은 마침 점심을 기다리고 있던 중이었다. 그들을 향해 요셉이 오고 있었던 것이다. 멀리서도 그들은 요셉을 알아볼 수 있었다. 요셉이 채색 옷을 입은 채 그들 앞에 나타나고 있었다. 당나귀에 음식을 가득 싣고 꺼떡꺼떡 타고 오는 중이었다.

"누구신가. 그 유명하신 꿈꾸는 자 아닌가."

그 말에 모두 폭소를 터뜨린다. 그렇다. 요셉은 꿈꾸는 자였다. 그 꿈꾸는 자가 오는 것이다.

"채색 옷에 호화찬란한 모습이구만."

"우리 가문에서 유일하게 아들 대접받는 분이 아니시던가. 적장자가 아니신가."

"적장자라니, 장남은 르우벤 형님이시다."

"그건 옛날 이야기지. 이제 르우벤 형님은 쫓겨났고, 저 요셉 녀석이 우리 가문의 유일한 장남이시라니까. 저녀석이 우리 가문의 적장자, 최고가 되시지 않았는가 말이야."

"맞아요, 맞아. 아버님은 저녀석한테만 흠뻑 빠지셨다니까."

그들은 이를 부드득 갈았다. 질투란 무서운 것이다. 여인의 질투는 애교라도 있지만, 남자들의 질투는 죽음을 보아야 끝장이 난다. 질투가 이만큼 무섭다는 것이다.

"죽여버리자. 지금 죽여버리자."

시므온이 떠들어댔다.

"갈기갈기 찢어 죽이자."

이번에는 레위가 떠들고 나섰다. 시므온과 레위가 누구인가. 그들은 이미 누이동생 디나 사건으로 세겜 성민들을 남김없이 도륙한 학살자들이 아닌가. 세겜 성 피바다의 주인공들이 아닌가. 사람 죽이는 데 이골이 난 자들이었고 사람을 패 죽이는 데 시므온과 레위는 전문가들이었다. 후일 레위의 후손들이 이스라엘의 제사장 족속이 된 것을 보면 참으로 많은 생각을 하게 된다. 사람 죽이는 것도 처음이 문제지 그 다음부터는 아무것도 아니다. 대부라는 영화를 보라. 아기가 성스러운 세례를 받는 동안에 죽일 놈들은 모두 죽여버린다. 문젯거리 인물은 모조리 죽여버린다. 심지어 여동생의 남편이자, 매부까지 처참하게 죽여버린다. 자동차에 집어넣고, 우악스럽게 생긴 부하가 목을 비틀어 죽인다. 앞 유리창이 발길질로 박살이 나고, 매부는 혀를 깨물고 죽어간다. 그런데도 주인공인 대부는 눈썹 하나 까딱하지 않는다. 전형적인 살인자의 모습이다. 요셉의 형들이 그랬다.

그 중에서도 특히 시므온과 레위는 과격파 중 과격파였다. 그들은 목동이었다. 매일 짐승을 죽이고, 잡아먹는 목부였다. 그러니 성격이 완악한 것은 당연한 일이었다.

"형님들, 안녕하십니까."

요셉이 형들을 알아보고 손을 흔든다. 너무 반가운 것이다. 나귀 위에서 손을 흔든다.

"형님들, 반갑습니다."

그 넓은 들판에서 형들을 만난 요셉은 진심으로 형들이 반가웠다. 당나귀를 짓쳐서 달려온다. 형들을 보자 요셉은 너무나도 안심이 되었다. 형님들을 찾느라고 얼마나 고생이 심했던가. 요셉은 당시 17세의 청순한 소년이었다. 요셉에게는 아무 욕심이 없었다. 흑심이 있을 리 없었다. 가끔 형님들 앞에서 잘난 척하기는 했지만 그것은 아직 철이 없어서였다. 어린 나이였기 때문이었다. 그리고 아버지의 사랑을 흠뻑 받는 어린 아들로서의 버릇이 없는 정도였다.

우리는 가끔 식당이나 공공장소에서 철없이 뛰어다니면서 눈살을 찌푸리게 만드는 아이들을 보게 된다. 그것이 그 아이만의 잘못인가. 그것은 그 아이를 버릇없이 키우고 편애한 부모들의 책임이 아니겠는가.

"저새끼를 없애버리자니까."

시므온이 레위에게 말했다.

"맞아, 없애버리자. 눈엣가시 같은 놈, 방자한 놈."

그들은 주변의 형제들에게도 말했다. 저기 오는 요셉을 지금 당장 처치해 버리자고 했다. 아예 녀석을, 오늘 이 자리에서 없애버리자고 하는 것이다. 원래 나쁜 일일수록 금방 통한다. 금방 단결한다.

며칠 전 일간신문에 나온 뉴저지의 어느 교회의 광고문을 보았다. 참으로 이상했다. 왜 이런 일을 광고까지 해야 하는지 이해가 되지 않는다. 내용은 어느 교회의 내분에 관한 것이었다. 성스러운 교회에서 자기네 교회의 문제를 신문을 통해 동네방네에 성토를 한 것이다. 내용인즉, 자기네 교회 담임목사를 성토하는 것이었다. 한마디로 담임목사가 목사로서의 자격이 없으니 몰아내겠다는 것이었다. 거기에는 담임목사의 단점을 조목조목 열거해 놓았다. 그리고 거기에 동조한 반대파 성도들의 이름까지 열거했다. 얼핏 봐도 200명이 넘었다. 반대파가 그 정도라니, 보통 교회는 아닌 것 같았다. 그 광고를 보면서 나는 어이가 없었다. 기가 막히다는 생각을 했었다. 이 지경이 되기까지 차일피일 문제를 누적시킨 그 교회 담임목사도 참 한심했지만 200여 명이나 되는 사람들이 뭉치면 살고 헤어지면 죽는다는 식으로 덤벼든다는 것은 보통일이 아니었다. 그리고 그들의 결속력에 감탄하지 않을 수 없었다. 반대파들의 순발력과 단결력 그리고 그 세력에 새삼 감탄하지 않을 수 없었던 것이다. 신문광고에 보면 담임 목사님의 시시콜콜한 문제까지 다 까발리고 있었다. 반대파들의 그 저질성과 집요함에 나는 놀라지 않을 수 없었다. 이런 식으로 목사 내쫓기 성토대회를 한다면 안 쫓겨날 사람이 없을 것이다.

반대파들은 끼리끼리 잘도 모인다. 밤에도 모이고, 낮에도 모인다. 결속력이 대단하다. 언제나 주류보다 비주류가 강하고, 찬성보다 반대파가 극성이기 마련이다. 온건파보다 언제나 강경파가 득세하기 마련이다.

언젠가 LA에 갔을 때 몸이 좋지 않아 이른 아침에 약을 사려고 약국에 갔다. 그런데 분위기가 좀 이상했다. 주인은 손님인 나를 그리 반가워하지도 않고 오히려 내게 나가라고 했다. 지금은 회의 중이라 약을 팔 수가 없다며 나중에 오라고 했다. 약국에서 약을 팔지 않겠다니 너무 기가 막히고 황당했다. 물론 내가 너무 이른 시간에 가기는 했지만 주인이 그 자리에 있음에도 불구하고 손님에게 약을 팔지 않겠다는 것이다. 약사가 약을 파는 일보다 더 급한 것이 무엇일까. 게다가 약국에서 무슨 회의가 있다는 말인가. 그 말을 듣고 나는 주위를 둘러보았다. 아닌게 아니라 몇몇의 남자들이 자못 긴장한 모습으로 약국 안에 앉아 있었다. 그들은 얼굴이 상기된 채 무슨 역적모의라도 하다가 들킨 사람들 같았다.

그 약국 안에 "이 집에 평화를……."이라는 성구가 걸려 있는 것을 보니, 약국 주인은 크리스천인 것 같았다. 그리고 이들은 이른 아침부터 매우 중요하고도 특별한 회의를 하고 있는 것 같았다. 보아하니 뻔한 모임 같았다. 나는 순간 이분들이 무슨 일을 꾸미고 있구나 하는 내 나름대로의 짐작을 하고 있었다. 거기 모인 인사들은 모두 비장한 표정으로 비분강개한 모습이었다. 약을 사러온 손님을 내몰 정도로 긴장감이 돌고 있었다. 그리고 그들은 의분에 가득 쌓여 의기양양해 있었다. 우리 주변에는 이런 재미로 사는 사람들이 의외로 많다. 역모와 반역으로 해가 뜨고, 해가 지는 사람들이 있다.

요셉의 형제들이 그랬다. 그들은 뭔가 불만에 가득 차 있었다. 뭔가 뒤흔들고 싶었다. 그때에 때맞춰 나타나 준 것이 요셉이었다. 요셉은 형들의 악랄한 계획을 알지 못했다. 그만큼 요셉은 순진했던 것이다. 형들에 대한 미움이 없었던 것이다. 그저 반가운 것뿐이다. 이제 형들을 만났으니 안심이다. 그런 마음뿐이다. 그러나 형들은 반대로 동생 요셉을 죽이자고 했다. 이 기회에 처단하자고 했다. 그리고 그 행동대장으로 시므온과 레위가 나서고 있었다.

"뭐, 이런 자식이 다 있어!"

요셉이 그들 앞에 이르렀을 때, 순식간에 일어난 일이었

다. 시므온이 다짜고짜 쫓아가서 요셉을 나귀 위에서 끌어
내렸다. 연약한 요셉이 장대 같은 시므온 형을 이겨낼 수는
없다. 그냥 댓바람에 나귀에서 떨어진다. 머리가 터지고 얼
굴은 피투성이다.

"아니, 시므온 형님. 이게 웬일입니까?"

요셉은 아무 영문도 모른 채 그저 당하고 있었다. 요셉으
로서는 시므온 형이 왜 이러는지 전혀 알 수 없었다. 그러자
레위가 달려와 요셉을 발길로 냅다 걷어 찼다.

"이 어린 새끼가 여기가 어딘 줄 알고 오는 거야. 네까짓
놈이 채색 옷만 입으면 최고인 줄 아는 모양인데 어림도 없
어. 꿈만 꾸면 다 되는 줄 아느냐. 어디 뜨거운 맛 좀 봐라."

레위의 거센 발길질에 요셉은 너무 아파 숨조차 쉴 수가
없었다.

"뭣들 하는 거야. 이새끼를 없애자니까."

형제들이 우르르 달려온다. 그리고 모두 요셉을 발길로
찬다. 주먹으로 두들겨 팬다. 순식간에 요셉의 온몸은 피투
성이가 되었고, 만신창이가 되었다.

"형님들, 이러지 마세요. 형님들, 이러지 마세요."

요셉은 사정을 한다.

"형님들, 때리지 마세요. 때리지 마세요. 왜 저를 때리십
니까."

그러나 질투에 눈이 먼 형들은 아예 요절을 낼 기세로 더욱 힘을 가해 요셉을 때렸다. 그들은 들판에서 산전수전 다 겪은 자들이다. 느닷없는 형들의 폭력에 요셉은 속수무책일 수밖에 없었다. 어쩔 수가 없었다.

"아버님, 아버님."

요셉은 아버지를 부른다. 이제 연로하고 노쇠한 아버지를 부른다. 그러나 아버지는 너무도 머나먼 곳에 있다.

"이 새끼가 아버지를 부르네. 꼴 같잖은 놈 같으니라고."

불에 기름을 부은 격이었다. 아버지의 편애를 받는 요셉. 그 요셉이 아버지를 부르자 더 난폭한 매를 맞는다. 요셉은 서럽다. 너무나 서럽다. 아버지를 부르니 더 서럽다. 아버지, 아버지.

"죽여라. 죽여!"

형들은 눈에 뵈는 것이 없었다. 그들은 이미 짐승이 다 되어 있었다. 이복 동생 요셉, 눈엣가시 같은 요셉, 그 요셉을 참혹하게 때리는 것이었다.

요셉은 정신을 잃는다. 어머니가 보인다. 불쌍한 어머니가 보인다.

"어머니! 어머니!"

요셉이 이제는 돌아가신 어머니를 부른다. 동생 베냐민을 낳다가 세상을 떠나신 어머니를 부른다. 요셉에게는 늘 자애롭고 부드럽기만 했던 어머니 라헬, 그 어머니를 부른다.

"어머니! 어머니!"

이제 요셉은 시체나 다름없었다. 퍽퍽 소리가 난다. 어쩔 수 없이 맞아주고 있을 뿐이다. 형들의 발길질에 채이고, 주먹질에 얻어 맞아도 소리내어 울기만 할 뿐이다.

"엄마! 엄마!"

형들의 발길질은 끝나지 않는다. 어떤 형은 주먹으로 면상을 때린다. 순간 코피가 터져 나온다. 요셉은 슬픈 울음 소리 밖에 낼 수가 없었다.

"형님들, 나 좀 살려주세요."

요셉이 두 손을 싹싹 빌며 애걸을 한다. 한번만 살려달라고 한다. 그러나 요셉은 고립무원(孤立無援)이다. 거기서는 누구 하나 요셉을 구원해 줄 사람이 없었다. 요셉은 형들이 무서웠다. 고립무원의 상황이 더욱 무서웠다.

"형님들, 살려주세요."

"이 새끼가 아직도 살아 있구나. 죽어라, 이놈아!"

이제 그들은 피맛을 본 것이다. 승냥이처럼 덤벼든다.

"죽여, 이런 새끼는 죽여야 해!"

"해치워버려. 저 새끼가 살아서 아버지한테 오늘의 이 얘기를 해보라구. 우리들은 그날로 끝장이야. 아버지 성격을 몰라?"

"맞아, 맞아. 저놈을 죽이자구!"

이것이 소위 선민인 이스라엘, 그 이스라엘의 조상이 되는 야곱의 아들들의 모습이다. 열두 지파의 족장이 되는 사람들, 이스라엘 조상들의 모습이다. 이런 자들에게서 나온 후손들이 오늘의 이스라엘 사람들이다. 요 근래 팔레스타인과 이스라엘 간의 전쟁이 발발하고 있다. 이스라엘 군의 탱크 부대가 팔레스타인 지역을 노도와 같이 진공하고 있다는 보도를 종종 듣는다. 흉폭하고 무자비한 그 모습은 이미 요셉을 죽이려고 했던 그 옛날 이스라엘 족장들의 모습을 보고 있는 것 같다.

나는 요셉이 형들에게서 폭행을 당하면서 살려달라고 애원하는 장면을 집필하다가 몇 번이나 눈시울이 뜨거워졌다. 천진난만한 소년 요셉이 어처구니없이 폭행당하며 살려달라고 애걸하는 가련한 모습. 후일 형들은 애굽으로 가서 자신들에게 이런 가혹한 일을 당한 동생 요셉 앞에서 눈물을 흘리게 된다. 요셉에게 손을 싹싹 빌게 되는 날이 온다. 요셉이 형들에게 복수하는 날이 온다. 그러나 지금의 이 광경은 비극이 아닌가. 요셉에게는 엄청난 재앙의 날이 아닌가.

먼 후일 그들이 애굽에서 살 때였다. 아버지 야곱이 죽자 형들은 떼거지로 요셉에게 몰려가 목숨만 살려달라고 애걸복걸한다. 그들은 자신들이 어떠한 악행으로 동생 요셉을 대했는지 알고 있었던 것이다. 그것은 그들의 양심에 비추어 당연한 것이다. 이유 여하를 막론하고 힘없는 동생을 죽이려고 한 것은 잘못이었다. 강한 자가 약한 자를 폭력으로 억압한다는 것은 있을 수 없는 일이다. 인간은 물론이고 심지어 짐승이라고 해도 마찬가지다.

며칠 전, 텔레비전에서 본 어느 프로그램에서 낙타 시장에 대해 나왔다. 낙타가 시장에서 팔린다. 그런데 낙타는 정들었던 주인을 떠나지 못한다. 아무리 돈에 팔렸지만, 옛 주인을 떠날 수는 없다. 그래서 옛 주인의 곁을 떠나지 않는다. 새 주인이 끌어도 가지를 않는다. 보다 못한 옛 주인이 채찍으로 무자비하게 때린다. 빨리 가라고 때리면 매에 못 이겨 낙타는 길을 떠난다. 낙타 주인은 팔려가는 낙타를 바라보면서 눈물을 뿌린다. 참으로 정이란 것이 무엇인지 눈시울이 뜨거워진다.

월간 『신동아』에서 특집으로 애견에 대한 이야기를 실은 적이 있었다. 아무리 개를 잡아먹는 나라지만, 보신탕의 나라지만, 다 그렇지만은 않은 것이라는 얘기다. 개를 사랑하는 사람들의 이야기가 특집으로 실렸다. 자기의 애견을 자랑하는 글과 애견에 대한 잊지 못할 슬픈 이야기들이 실려 있었다.

어떤 분의 이야기였다. 자기 집에서 기르던 개가 비록

똥개이긴 했지만 어린 주인을 잘 따랐다. 어느 날 학교에 갔다 와보니 아버지가 그 개를 보신탕용으로 잡다가 그만 놓쳐버렸다.

"너, 마침 잘 왔다. 저놈을 불러라. 네가 부르면 저놈이 올 거다."

어린 소년은 아버지의 명령에 어쩔 수 없이 개를 불렀다. 개는 소년을 보자 반갑다고 꼬리를 흔들었다.

"이리 와."

그러나 개는 망설이고 있었다. 왜냐하면 소년의 옆에는 밧줄로 고리를 만들어 여차하면 개를 잡아죽이려는 아버지가 있었기 때문이다.

"괜찮아. 이리 와."

소년이 오라고 손짓을 하자 개는 소년을 믿고 따라온다. 꼬리까지 흔들면서 말이다. 그리고는 끝이었다. 그날 그 개는 아버지에 의해 그 길로 잡혔고, 보신탕이 되어 버렸다. 소년은 아버지를 원망했지만 이미 늦은 후였다. 그 후 지금까지 그는 한번도 보신탕을 먹지 않았다고 한다.

선배 L목사님의 경험담이다. 어느 날 학교에 갔다가 집에 돌아오니 자기 집에서 기르던 개를 잡고 있는 중이었다. 집 마당 기둥에 전깃줄로 개의 목을 매놓고 동네 남자들이 개를 패고 있었다. 정말 개 패듯이 패고 있었다. 개는 두드려

패야 맛이 난다며 개를 패고 있었다. 그런데 그때 어린 주인이 나타난 것이다. 개는 어린 주인을 만나자, 매를 맞고 있는 그 상황에서도 반갑다며 꼬리를 마구 흔들고 있었다. 그 상황에서도 꼬리를 흔들더라는 것이다. 살려주세요, 살려주세요, 하며 꼬리를 흔들었다는 것이다.

"그런데, 그땐 내가 너무 어렸어요. 그 개를 도와주지 못한 거야. 살려주지 못했지. 개는 그을려 죽었어. 내 원망을 얼마나 많이 했을까."

L목사님은 지금도 그 개를 생각하면 마음이 많이 아프다고 했다. L목사님은 그때의 충격으로 지금까지 보신탕을 먹어 본 적이 없다고 했다. 또 다른 분인 C목사님의 경우, 어렸을 때 무척 똑똑하고 사나운 개 한 마리를 키웠다. 동네에서 알아주는 개였다. 그런데 돈이 필요한 어머니가 그 개를 개장수에게 팔아버렸다. 며칠 있다 보니 놈이 집으로 와 있었다. 죽기 직전에 탈출을 했는지 피를 흘리고 있었다. 목에는 철사줄이 끼여 있었는데, 목이 한 뼘 정도는 베어 있었다. 놈은 그래도 집이라고 죽음에서 탈출해 온 것이다. 그리고 툇마루 밑으로 들어가 숨어 있었던 것이다. 그곳이 자기의 피난처라고, 유일한 도피처라고 생각한 모양이었다. 얼마 후, 개장수들이 들이닥쳐 개가 도망쳤는데 찾아내라는 것이었다. 개를 내놓든지, 돈을 내라는 것이었다. 그때 어머니가 개

가 툇마루 밑에 있다고 알려주었다. 구사일생 살아 나와 집으로 피신했던 놈은 기어코 다시 끌려갔다. 그리고 형장의 이슬로 사라지고 말았다.

아무리 미물인 개라고 해도 그렇지, 인간의 생명과 무엇이 다르다는 말인가. 요셉의 경우도 마찬가지다. 형들을 만나러 왔다가 죽임을 당하는 요셉. 더구나 미물도 아니고 사람이다. 그것도 형제지간이다. 그런데 이럴 수가 있는가. 이렇게 매를 맞으며 구박을 당할 수 있다는 말인가.

왜 이런 일이 생기는가. 그것은 인간의 마성 때문이다. 인간에게는 더러운 피가 있다. 파괴의 본능이 있다. 이것이 인간의 마성이다. 더구나 가까운 사람일수록 함부로 대한다는 것을 보면 이것이 우리들의 마성이요, 비꼬인 마음이다. 잘못된 마음이다. 부모를 때리는 패륜아들에 대하여 TV에서 보도한 적이 있었다. 왜 이런 일이 생기는가. 그것은 가장 가까운 사람을 가장 우습게 여기기 때문이다. 상대방이 소중하고 어려우면 이럴 수가 없다. 남에게는 잘하면서 가족에게는 안하무인인 사람들이 있다. 생판 모르는 남에게는 고분고분하면서 유약한 자기의 형제, 부모, 처자식에게는 기고만장해 행패를 부리는 사람들이 있다. 왜 그런가. 너무 가깝다고 만만히 보기 때문이다. 너무 친하다고 우습게 보기 때문이다.

"형님들, 살려줘요. 살려줘요."

어린 동생의 절규, 눈물 어린 호소.

"어머니, 어머니. 아버님, 아버님."

요셉은 때리는 대로 맞는다. 반항할 처지도 아니고 반항할 수도 없다. 그저 맞기만 할 뿐이다. 살려달라고 짖어댄다.

요셉의 피눈물, 잊혀질 것인가

요셉의 피눈물 나는 이 불쌍한 모습은 평생 잊을 수 없는 한이 되고 악몽이 된다. 당시, 형제들은 욱하는 심정에 이런 짓을 저질렀을지 모르지만 후일 그들에게는 무서운 저주의 족쇄가 된다. 폭행을 당한 요셉이나 때린 형들이나 이 사건은 모두 가슴 아프고 쓸쓸한 상처의 앙금으로 남게 된다. 살려달라며 애걸하던 요셉의 매맞는 장면은 매맞은 요셉에게는 물론 후일 형들의 가슴 속에도 평생의 회한으로 남게 된다. 평생 형들을 괴롭히게 된다.

"이게 무슨 짓들이냐. 그만해라!"

큰형 르우벤이 동생들의 혈기를 제지한다.

"그만해라. 더 이상 볼 수가 없구나."

요셉의 처절한 모습을 보며, 맏형 르우벤이 얼굴을 찡그린다. 단번에 요셉을 때려죽이자고 눈알이 벌개진 형제들이었다. 이 기회에 요절을 내자는 그들이었다. 그러나 그들을 막은 것은 르우벤이었다. 르우벤은 요셉을 죽이지 말자고 한다. 목숨만은 건져주자고 한다. 르우벤의 이 한마디에 형제들은 주춤했다. 비록 서모 빌하와 간통과 불륜을 저질러 아버지의 눈 밖에 났지만, 그래서 장남의 체통을 잃고 말았지만, 그래도 자기들의 맏형이 아니던가. 형의 만류로 형제들의 구타는 제지되었다. 요셉 때문에 가장 많은 피해를 본 것이 맏형일텐데, 그가 그만두자는 말을 하는데 형제들은 더 이상 할말이 없었다. 어느 집을 봐도 장남은 장남이다. 뭐가 달라도 다르다. 나도 육남매의 장남이다. 독자 여러분께서는 이점을 기억해 주시기 바란다.

"형님, 이놈을 살려두자는 말입니까. 이놈이 살아나서 오늘의 이 사건을 아버지께 고발하면 어쩌시려고 그러십니까?"

시므온과 레위는 불만이 가득 찬 모습이다.

"어쨌든 간에 우리 손으로 죽이지는 말자는 것이다. 더 이상 피를 흘리지 말자는 것이다."

"아닙니다. 죽여야 합니다."

형제들이 모두 요셉을 죽이자고 한다. 르우벤으로서는 진퇴양난이다.

"그렇다면 좋은 수가 있다. 여기 근처에 우물이 있지 않느냐. 숫제 요셉을 우물에 집어 쳐넣자. 어린 것이 얼마나 버티겠느냐. 거기서 죽고 말겠지."

들고 보니 좋은 생각이었다. 그렇게 죽이는 것도 하나의 방법일 수 있었다.

"그렇습니다, 큰형님. 우리 손으로 죽이지 말라는 말씀은 훌륭합니다. 어린 놈이 어쩌겠습니까? 어쩔 수 없이 깊은 웅덩이에서 죽어갈 것 아닙니까? 잘 되었습니다."

형제들은 맏형인 르우벤의 제안이 아주 절묘하다고 생각한다.

"그럽시다, 잘 되었습니다."

그들은 자신들의 손으로 요셉을 죽이지 않아도 되었으므로 참으로 다행이라고 생각했다.

"네깟 놈은 죽일 필요도 없다. 구덩이에나 떨어져라. 그리고 죽기나 기다려라."

"여기가 너의 무덤이니라, 잘가라."

시므온과 레위가 요셉을 냅다 떠밀었다. 순간, 요셉은 나락에 떨어진다. 길고 깊은 우물로 떨어진다.

이 우물이 무엇인가. 광야에는 물이 없다. 물을 찾을 수가 없다. 군데군데 웅덩이를 파 놓았다가 비가 오면 물을 받아 둔다. 물의 저장고인 것이다. 비가 올 때에는 빗물이 고여 있지만, 평상시에는 메마른 구덩이일 뿐이다. 당시의 상황을 성경은 다음과 같이 보도하고 있다.

르우벤이 듣고 요셉은 그들의 손에서 구원하여 가로되 우리
가 그 생명은 상하지 말자 르우벤이 또 그들에게 이르되 피를
흘리지 말자 그를 광야 그 구덩이에 던지고 손을 그에게 대지
말자하니 이는 그가 요셉을 그들의 손에서 구원하여 그 아버
지에게 돌리려 함이었더라 요셉이 형들에게 이르매 그 형들이
요셉의 옷. 그 입은 채색 옷을 벗기고 그를 잡아 구덩이에 던
지니 그 구덩이는 빈 것이라 그 속에 물이 없었더라

(창세기 39:22-24)

형들이 요셉의 채색 옷을 벗겼다고 했다. 요셉을 벌거숭
이로 만들었다고 했다. 죽이기로 결심을 한 것이다. 요셉의
옷은 이미 갈기갈기 찢겨져 있었다. 당시는 지금처럼 속내
의가 있는 그런 시절이 아니었다. 겉옷을 벗기면 그대로 벌
거숭이가 되고 마는 시절이었다. 요셉은 다른 사람들도 아
닌 친족들, 그것도 형제들에 의해서 벌거벗겨지고 마침내
구덩이에 빠진다. 이것을 보면 요셉의 형들이 얼마나 악한
지 알 수 있다.

가까운 사람을 조심하라. 가까운 사람을 화나게 만들지
말라. 누구를 막론하고, 불가원 불가근 하라. 너무 멀리 사귀
지도 말고, 너무 가깝게 사귀지도 말라. 한국 부부들의 이혼
율이 세계 1위라고 한다. 왜 그런가. 근대화가 이루어진 후,

남녀 사이도 근대화 바람이 불어왔다. 성미 급한 한국인들의 이혼율은 그래서 세계 1위가 되었다. 정치는 후진국, 경제는 중진국, 이혼율만 선진국이 되었다. 왜 이혼을 밥 먹듯이 하는가. 너무 가까워져서 그렇다. 부부 사이가 너무 친하다보니 자주 싸우게 되고, 이혼을 하게 되는 것이다. 조선시대처럼 부부끼리 반드시 경어로 대화하고, 점잖게 대하면서 서로 어려워했더라면 이런 일은 없었을 것이다. 오히려 지금보다 조선시대에는 부부 사이가 좋았다. 그래서 나는 부부 간에 함부로 반말하지 말고 경어를 쓰라는 운동을 벌이고 싶다.

당신은 지금 요셉처럼 벌거숭이인 채 나락에 떨어져 있지는 않은가. 깊은 우물에 빠져 있지는 않은가. 요셉처럼 아무 이유 없이 모함을 받고, 시기와 질투로 인해 시궁창에 빠져 있지는 않은가. 누구에게나 그런 일은 언제든 올 수 있다. 아니, 그런 일은 반드시 온다. 내가 잘못하지 않았어도, 내가 원하지 않았어도, 억울하고 황당한 일을 만나게 된다. 옴치고 뛸 수 없는 때가 온다. 우리는 이것을 명심해야 한다.

언젠가 방영된 「상도」라는 드라마를 보면 주인공 임상옥은 보통 인물이 아니다. 그런데도 그는 사지에 몰리게 된다. 홍경래 때문에 위기에 처하고 어려운 경우를 당한다. 잘못하면 멸문지화를 당할 수밖에 없는 것이다. 우리가 현재 그런 꼴을 당하기 십상이다. 그런 경우를 만날 수 있다는 것을 항상 염두에 두라. 항상 자신을 경계하고 자중자애하라. 그것만이 당신의 살길이다.

형제들은 요셉을 우물에 던져놓고도 아무렇지 않게 낄낄대며 식사를 계속하고 있었다. 요셉이 고생하며 집에서 싣고 온 떡과 포도주와 과일이었다. 광야에서는 볼 수도 없는, 집에서 가져온 오랜만에 먹어보는 맛있는 음식들이었다.

요셉이 형들을 위해 가져온 음식이었지만 형들은 오히려 요셉을 벌거벗겨 구덩이에 집어넣고 죽이려고까지 했을 뿐 아니라 굶주리고 있는 요셉에게 먹어보라고 한마디도 권하지 않았다. 그리고는 자기들끼리만 먹고 있었다. 이것이 무슨 형제고, 혈육인가. 이런 인간들을 선민의 족장으로 세울 수 있는가. 이런 자들이 열두 지파의 대표가 될 수 있는가. 이들은 양심에 화인을 맞은 자들 아니었는가. 도대체 하나님의 뜻은 무엇이고 어디에 있는가.

그들이 한참 식사를 하고 있을 때, 그들 앞으로 한 떼의 약대 상단인 장사꾼들이 지나가고 있었다. 그들은 이스마엘의 족속들이었다. 낙타 등 짐으로 물건을 사고 파는 장사꾼들로 길르앗에서 애굽으로 가는 길이었다. 수십 마리의 약대들에게는 향품과 유황, 몰약 등이 실려 있었다.

"오! 약대상들이 아닌가. 장사꾼들이 아니신가."

광야에서는 사람이 그리운 법이다. 모르는 사람이라도 만나면 반가워지는 법이다.

"저 사람들, 우리 쪽으로 오고 있는 것 아닌가."

"그러게 말이야."

그때 유다가 요셉을 저들에게 팔아버리자고 했다. 공연히 요셉을 여기서 죽여봤자 좋을 것이 뭐 있겠냐며 장사꾼들에게 노예로 팔아먹자고 했다. 당시 상황의 성경 보도문이다.

> 유다가 자기 형제들에게 이르되 우리가 동생을 죽이고 그의 피를 은익한들 무엇이 유익할까 자 그를 이스마엘 사람에게 팔고 우리 손을 대지 말자 그는 우리의 동생이요 우리의 골육이니라 하매 형제들이 청종하였더라　　　　(창세기 37:26-28)

요셉을 팔아버리자는 유다의 방법은 묘안이었다. 아무리 미워도 그렇지 요셉은 형제가 아니냐는 것이다. 우리가 혈육을 죽여본들 무슨 소용이 있겠냐며 차라리 팔아버리는 편이 낫지 않느냐는 것이다. 유다의 이 제안은 형제들의 지지를 얻었다. 그들도 처음에는 혈기가 나서 요셉을 죽이려 했으나, 이제는 분노도 어느 정도 진정되고 있었다. 요셉, 이 녀석을 먼 곳으로 팔아버리면 그뿐 아닌가. 참으로 잘된 일이 아닌가 싶었다. 절대절명, 죽음 일보직전의 상황에서 요섭은 이렇게 구출된다.

요셉은 맏형 르우벤의 기지와 넷째 형 유다의 지혜 때문에 간신히 살아날 수 있었다. 르우벤은 이러니 저러니 해도 맏형이었다. 맏형의 소임을 다하여 요셉을 가까스로 죽음에서 면케 해주었다. 대신 요셉을 우물에 갇혀 있게 했다. 그런데 그 우물에서 다시 구출하여 생명을 얻게 한 것은 다름 아닌 유다였다. 비록 팔려가는 신세였지만 생명을 구원시켜준 것은 유다였다. 이런 상황으로 봐서 유다가 형제들 중 가장 도량이 크고, 자애로움이 넘쳐있었던 것을 알 수 있다. 또한 임기응변에도 능한 인물이었다.

후일, 유다의 자손들 중에서 다윗이 나오고, 예수 그리스도가 나온다. 그만큼 강성한 족속이 된다. 이것은 보통 일이 아니다. 이스라엘의 대부분이 유다 지파로 이루어지고 민족의 구심점이 된다. 이스라엘이라는 국호와 함께 유다 지파가 나라의 명칭이 된다. 그것은 어린 동생 요셉을 살려준 유다의 우애와 사랑, 그리고 지혜와 기지, 이런 것이 유다의 장자로서의 덕목이 아니었나 싶다.

"은 이십 개에 저 아이를 사겠소."

약대상단 사람들과 인사가 있었고, 서로 음식을 나누었다. 형제들은 장사꾼들에게 요셉을 팔겠다고 했다. 그러자 상단의 대표가 은 이십 개를 주겠다고 했다. 당시 노예의 값은 장정이 오십이었고, 어린 소년들은 이십이었다. 그만하면 잘 팔린 셈이었다. 후일 예수가 제자 유다에게 은 삼십에 팔린 것을 보면 시사하는 바가 크다.

"이녀석, 춥겠구나. 내 옷을 입어라."

약대상단 사람들이 벌거벗은 요셉에게 옷을 입혀주었다.

"잘생긴 놈 아닌가. 애굽 가서 팔면 밑지지는 않을 거야."

그들은 요셉에게 옷을 입히고, 음식을 먹여주었다. 그리고 요셉을 약대 위에 올려놓았다.

"자, 이제 우리와 같이 애굽으로 가는 거다."

당시 가나안에서 애굽까지는 엄청나게 먼 길이었다. 지금에 와서 거리를 계산하면 얼마 안 되는 거리다. 그러나 당시의 상황으로는 아주 머나먼 길이었다. 다시는 만나볼 수 없는 길이었다. 평생을 만날 수 없는 이별이었다.

"형님들, 나 안 갈래요. 안 갈래요. 살려줘요."

애굽으로, 그것도 노예로 팔려간다는 사실을 깨달은 요셉이 다시금 대성통곡을 한다. 늙으신 아버님, 핏덩어리 같은 동생 베냐민을 생각하니 눈물뿐이다. 정다웠던 고향집, 고향 친구들, 꿈이 가득했던 나의 방, 이 모든 것들을 두고 떠나는 요셉이다. 가슴이 저려 온다. 이럴 수는 없는 거야. 기가 막힌 장면이 연출된다. 요셉은 이렇게 머나먼 나라의 노예로 팔려간다.

"형님들, 살려줘요. 살려줘요. 나 집으로 가게 해주세요. 살려주세요."

그러나 상인들은 냉정하다.

"너 임마, 네놈은 이젠 우리들의 물건이라구. 이미 은 이십 개에 팔렸단 말이다, 이놈아."

"발악하지 말고 얌전히 있거라."

상인 중 누군가 약대들을 때리는 채찍으로 요셉의 등판을 때린다. 요셉의 등판에 핏줄이 생긴다. 요셉이 아픔에 소리를 지른다. 유약하고 순진한 요셉은 비명을 지르며 방성대곡한다. 어쨌거나 동생인 요셉이 그 꼴로 약대상들에게 끌려가자, 형들은 그만 요셉이 불쌍해졌다. 이런 장면을 보게 되리라고는 상상조차 하지 못했던 그들이었다.

"요셉아, 미안하다. 어쩌겠느냐. 이것이 너의 운명이 아니겠느냐. 이 형을 원망하지 말거라. 미안하다."

유다가 형들을 대표하여 약대상단 대표에게 다가가 요셉을 잘 부탁한다고 한다.

"우리 집에서 철없이 자라던 녀석입니다. 너무 야단치지 마시고 부드럽게 대해주소서. 제 어미도 일찍 잃은 아이랍니다."

그 말을 할 때 유다는 울먹였다. 다른 형들도 눈시울이 뜨거워졌다. 심지어 가장 잔혹하게 대했던 시므온과 레위마저도 먼 하늘만 쳐다보고 있었다. 그들은 애써 요셉이 떠나는 장면을 외면하고 있었다.

"형님, 살려주세요. 살려주세요."

요셉은 통곡을 한다. 낙타 등에서 안 가겠다고 발광을 한다. 그가 발광을 하면 할수록 상인들은 채찍으로 요셉을 때린다. 요셉을 태운 약대들이 지평선 저쪽으로 아스라이 사라진다. 그때까지도 형들은 할 말을 잃은 듯 모두 망연자실해 있었다. 아무리 미운 사람이라 해도 막상 헤어질 때는 서운한 법이다. 이별에는 아픔이 오기 마련이다. 이별에는 통증이 오기 마련이다.

군대에서 그런 경험을 했다. 군대에서는 이동이 빈번했다. 이 부대에서 저 부대로, 이 내무반에서 저 내무반으로. 그런데 그때마다 마음이 아팠다. 사나이들의 모임인 군대, 그 군인들도 서로 헤어질 때는 울먹이곤 한다. 악질 같았던 고참이나 상관도 막상 헤어질 땐 서운하기 마련이다.

요셉을 팔아버린 형들은 요셉이 살려달라고 바둥대던 그 모습을 오랫동안 잊을 수 없었다. 요셉의 그런 참혹한 모습이 영상처럼 오래도록 남아있었다. 그리고 이것은 평생 형제들에게는 씻지 못할 죄책감으로 남게 된다. 후일 그들이 요셉의 동복 동생인 베냐민에게 잘하게 되는데, 그것은 요셉을 폭행했던 일에 대한 보상심리 때문이 아니었을까? 요셉 사건의 영향이 아닌가 싶다.

이후 형들은 막내 베냐민을 오히려 친 혈육 이상으로 사랑하게 된다. 물론 베냐민은 당시 어린 아기였기 때문에 귀여움을 받게 된 것이겠지만 아무래도 요셉 사건의 반사작용으로 베냐민을 끔찍히 사랑하게 된 것이라고 생각한다. 요셉에 대한 죄책감 때문이었다고 생각한다. 후일 요셉과 대면하는 자리에서 형들이 베냐민을 얼마나 사랑하고 있었는지 자세히 알게 될 것이다.

"아니, 어떻게 된 일이냐. 요셉이 없어졌다는 말이냐?"

요셉이 애굽의 약대들에게 팔려가는 동안 장남 르우벤은 잠시 외출중이었다. 요셉을 살리려고 했던 르우벤이었다. 아버지에게 다시 보내려고 했던 르우벤이었다. 아버지 속을 그만 썩혀드려야 한다고 결심했던 르우벤이었다. 어떻게 해서든지 요셉을 살려야 한다는 생각으로 요셉을 찾아 우물로 갔지만 그곳에는 이미 요셉이 없었다.

"어떻게 된 일이냐. 요셉이 어떻게 되었느냐."

"어떻게 되다니요. 짐승이 물어 갔습니다."

"뭐, 짐승이?"

르우벤이 대경실색하여 얼굴이 하얗게 질린다.

"어쩌다가 이런 일이 생겼는가! 이 일을 어찌한단 말이냐! 아버님께 뭐라고 한단 말이냐."

르우벤은 발을 동동 굴렀지만 이제 어쩔 수가 없었다. 르우벤은 아버지를 걱정하고 있었다. 요셉이 없는 아버지는 생각할 수도 없었다. 아버지의 유일한 행복과 기쁨은 요셉이었다. 그 요셉을 우리가 죽여버린 것 아니냐. 짐승이 물어 죽였다니. 르우벤은 땅을 치고 울었다.

이것을 보면 르우벤은 어느 정도 장남의 자격이 있었고, 마음 씀씀이도 괜찮은 사람이었던 것 같다. 그런 그가 어떻게 해서 서모와 불륜을 저질렀단 말인가. 여러 이유가 있을 것이다. 우선 르우벤이 착한 사람이기도 했지만 우유부단한 사람이기 때문이었다. 정확한 통계가 나와있는 것은 아니지만, 간통과 불륜의 당사자들은 대개가 착한 사람들이거나 우유부단한 사람들이라고 생각한다. 그게 무슨 말도 안 되는 소리냐고 묻는 분들이 계실지도 모르겠다.

성경을 보자. 오늘의 주인공 르우벤이 그렇고, 간통의 천재인 다윗과 밧세바도 그렇다. 모두 다 착한 사람들이었다. 심성은 착한데 간통까지 하게 된 것이다. 그들은 거의 우유부단한 사람들이다. 불륜의 인물들은 대개 성격이 유약한 사람들이다. 조직폭력배 출신처럼 성격이 강하거나 강단이 있는 인물들은 그런 짓을 못한다. 착한 사람들이 의외의 잘못을 저지르게 된다. 너무 마음이 좋다 보니 몸을 이리저리 굴린다. 줏대 없는 인간들이기 때문이다. 우유부단한 인물들이

대개 불륜을 저지른다. 왜냐하면 유혹 앞에서조차 우유부단
하기 때문이다.

"숫염소 한 마리 잡읍시다. 그 염소의 피를 요셉의 옷에
묻힙시다."

그들은 숫염소 한 마리를 잡아 요셉의 옷에 피를 묻혔다.
갈기갈기 찢겨진 요셉의 피 묻은 옷은 어느 누가 봐도 짐승
이 잡아먹은 것처럼 보인다. 물론 당시는 그런 일이 흔한 때
이기도 했다.

"아버님, 요셉이 승냥이에게 잡아먹혔습니다. 이 옷을 보
소서. 요셉의 채색 옷이 아닙니까."

야곱은 근래에 연거푸 불행이 계속이다. 애처 라헬이 해
산하다가 죽었고, 장남 르우벤이 애첩 빌하와 간통을 했다.
그리고 이제는 애지중지 총애하던 아들 요셉마저 짐승에게
먹혀 죽었다.

"요셉, 요셉아!"

야곱은 혼절을 했다. 더 살고 싶지가 않았다. 아이야, 나
의 아이야. 어린 아이야, 얼마나 아팠을고. 짐승에게 잡아먹
히다니…….

아버지가 그것을 알아보고 가로되 내 아들의 옷이라. 악한
짐승이 그를 먹었도다. 요셉이 정녕 찢겼도다 하고 자기 옷을

찢고 굵은 베로 허리를 묶고 오래도록 그 아들을 위하여 애통하니 그 모든 자녀가 위로하되 그가 위로를 받지 아니하여 가로되 내가 슬퍼하며 음부에 내려 아들에게로 가리라 하고 그 아비가 그를 위하여 울었더라 (창세기 37:33-35)

요셉이 자기가 입은 옷을 찢었다고 했다. 굵은 베옷으로 허리를 묶었다고 했다. 이런 행위는 부모가 죽을 때나 하는 의식이다. 그런데 야곱은 부모도 아닌 아들 요셉의 죽음 앞에서 애통해 하며 이런 의식을 행했던 것이다. 음부에 내려가서라도 아들을 만나고 싶다고 했을 정도니 이를 통해 야곱의 요셉에 대한 애착과 사랑의 일면을 볼 수 있다.

노예로 전락한 요셉

우리는 지금 밀레니엄을 맞아 2000년대에 살고 있다. 세계 어느 곳을 둘러봐도 이제 노예를 찾아보기는 어렵다. 인도와 같은 계급제도가 뚜렷한 나라를 제외하고, 노예제도는 아주 특별한 경우가 아닌 이상 거의 사라진 듯하다. 물론 있는 자와 없는 자의 빈부 격차는 아직도 존재한다. 권력이 있는 자와 없는 자의 불평등한 사이도 있다. 소위 계급투쟁의

시각에서 본 자본주의와 무산 대중의 그런 것도 있다. 현대
판 지주와 노예가 아주 없다고는 할 수 없지만 적어도 야만
적이고, 전근대적인 공식적 노예제도는 없어졌다고 볼 수
있다.

알렉스 헤일리의 소설 『뿌리』를 통해 아메리카 대륙의
흑인 노예들이 얼마나 비참했는가를 알 수 있다. 소설 속에
서 주인공 쿤타킨테와 그 후손들의 참상을 볼 수 있다. 인간
이하의 짐승 취급을 당하는 노예들의 모습을 볼 수 있다. 조
선시대에도 상놈들은 사람 취급을 받지 못했다. 이것을 보
면 이러니 저러니 해도 인권이 발달되어 있는 현대의 우리
들로서는 이만저만 감사한 일이 아니다.

요셉이 드디어 애굽에 도착했다. 애굽은 당시 세계의 강
국이었다. 문명국이었고 대국이었다. 인류의 3대 문명 발상
지 중의 하나가 나일 강 유역이 아니던가. 당시의 세계는 애
굽이라 해도 과언이 아니었다. 그들은 세계의 중심이 애굽
이라고 생각했고, 애굽의 왕인 바로를 신의 계승자라고 생
각했다. 절대 권력, 절대 왕권, 절대 봉건의 체제였다. 그리
고 그 중심에 바로가 있었다.

"사람이 태어나면 서울로 보내고, 말이 태어나면 제주도
로 보내야 된다"는 한국 속담이 있다. 요셉은 본의 아니게
그것도 형들의 폭압에 의해서 세계의 중심으로 오게 된 것

이다. 비록 노예로 팔려오기는 했으나, 세계 최대 문명국인 애굽으로 진입하게 된다. 이것을 보면 한 개인의 흥망성쇠는 물론 민족의 진운이 하나님의 보이지 않는 섭리에 있었음을 감지할 수 있다.

요셉은 애굽에 도착하자마자 보디발이라는 장군의 집에 팔려갔다. 은 이십에 팔린 요셉이 보디발 장군의 집에는 엄청난 가격에 매매되었다. 미디안의 장사꾼들은 열 곱도 넘는 돈을 받고 장군의 집에 요셉을 팔아버린 것이다. 그들은 요셉 때문에 수입이 막대해졌다. 그것은 당시 요셉이 방년 17세의 혈기왕성한 소년이었기 때문이다. 요새 쓰는 말로 꽃미남이었기 때문이었다.

더구나 보디발 장군이 누군가. 보디발 장군은 애굽의 왕, 바로의 시위대장이다. 시위대장이라면, 지금의 대통령 경호실장과 비서실장을 합친 것과 같은 직책이었다. 가히 날아가는 새도 떨어뜨린다는 애굽의 권력자로 실세 중의 실세였다. 권력의 지근거리에 있는 사람이다. 그런 보디발 장군의 노예가 되었다는 것은 어떤 면에서 대단히 의미있는 일이다. 호랑이를 잡으려면 호랑이 굴로 들어가야 한다. 권력을 잡으려면 권력의 진원지로 가야 하는 것이다.

예전에 방영한 「태조왕건」이라는 드라마를 보면 그에 대한 이야기가 나온다. 왕건이 성공하는 이유를 보면 그는 권력이 있는 호랑이 굴에 뛰어 들어가 그때마다 호랑이를 잡았다. 그는 호랑이 굴을 두려워하지 않는다. 그는 궁예의 부하로 있다가 쿠데타를 일으켜 궁예를 몰아내고 천하의 대권을 틀어 쥔다. 권력의 근처에 있어야, 호랑이 굴에 들어가야 권력을 잡을 수 있는 것이다.

요셉은 노예의 신분으로 감히 정상을 꿈꿀 수도 없는 신세였다. 비록 팔려온 노예였지만, 어찌되었든 간에 막강한 권력자인 보디발 장군의 그늘에 있었던 것이다. 바로 호랑이 굴에 들어온 것이다. 이것은 보통 일이 아니었다. 그것은 그가 장차 애굽의 국무총리라는 정상의 자리에 오르게 되는 아주 조그마한 계기로 작용한다. 말하자면 애굽의 권력자로 나아가는 예비 훈련이 시작된 것이다.

요셉은 보디발 장군의 말단 노예로 일을 시작했다. 지난날을 생각해보면 참으로 힘들고 괴로운 인생이었다. 고통과 슬픔이 가득했다. 원망과 한이 서린 인생이었다.

"내 신세가 왜 이렇게 되었나. 고향 집 같으면 내가 이렇게 살고 있겠는가. 아버지의 귀염을 받으며, 하인들을 다스리고 심지어 형들과 서모들까지 내 눈치 보기에 급급했는데……. 어쩌다 내 팔자가 이리 구겨지게 되었는가. 내가 여기서 남의 종살이나 할 사람이란 말인가."

생각해보면 요셉의 가슴속에는 꿀떡 꿀떡 뜨거운 것이

치밀어 올랐을 것이다. 분노가 치밀어 올랐을 것이다.

"다른 사람들도 아닌 형들에게 죽임을 당할 뻔했고, 더구나 노예로 팔렸다. 그리고 이곳으로 오게 되다니……."

생각만 해도 진저리가 났을 것이다. 입술을 악 물었을 것이다. 독한 마음이 생겼을 것이다. 한이 맺히고 원망이 가득했을 것이다. 이후 요셉이 냉정하고 매정한 사람이 된 것은 지난 날의 원한이 가득했기 때문인지도 모른다.

"내 언제고 살아만 있다면 이 원수를 갚으리라."

와신상담(臥薪嘗膽)이라는 말이 있다. 쓸개의 쓴맛을 빨아가며 아아 잊으랴, 어찌 우리 이날을! 하면서 원한으로 서리 덮였을지도 모른다.

그러나 요셉은 우리의 생각과 달랐다. 요셉은 쓰라린 과거의 일을 차라리 잊기로 한 것이다. 원한과 설움을 모두 잊기로 했다.

"어차피 이것이 나의 운명 아닌가. 새 인생이라면 다시 시작해보자. 그래 다시 시작하는 거야."

그는 노예였다. 더 이상 비빌 언덕도 없었다. 어차피 밑바닥 인생이었다. 밑져야 본전이었다. 그래서 인생의 가장 밑바닥부터 다시 시작한 것이다. 요셉은 차근차근 시작했다. 과거의 지위나 추억은 애써 잊어버리기로 했다. 이것이 요셉의 성공 비결이다. 이것이 정상에 오르는 자의 자세다.

이런 면에서 우리는 요셉에게 많이 배워야 한다.

과거의 지위가, 과거의 추억이 내 발목을 잡고 있는 사람들이 있다. 미국으로 이민을 온 분들 가운데도 그런 분이 많다. 내가 과거에 한국에 있을 때는 어떤 자리에 있었는데, 내가 보통사람이 아니었는데, 집에는 금송아지가 몇 마리 있었는데……, 이러니까 안 되는 것이다. 과거라는 접착제에 붙어있으니까 일어나지 못하는 것이다. 이런 사람은 이민생활에 성공은커녕 실패만 하게 된다.

어느 회사의 중역으로 있던 분은 회사에서 명퇴를 당하자 호텔 보이부터 다시 시작했다. 호텔 보이가 무엇인가. 수모와 모멸감을 받는 자리가 아닌가. 그것을 마다 않고 호텔 보이부터 시작한 그는 드디어 다시 일어서게 되었다.

어떤 의과 대학생이 의사라는 괜찮은 미래를 던져 버리고 요리사가 되었다. 한국인의 관습으로 보면 아직까지도 요리사는 천대받는 직업 중 하나다. 그런데 이 청년은 과감하게 요리사라는 직업을 택했다. 그는 신문에서 그의 희망을 이렇게 얘기했다. 제2의 맥도널드 같은 프렌차이즈 레스토랑을 만드는 것이 장래 희망이라고. 그것이 자신의 도전이며 미래의 꿈이라고. 나는 그가 능히 그의 희망대로 세계적인 식당업계의 정상이 되리라고 본다. 왜냐하면 자기자신을 새롭게 계발하는 사람은 무엇이든 해벌 수 있는 무서운 사람이다. 그런 사람은 거의가 성공하기 마련이다. 그런 사람은 반드시 정상에 오르기 마련이다.

요셉도 그런 인물이었다. 자기 직책에 충실했다. 자기 임무에 성실했다. 자기 관리를 잘하고, 자기 자신을 잘 이끌어 나갔다. 이렇게 자신을 잘 인도하는 사람이 무서운 사람이다. 그 사람의 직급이 높고 낮음은 아무 문제가 되지 않는다. 그리고 큰 의미도 없다. 현재의 신분은 큰 문제라고 할 수도 없다. 아무리 높은 사람이어도 자기 관리가 엉망이라면 그는 얼마 가지 않아 결국은 자연스럽게 쓰러지고 말 것이다.

노예라 할지라도 자기 관리가 철저한 사람은 언제든 일어서게 되어 있다. 자기 관리에 철저한 사람이 옆에 있다면 그가 비록 내 부하이고, 자리 밑의 사람이라 할지라도 두려워하고, 존경할 수밖에 없는 것이다. 요셉이 바로 그런 인물이었다. 그는 비록 노예의 신분이었지만 자기 관리가 철저한 사람이었다. 무엇보다 정직하고 꿈이 있었다.

그가 노예로 팔려간 지 얼마되지 않아 보디발 장군 가문의 총무까지 된 것을 보면 그의 품성이 어땠는지 알 수 있다. 요셉이 얼마나 성실했으며, 어떻게 성공했는지는 성경에도 자세히 나와 있다. 당시 요셉의 일면을 기록한 성서의 보도를 보기로 하자. 그는 주인의 절대 신임을 받는다. 노예로 들어간 지 얼마 되지 않아서 보디발 장군의 총애를 받는다.

요셉이 그 주인에게 은혜를 입어 섬기매 그가 요셉으로 가
정 총무를 삼고 자기 소유를 다 그 손에 위임하니 그가 요셉에
게 자기 집과 그 모든 소유물을 주관하게 할 때부터 여호와께
서 요셉을 위하여 그 애굽 사람의 집에 복을 내리므로 여호와
의 복이 그의 집과 밭에 있는 모든 소유에 미친지라

(창세기 39:4-5)

한마디로 요셉이 장군의 집에 온 후부터 보디발의 가문
은 점점 부자가 되어 갔다. 요셉 또한 출세가도가 탄탄대로
였다.

"참으로 자네는 복덩어리일세. 자네가 내 집에 온 이후
부터 우리 가문은 번창하고 있다네. 먼저 일한 놈들은 모두
도둑놈들이었지. 주인 앞에서는 아부하고, 뒤쪽에서는 게으
름만 피고 아주 불성실했어. 놈들은 재산을 이리저리 빼돌
리고 긁어 먹을 궁리만 했다네. 그런데 자네는 전혀 욕심도
없고 청렴결백하니 나는 그런 면에서 자네를 사랑하고 신임
하네."

장군은 요셉을 총애했다. 가정의 모든 대소사를 요셉으
로 하여금 처결토록 했다. 요셉은 사무처리의 능력이 탁월
했다. 요셉이 사무를 보는 일들은 모든 것이 깨끗했고, 모든
것이 원만해서 뒤탈을 일으키지 않았다. 후일 요셉이 애굽

의 국무총리가 되었을 때, 이때의 경험이 상당 부분 원용되었을 것이다.

작은 일에 충성한 자가 큰일에도 충성한다는 성서의 말씀은 절대적으로 옳다. 작은 직분을 잘 감당해야 큰일도 맡게 되는 것이다. 요셉은 보디발 장군 가문의 누구에게나 귀감이 되었다. 아무리 노예신분이라고 하나 누구도 요셉에게 함부로 대하지 못했다. 자기 복은 자기가 갖고 다니는 것이다. 요셉은 이제 안정과 보람을 찾고 있었다. 어느덧 근동의 신임과 존경의 대상이 되어가고 있었다.

넘기 힘든 고개, 여자, 여자의 유혹

요셉이 보디발 장군의 집에서 그런대로 안정을 찾아가고 있을 때였다. 요셉은 여기서 인생 최대의 수난을 당하게 된다. 그것은 바로 여자 문제 때문이었다. 여자의 유혹으로 인해, 그것도 다른 사람이 아닌 장군의 부인 때문에 수난을 당하게 된다.

장군의 부인은 육감이 넘치는 야한 여자였다. 사치와 허영이 넘치는 여자였다. 사랑과 애욕을 그리워하는 여자였다. 당시 애굽의 상류층 여자들이 대부분 그랬다. 그런 여자들의 전형적인 모습을 보디발 장군의 부인에게서 찾을 수 있었다. 요셉이 노예로 팔려온 첫날부터 부인은 요셉에게 관심을 가지고 있었다.

"어머, 무슨 남자가 이렇게 예쁜거야. 호리호리한 키에 준수한 용모……."

당시 애굽의 시위대장이라면 최고 권력자인 실세다. 국내에서는 국왕 이외에 누구도 보디발 장군과 맞설 사람이 없다. 그런 자의 부인이라면 인물 또한 반반했을 것이다.

일설에 따르면 당시 애굽의 상류층 사회는 성적으로 대단히 문란해 있었다고 한다. 상류층의 남자들은 거의 첩을 거느리고 있었으며, 부인들은 노예 중에서 반반한 젊은이를 택해 애인을 삼았다는 것이다. 그것이 당시 애굽 사회의 유행이었고 그러한 일들이 보편화되어 있었다는 것이다. 후일에는 로마와 러시아가 그랬다. 그리고 그 나라들은 망했다. 지금 말로 하면 남자들은 룸싸롱에, 원조교제에 정신이 팔려 있었고, 여자들은 꽃미남인 소년들을 밝혔으며, 호스트바를 드나들었다는 얘기다.

어느 사회든 먼저 상류층부터 썩어가기 시작한다. 그 이유는 우선 먹을 걱정, 입을 걱정, 일할 걱정이 없으니 굳이 노동할 이유가 없는 것이다. 사람이 가난할 때는 사랑이니, 연애니 하는 것은 꿈도 꾸지 못한다. 조석거리 간데없고, 배가 고플 때는 사랑 타령은 할 수도 없다. 그런 것은 꿈도 꾸지 못한다. 먹고 사는 일에 지친 사람들은 낭만이니, 향락이니 하는 것은 생각도 하지 못한다. 모든 것이 그림의 떡이다. 그런 것들은 사치스러운 단어다. 나라고, 개인이고 초근목피로 살 때에는 사는 데 정신이 없다. 어떻게 하면 세 끼 밥이나 제대로 얻어먹을까 하는 생각밖에 없다. 그러나 그 고비를 넘기고 살만하면 그때부터는 향락의 바람이 자기도 모르게 솔솔 불어온다. 그런 면에서 나는 먹고사는 문제는 남한이 나을지 모르지만, 도덕이나 윤리 면에서는 오히려 북한이 우리보다 한수 위라고 본다. 남쪽은 향락에 날이 새는 줄 모르고, 북한은 가난해서 그런 생각을 아직 꿈도 못 꾼다. 왜 통일이 안 되는가. 사기꾼, 고리대금업자, 인신매매범들이 북한 국민을 오염시킬 것 같아서 통일이 안 되는 것이다. 하나님은 그런 면에서 통일을 유예시키고 있으신 것이다. 나는 그것을 확신한다.

애굽이 그랬다. 애굽은 당시 문명을 자랑하던 대단한 나라였다. 그러나 후에 이집트는 향락으로 망하고 만다. 클레오파트라를 보라. 부유와 향락으로 몸살을 앓던 시대의 여왕이었다. 오늘날의 이집트는 어떠한가. 2000년대의 이집트는 가난과 빈곤이 판을 치는 나라다. 그 옛날 향락과 음탕으로 인해 이렇게 망한 것이다. 상류층들이 썩어가면 마침내 국민들도 썩기 마련이다. 그러다 보면 나라는 얼마 못 가 망하고 만다.

상류층의 부인들은 끼리끼리 자주 모였다. 여인들의 대화는 이런 것들이었다.

"당신 집에 멋쟁이 노예가 들어왔다면서요? 꽃미남이라는 소문이 있어요. 이름이 요셉이라나……."

"혼자 보물 모시고 있듯이 숨겨놓지 말아요. 데리고 좀 나와 봐요. 우리도 구경 좀 해봅시다. 아니, 같이 데리고 놀아봅시다."

"그래요. 웬만하면 돌아가면서 사랑해 봅시다. 장군댁 미남 노예하고."

여인들이 와아 웃어댄다. 피부에 기름이 넘치는 여인들. 부끄러울 것이 없다. 너무나 뻔뻔한 얼굴들이다. 내숭 떨고, 얌전할 필요가 없는 여인들이다.

상류층 부인들이 모이면, 언제나 요셉이 화제에 떠올랐다. 보디발 장군의 노예 청년 요셉이 여자들의 수다에 오르내리게 되었다. 그런 면에서 장군의 부인은 행복했다. 절세의 미남 노예를 둔 여자였다. 모두가 부러워하고 있었다. 부인은 그 행복을 만끽하고 있었다.

"그가 우리 집 노예인 것은 사실인데, 전혀 노예 같지가 않아요. 요셉은 평범한 노예가 아닌 것 같아요."

장군의 아내가 요셉 이야기를 했다. 요셉의 잘생긴 외모
와 성실한 인품을 칭찬한다.

"호리호리한 키에 준수한 외모, 게다가 이제 스무 살이
될까 말까한 그 젊음, 그리고 성실하고 착한 인품."

부인은 소근 소근 요셉을 자랑했다.

"그가 나의 노예라는 것이 믿어지지 않아요. 오히려 그를
보면 내가 공연히 부끄러워진다니까요. 가슴이 뛰고, 울렁
거려요."

부인은 부끄러워 얼굴을 붉혔다.

"어머머, 노예를 사랑하시나 봐. 얼굴이 다 빨개지시잖
아. 미남 노예에게 완전히 빠지셨군요."

여인들이 까르르 웃는다.

"그가 노예가 된 것이 아니고, 내가 그의 노예가 된 것 같
아요. 이것은 진심이에요. 나 어쩌면 좋아."

"어머, 부인께서는 정말 요셉을 사랑하시는군요. 큰일났
군요."

여자들은 이제 웃지 않았다. 부인의 진심을 알았기 때문
이다. 그리고 부인의 말은 사실이었다. 그녀는 요셉이 있으
므로 인생이 즐겁고 세상 사는 게 즐거웠다.

"무뚝뚝하기만 한 남편 대신 그런 준수한 청년이 내 곁에
있다니……."

부인이 처음부터 요셉을 유혹한 것은 아니었다. 처음에는 그를 보는 것만으로도 만족했다. 그러나 여인은 얼마 안 가서 그것만으로는 만족할 수 없었다. 어느 새 요셉을 좋아하기 시작했다.

"한 번만이라도 저 사람과 연애를 해 보았으면……. 한 번만이라도 사랑을 나누어 보았으면……."

여인은 요셉을 만나면 자기도 모르게 가슴이 떨리고 목소리도 떨렸다. 은근히 코맹맹이 소리가 나왔다. 부인은 요셉을 갖고 싶었다.

"요셉, 피곤하지 않아요? 너무 열심히 일을 하시네요. 쉬어가면서 하지 않고……."

요셉을 붙들고 추파를 던진다. 누가 노예고 누가 주인인지 모를 정도로 요셉에게 최상의 대우를 한다. 다른 노예들에게는 반말을 지껄였으나 요셉에게는 최상의 경어를 쓴다.

"어머, 온통 땀에 젖었군요. 어서 새 옷으로 갈아 입으세요."

더운 나라여서 늘 땀이 흐른다. 요셉은 항상 격무에 시달린다. 부인은 자기 집안의 일로 땀을 흘리니 그런 요셉을 위로한다. 마치 남편의 옷을 벗기듯 요셉의 옷을 벗긴다. 흰 눈처럼 뽀얀 청년의 살이 보인다. 부인은 순간 현기증이 난다.

"어쩌면 피부가 이리도 고울까. 이렇게 예쁜 남자는 정말 처음이라니까."

　그러나 요셉은 순진하다. 그리고 노예다. 주인 마님의 뜨거운 눈길을 그가 알 리 없다. 그저 민망할 따름이다.

　"감사합니다, 마님."

　"마님이라고 부르지 말아요."

　"네?"

　"내 이름을 불러봐요. 내 이름 알잖아요. 어서 내 이름을 불러요."

　"그럴 수는 없습니다. 부인은 저의 주인이십니다."

　요셉이 당황하여 얼른 도망간다. 너무 놀랐기 때문이다. 분위기가 너무 이상했기 때문이다. 도망가는 뒤에서 부인이 까르르 웃는다.

　"호호호, 순진하기는. 그러나 두고 보라구 요셉, 너는 언제고 나의 것이 될 거야."

　어느 날이었다. 부인이 요셉을 불렀다. 일하다 말고 요셉이 불려온다. 그런데 이것이 웬일인가. 부인은 아직도 기상 전이었다. 속이 훤히 들여다 보이는 하얀 망사의 속옷을 입고 있었다. 부인의 속살이 대낮처럼 드러나 보이고 있었다.

　"어서와요, 요셉."

　부인이 이상야릇하게 웃고 있었다.

　"아직도 주무시고 계셨군요. 미안합니다."

요셉이 얼른 뒤돌아 나온다. 그때, 부인이 요셉을 부른다. 가지 말라고 한다.

"잠깐, 시킬 일이 있어요."

요셉이 되돌아서자 부인이 야한 속옷을 내던져버린다.

"아유, 더워. 무슨 놈의 날씨가 이렇게 더운 거야."

부인이 속옷마저 걷어내고 알몸이 된다. 순간 요셉은 당황하여 어쩔 줄을 모른다. 요셉으로서는 전혀 생각하지 못한 일이었다. 뜻밖에 이런 광경을 목도한 요셉으로서는 황당할 수밖에 없다. 아무려면 부인이 이렇게 나올 줄은 모른 것이다. 늘 어려운 대상이었다. 무서운 주인이었다. 늘 지시만 받고, 지시한 대로 움직이는 그런 사이였다. 그런데 오늘 부인은 이게 무슨 짓이란 말인가. 알몸이 되다니. 요셉은 기겁을 하고 놀랐다. 벌거벗은 부인을 만나게 되자 요셉은 참으로 난처했다. 눈을 어디에 두어야 할지 면구스러웠다.

"요셉, 그대는 아직도 총각이군요."

"네?"

"숫총각이야. 그대 요셉은 총각이란 말야. 여자의 알몸을 본 적이 있나요?"

"네?"

"오늘 내가 보여드릴게요. 그대는 나의 애인이에요. 아니, 우리 애인하자구요. 애인의 몸을 한번 보라구요. 어때

요? 마음에 들어요?"

남자가 여체를 처음 보는 때가 언제인가. 요즘은 TV에서, 잡지에서 어렵지 않게 여자들의 속살을 보게 된다. 그것도 경쟁하듯이 보여 준다. 요새 아이들은 일찍부터 여체를 본다. 그러니 여자가 이상할 것도 신비할 것도 없을 것이다. 그러나 예전에는 여체를 구경한다는 것은 상상조차 할 수 없었다.

조선시대의 남자들은 아마도 첫날밤에나 겨우 여자의 몸을 보았을 것이다. 그것도 어둠 속에서 막연하게. 내 경우도 마찬가지다. 여자는 영화에서나 겨우 보게 되는 그런 시절이었다. 어떤 면에서 영화를 보러간다는 것은 여자를 보러 간다는 것이었다. 꿈속의 여인을 만나는 것이다. 그것이 영화였다. 당시의 글래머는 이빈화, 김혜정, 이민자 등이었다. 굉장한 글래머였다. 그런데 당시만 해도 이분들은 육체파 배우라고 해서 한편으로 조금 치우쳐 놓고 있었다. 연기파 배우 김지미, 문정숙, 조미령 그리고 그 후에 문희, 남정임, 윤정희 등이 판을 쳤고, 팔등신의 미녀들은 조연 정도로만 나왔다. 그때만 해도 미인의 척도가 지금과는 많이 달랐다. 예전에는 조신한 여자들을 높이 봐 주었다. 조선의 여인상이 인기 있었다. 그러나 요즘은 키도 크고 섹시한 배우들이 인기가 있다.

요셉은 참으로 황당했다. 처음 보는 여자의 몸이었다. 그
것도 이제 농익을 대로 농익은 중년 부인의 몸이었다. 잘빠
진 다리와 잘록한 허리의 곡선. 남자들은 대개 이 장면에서
무릎을 꿇게 되어 있다. 아름다운 여체 앞에서 모든 것을 던
져버리게 되어 있다. 삼손이 그랬고, 다윗과 솔로몬이 그랬
다. 의자왕이 그랬고, 연산군이 그랬다.

여자는 남자들 앞에서 자신만만하다. 아름답다고 자부하
는 여자들은 더욱 그렇다. 나의 이 아름다운 육체 앞에 무릎
꿇지 않을 남자가 있으면 나와 보라는 심산으로 회심의 미
소를 짓는다. 누가 내 미모 앞에서 무릎 꿇지 않는다는 말인
가. 장군의 부인도 마찬가지였다. 의외의 습격을 한 것은 부
인이었다. 요셉에게 도전을 해온 것이다. 나의 아름다운 육
체를 보았는가. 나의 이 찬란한 육신을 보았는가. 나의 잘빠
진 몸매를 보았는가. 이 몸매 앞에서 안달이 나지 않을 남자
가 어디 있겠는가. 내 육체 앞에서 어느 누가 무릎 꿇지 않겠
는가.

“처음 보는군요. 여자의 몸을…….”

부인은 의기양양했다. 기고만장했다. 요셉은 자기가 부
리는 노예다. 자기 명령 하나에 죽고 사는 노예다. 그리고 혈
기왕성한 남자다. 청춘의 전성기인 이십 대의 청년이다. 하
룻밤에도 몇 번씩 몽정을 하는 시절의 총각이다. 여자만 보

면 미쳐버리는 때다. 순진한 총각이 아닌가. 나의 이 아름다운 육체를 어떻게 피한단 말인가. 여자의 알몸을 제까짓 것이 어찌 피할 수 있다는 말인가.

"누구에게도 보여주지 않았어요. 그런데 요셉에게 오늘 처음으로 보여주는 거예요. 두려워하지 말아요. 자, 맘을 편하게 하고 떨지 말아요."

부인은 이제 다 이겼다고 생각했다. 어떻게 다가올 것인가. 요셉이 이 여체 앞에서 어떻게 무너져올 것인가.

여자는 생각했다. 이제 요셉은 손가락 하나만 까딱하면 무너져 내릴 것이라고 생각했다. 젊은 남자가 아니더냐. 정신없이 다가올 요셉이 아니더냐. 순진하여 비실비실 힘없이 무너져 내리며 올 것인가. 아니면 분노한 승냥이처럼 달려올 것인가. 젊은 숫사슴을 받아들이리라. 그를 안아주리라. 젊은 남자의 영혼을 내 몸 깊숙히 받아주리라. 여자는 자신만만해 있었다.

"자, 이리 와요, 요셉. 내 귀여운 강아지야."

여자가 손짓을 까딱까딱했다. 어서 와요. 어서 오라니까. 여자는 미소를 짓고 있었다. 얼굴에 가득 웃음이 담겨 있었다. 지금 여자에게는 요셉 밖에 보이지 않는다. 자기의 육신에 뛰어들 젊은 요셉, 그 남자 밖에는 생각이 없다.

"뭐 하는 거야. 빨리 오지 않고."

여자의 코에서 뜨거운 김이 뿜어졌다. 온몸이 불덩이가 되어 있었다. 애굽의 태양이 내리쬐는 대낮이었다. 그녀에게는 요셉 밖에 보이지 않는다.

"오, 귀여운 것. 나의 남자. 이리 와요."

여자가 회심의 미소를 떠올리며 같이 눕자고 한다. 그리고 아름다운 시간을 갖자고 한다. 이제 한 몸이 되어보자고 한다. 아름다운 인연을 맺자고 한다. 당신과 나는 이제 남남이 아니야. 이제 우리는 남남이 아니라니까. 우리 만남은 우연이 아니라니까. 이제는 주인과 노예도 아니라니까. 오히려 당신이 나의 주인이 되는 거예요. 우리는 한몸이 되어야 해요. 그것이 우리의 운명이랍니다. 우리 애인이 되자구요. 하나가 되자구요. 여자는 그렇게 웃고 있었다.

"요셉, 염려하지 말아요. 당신의 미래는 내 손에 있어요. 내가 당신의 미래를 꽃 피우겠어요."

"사모님."

"알아요. 알아요. 부끄러워하는 것 보기 좋아요. 순진하고 신선한 모습이 너무 보기 좋아요."

여자는 기다리다 못해 일어난다. 그리고 요셉을 향해 천천히 걸어온다. 자, 이리 와요. 여기에 누워요. 나와 아름다운 시간을 가져 봐요. 당신의 출세는 내가 보장해 드리겠어요. 틀림없어요. 당신 하나 키우는 것쯤은 문제없어요.

장군의 부인, 육탄공세,
        내 육체를 이기겠는가

　보디발의 아내가 요셉을 유혹했다. 솜털이 보송보송한, 아직 소년의 티를 벗어나지 못한 청년 요셉을 유혹했다. 그녀가 요셉을 유혹하면서 하는 말이 요셉을 키워주겠다고 했다. 요셉의 출세를 책임지고 미래를 꽃 피우겠다고 했다. 사실 어떤 면에서 보면, 요셉에게는 다시 없는 최상의 기회였을 것이다. 왜냐하면, 애굽의 최고 권력자인 보디발 장군의 아내를 정복한다는 것은 그의 앞날에 모든 악조건을 정복한다는 의미가 되기 때문이다. 또한, 이 여자와 한편이 된다는 것은 출세가 보장되어 있다는 것을 의미할 수도 있다. 이 여자의 말 한마디면 안 될 것이 없었다. 보디발 장군의 한마디라면 세상에 안 될 일이 어디 있겠는가. 그것도 여자가 이처럼 애걸복걸하는 일이 아닌가. 알몸으로 공격해 오면서 부탁하는 일이 아닌가. 무엇을 망설이는가. 못 이기는 척 여자를 받아들이면 되는 것이다. 여자가 하고 싶은 대로 놔두면 되는 것이다. 여자가 요셉을 요구하며 하나가 되자고 한다. 그것은 바꾸어 말하면, 요셉이 여자를 소유한다는 것이다. 요셉이 여자의 노예인 것처럼, 여자도 이제부터 요셉의 노예가 되는 것이다. 여자는 누가 뭐라고 해도 요셉의 것이 되는 것이다. 요셉이 시키면 시키는 대로 할 것이다. 어찌 보면, 이런 기회가 안 와서 그렇지 이것은 횡재나 다름이 없다. 아니, 호박이 넝쿨째 굴러들어온 것이나 다름없다. 풍만한 여체를 공략할 수 있는 절호의 기회가 아니던가. 그리고 그 다음은 어떻게 되는가. 여자의 애인이 되어 천하의 권력을 잡을 수도 있다는 것이 아닌가. 권력이 눈앞에 오는 것이 아닌가. 더구나 여자가 간절하게 애원하지 않는가. 당신의 미래는 내 손에 있다면서.

여자를 꼬드겨 돈을 뜯어내고 출세를 하려는 젊은 남자들의 얘기가 있었다. 드라마 「서울의 달」에서 한석규가 영악한 청년으로 나왔었다. 돈 많은 중년의 여자들을 유혹하기 위해 별 방법을 다 쓰는 얘기였다. 여자를 유혹하기 위해서는 눈물 겨운 작전이 필요하다. 목적을 위해 자동차, 양복, 구두, 보석 등 별별 것을 다 사들여 준비하고 돈도 엄청나게 쓴다. 여자 사냥을 위해 온갖 돈과 기술을 다 소비하고 모든 것을 건다. 그러나 결과는 늘 비참하다. 밑천도 못 건지고, 그들은 망한다. 드라마 「서울의 달」이 그런 얘기다.

스탕달의 『적과 흑』도 비슷한 이야기다. 야심만만한 젊은 주인공 줄리앙 소렛이 가정교사로 주인의 부인을 유혹하여 출세를 하게 된다. 그러나 결국은 사형대의 이슬로 끝나게 된다.

수많은 남자들이 출세를 위해 여자에게 다가간다. 부잣집 딸, 권력자의 딸을 얻으려고 혈안이 되어 있다. 드라마에 보면 그런 내용들이 너무나 많다. 여자 하나 잘 얻으면 출세를 하고 팔자도 편다. 사실이 그렇다. 가난하고 별 볼일 없던 젊은이가 사법고시에 패스하거나 의사가 되면 괜찮은 집의 사위가 될 수 있다. 꾀죄죄한 서민의 삶에서 하루아침에 상류사회의 일원이 되는 것이다. 상류사회를 몰라서 하는 얘기지 한 번만이라도 상류계층으로 살아본 사람은 죽을 때까지 그 맛을 잊을 수가 없다. 특권층들끼리 누리는 안락함과 그들만의 우정과 의리는 멋져 보이기까지 하다. 그들끼리의 놀이 문화는 또 어떤가. 한적한 필드에서 골프 공을 날리고, 화창한 장소에서 희희낙락하며 연회를 즐긴다. 안 되는 것도 되게 하는 권력과 금력의 위대함. 그들 간에는 끼리끼리 노는 맛이 있고 결속이 있다. 그들만이 누리는 힘이 있다.

어떤 전직 장관이 그런 말을 했다. 몰라서 그렇지 장관자리가 얼마나 좋은 줄 아느냐. 단 한달이라도 좋으니까 장관 노릇을 해봐라. 엄청난 프리미엄이 있다. 장관 몇 달 재직하고 평생 먹을 재산이 생긴다. 장관 한번 하고 나면 빌딩 몇 개가 생긴다. 상류층에 대해 몰라서 그렇지, 얼마나 좋은 사회인 줄 아는가.

한국의 재벌 회사에 초청된 해외의 젊은 한국인이 있었다. 그는 재벌 회사의 높은 자리에 있었다. 가만히 있어도 돈이 들어온다. 가는 곳마다 여자가 줄지어 서 있다. 주지육림(酒池肉林)과 아방궁이 도처에 있었다. 중국시대에나 있는 줄 알았던 주지육림이 2000년대의 한국에도 있었다. 향락과 재물이 지천에 깔려 있다. 사업을 하려면 한국에서 하라. 재미를 보려면 한국으로 오라. 이 사람은 기분이 좋았다. 감격했다. 그는 곳곳에 아는 사람마다 이메일을 보냈다. 한국으로 오라. 코리아로 오라. 돈과 여자가 가득하다. 자기 혼자 누리기가 미안했던지 이 사람은 동네방네 광고를 했다. 세계 도처에 수다를 떨었다. 그는 결국 쫓겨났고 망신을 당했다. 참으로 한심한 사람이고 한심한 사회 아닌가.

여자는 출세의 우군인가, 아니면 반군인가. 결론을 내리자면, 여자를 잘만 이용하면 우군이 될 수 있다. 여자가 출세에 도움이 될 수 있다. 그러나 그런 경우는 천의 하나, 만의 하나다. 결코 수지맞는 장사가 아니다. 세상에 공짜란 것은 없다. 여자를 이용하여 얻은 돈, 여자로 인해 생긴 권력과 자금은 얼마 동안은 유지할 수 있지만 바로 망하는 길이다. 섶을 지고 불로 뛰어드는 격이다.

어느 재벌 부인과 연애를 하던 T라는 젊은 가수가 있었다. 여자와 출세가 보이는 듯했다. 돈과 인기가 들어오는 듯

했다. 그러나 출세하고, 성공하기는커녕 쫄딱 망하여 뉴욕 길거리에서 거지 생활을 했다. 그는 결국 실직하고 실업자가 되었다. 홈레스인지 뭔지 고생만 죽도록 했다. 그 후 그는 개과천선하고 심기일전하여 정말 자기가 사랑하는 여인을 위해 노래를 부르기 시작했다. 이번에야말로 진짜 성공하고 인기를 얻었다.

남자의 출세란 그런 것이다. 여자를 통해, 더구나 불륜으로 여자의 덕을 보려는 남자가 있다면 그는 참으로 파렴치한이다. 아니, 어리석은 자다. 차라리 순진한 자다. 다시 말하거니와 세상에는 공짜가 없다. 그리고 여자가 그리 만만한 존재가 아니라는 것도 알아야 한다. 여자의 돈을 우려먹는 것보다는 코흘리개 아이들의 동전을 구걸하는 것이 덜 모욕적이리라. 차라리 덜 수모를 받으리라.

요셉은 어떠했는가. 주인 여자의 유혹을 받아들였는가. 천만이다. 요셉은 여자의 야릇하고 교태어린 몸짓의 유혹을 단연코 거부했다. 그것이 요셉과 우리들의 다른 점이다. 여자의 유혹을 거부하는 요셉의 모습은 참으로 신선하고 멋있다. 거룩하다. 아니, 너무나 자랑스럽다. 당시의 상황을 성서는 다음과 같이 보도한다.

이 집에는 나보다 큰이가 없으며, 주인이 아무 것도 내게 금

하지 아니하였어도 금한 것은 당신뿐이니 당신은 자기 아내이
니라. 그런 즉 내가 어찌 이 큰 악을 행하여 하나님께 득죄하
리이까
(창세기 39:9)

"사모님, 당신은 내 주인 보디발 장군의 부인이십니다.
그분의 아내입니다. 내 어찌 그런 분에게 악을 행할 수 있다
는 말입니까. 더구나 하나님께 죄를 얻는단 말입니까."

이것을 보면 요셉의 하나님께 대한 신앙은 진솔했다고
볼 수 있다. 그리고 순수한 젊은이로서의 청순성이 있음을
엿볼 수 있다. 요셉의 거룩한 품성과 진실한 인격을 알아볼
수 있는 것이다.

여자의 유혹을 뿌리친 요셉의 결단에는 두 가지 이유가
있다고 본다. 첫째는 요셉의 청렴결백이다. 세상이 무너진
다 해도 요셉은 불륜을 저지를 사람이 아니다. 간통을 할 사
람이 아니다. 간통이 얼마나 무서운 파괴력과 폭발력이 있
는가를 이미 보아온 요셉이다. 큰형 르우벤과 서모 빌하의
간통사건으로 집안이 어찌 되었는가. 얼마나 가문의 명예에
먹칠을 했으며, 가족 구성원들 간의 사랑과 우애가 무참히
깨져버렸는가를 요셉은 누구보다 잘 알고 있었다. 그리고
그 사건 때문에 그 유명한 야곱의 가문이 근동 일대에 얼마
나 지탄을 받았으며 흉흉한 소문의 진앙지가 되었던가 하는

사실을 요셉은 너무나 잘 알고 있었다. 큰형 르우벤과 서모 빌하의 간통사건 이후, 요셉의 부친 야곱을 어느 누구도 두려워하지 않게 되었다. 그리고 그의 가문을 이제는 존경하지도 않았으며, 선망의 대상으로 여기지도 않았다. 무서운 재앙이 되어 가문을 쑥대밭으로 만들었다. 르우벤은 장자의 권리를 박탈당했으며, 아무 죄도 없는 요셉은 이곳에 팔려와 노예가 되어 있다. 그런 그에게 간통은 있을 수도 없다. 불륜을 하다니, 그는 머리를 절레절레 흔들었다.

둘째, 요셉은 여자가 그의 출세를 보장해 준다고 하는 말을 믿지도 않았지만, 여자 때문에 출세하고 싶지도 않았다. 만약 여자 때문에 출세를 한다 해도 그것은 사상누각(沙上樓閣)이라고 생각하고 있었다. 그런 출세는 결국 여자의 올무일 뿐이다. 여자의 마음이 돌아서면 언젠가는 무너져버리는 그런 출세와 성공은 바란 적도 없으며, 생각할 수도 없었다. 도대체 그런 식의 출세라면 그것은 출세도 아니라고 생각했다. 물론 요셉도 출세하고 싶었을 것이다. 누구보다 이 억울함을 풀고 출세하고 싶었을 것이다. 성공하고 싶었을 것이다. 자유인이 되고 싶었을 것이다.

얼마 후, 요셉이 옥중에 갇혔을 때 술 맡은 관원에게 석방되면, 바로에게 나를 잘 이야기해 달라고 부탁한다. 이것을 보면 요셉도 감옥에서 석방되고 싶었고, 나아가서 성공과 출세까지 하고 싶었던 것이다. 그것은 요셉이라는 남자 역시 출세지향형이었다는 것을 알 수 있다.

요셉은 청순하고 훌륭하긴 하지만 성자는 아니다. 그는 남자였다. 더구나 혈기 방장한 젊은이었다. 여자가 그립고 정욕도 넘쳤을 것이다. 그러나 이것은 아니라고 생각했다. 누구보다 노예의 신분에서 풀려나고 싶었고, 성공도 하고 싶었다. 그가 후일 국무총리로서의 일을 매끄럽게 처리하는 것을 보면, 그가 얼마나 총명한 사람인지 알 수 있다. 그리고 긴 세월 동안 권력의 자리에서 그렇게 오랜 기간 지낸 것을 보면, 누구 못지 않게 침착하고 용의주도한 권력형 사내였는지도 모른다. 마치 중국의 저우언라이(주은래)처럼 자기 관리가 철저하고 청렴결백했던 그런 정치인이었는지도 모른다. 매정한 출세지상주의자였는지도 모른다. 아니 누구보다 정상에 대한 소망이 간절했기에 더욱 자기 몸가짐을 완벽하게 했는지도 모른다. 다만, 그의 출세 방법이 일반인들과는 무척 다르다는 것이 돋보일 뿐이라는 사실이다.

삼국지의 유비가 그런 인물이다. 유현덕은 참으로 덕이 있는 사람이었다. 권모술수가 판을 치는 난세에서도 그는 마치 성자의 모습 같았다. 아니, 성자 흉내를 냈는지도 모른다. 백성을 사랑하고, 인의예지를 숭상했다. 성공을 위해서라면 부친의 친구까지도 죽이는 조조에 비해 현덕은 언제나 인자하고 온화하다. 그렇다면, 유비는 조조보다 야망이 없었다는 말인가. 그렇지 않다. 야망이란 단어를 놓고 보면 유현덕이 조조보다 한 수 위일지도 모른다. 그의 흉중에는 천하를 제패하겠다는 야심과 욕망이 누구보다 꿈틀거렸는지 모른다. 다만 그의 처세술이 조조와 달랐다는 것이다. 조조가 강하다면 유비는 부드러웠고, 조조가 이기적이라면 유비는 이타적이었다. 그것이 유비의 성격 때문이기도 했지만, 유비의 남다른 출세관이라고 할 수 있는 것이다. 유비의 그런 출세관이 그 시대에 오히려 돋보였다는 것이다.

요셉은 어떤 면에서 보면, 누구 못지않게 출세를 갈구하는 그런 사람일 수도 있다. 누구 못지않은 성공에 대한 야망이 불타고 있었는지도 모른다. 그러나 요셉은 그 출세를 위해 얕은 꾀를 쓰지 않았다. 얕은 꾀란, 여자를 이용하지 않았다는 것이다. 더구나 불륜과 간통으로 성공하려고 하지도 않았다. 여자, 여자의 유혹을 참고 이기리라 결심했다. 이것은 극기다. 아무나 할 수 있는 것이 아니다. 남자치고 육감적인 여인이 알몸으로 유혹을 해왔을 때, 돌부처처럼 무표정한 태도로 이겨낼 수 있는 사람이 몇이나 있겠는가. 누가 눈앞에 어른거리는 여체 앞에서 숨도 쉬지 않고 밀쳐낼 수 있다는 말인가. 요셉은 도대체 그 힘이 어디서 나오는 것이었을까. 그 인격이 어디서 나오는 것이었을까. 물론 성격일 수도 있다. 천성적으로 청렴결백한 사람이라서 그럴 수도 있다. 그러나 천성이 순결해서 여자의 유혹을 이겨낸다는 것은 약간 재미가 없다. 솔직히 얘기하자면 훌륭하기는 하지만, 칭찬할 필요까지는 없다. 그가 원래 여자를 봐도 무덤덤한 사람이라면 남성이기를 포기한 사람임이 틀림없다. 그것이 뭐 그렇게 훌륭하다는 것인가. 요셉이 그랬다는 말인가. 농익은 여자의 육체가 눈앞에 진상되어 있어도 미동조차 하지 않는 천성이라는 말인가.

그렇지 않다고 나는 분명 힘주어 말할 수 있다. 그는 누구보다 눈물 많은 감정의 사람이었다. 나중에 결혼도 하고, 아들 딸도 낳는 남녀의 재미도 아는 사람이었다. 누구보다 감정이 풍성했다. 아름다운 여자와 속삭여보고 싶었다. 여자를 품에 안고도 싶었다. 여자와 질펀한 사랑 놀음도 하고 싶었다. 여체의 신비를 깨뜨려 보고도 싶었다. 그러나 요셉은 그 모든 것을 참고 이겨냈다. 이를 악물고 이겨냈다. 더 큰 앞날을 보자, 나의 위대한 꿈을 생각하자, 미래에 성공한 나의 모습을 보자, 일점일획도 이런 일에 빠져서는 안 된다, 이것이 요셉의 모습이었다. 이것이 진정한 출세지상주의자의 자기 관리다. 그리고 그것을 성공시킨 사람이 바로 요셉이다.

요셉은 꿈이 있는 사람이었다. 강물처럼, 바닷물처럼, 꿈이 가득한 사람이었다. 그 꿈이 있었기에 늘 기쁨이 왔고, 또 유혹을 이길 수도 있었다.

장군의 부인은 요셉을 계속 유혹했다. 요셉은 부인의 그런 유혹에 한 발자국도 넘어간 적이 없었다. 아니, 한 번도 흔들린 적이 없었다. 부인은 요셉에게 미쳐 있었다. 처음에는 가볍게 생각했었다. 노예 하나쯤 얼마든지 마음대로 소유할 수 있다고 생각했었다. 그러나 그것이 아니었다. 파도야 어쩌란 말이냐. 파도야 어쩌란 말이냐, 바위는 꼼짝도 하지 않는데 이런 식이었다. 절벽이었다. 그리고 절망이었다.

"네가 이기나 내가 이기나 한 번 해보자. 어디, 누가 이기는지 두고 보자꾸나."

요셉에 대한 사랑과 사모로 온통 혈기가 가득한 부인은 이제 제정신이 아니었다. 실성한 여인처럼 요셉을 따라다니며 요셉의 이름을 불러댔다. 거의 스토커 수준이었다. 요셉을 소유하려는 여인, 요셉의 스토커였다.

어느 날 부인은 적당한 이유를 붙여서 집안의 모든 가솔들을 밖으로 내보냈다. 요셉이 외출했다가 집에 오니 집에는 아무도 없었고 부인 혼자만 있었다. 부인이 계획적으로 요셉을 유혹했다.

"요셉, 왜 그래요? 한번만 날 사랑해 주서요."

염치고 뭐고 없었다. 주인이라는 체면을 내던져버린 지

이미 오래였다.

"요셉, 너 하나만 얻을 수 있다면. 너 하나만 얻을 수 있다면, 난 모든 것을 버려도 좋아요. 모든 걸 던져도 좋아요. 목숨을 버리라면 목숨도 버릴거야."

요셉이 당시에 얼마나 인기가 있었는가. 리처드 범브란드 목사님이 쓰신 『저 높은 곳을 향하여』(줄과추 출판사간)에서는 요셉에 관한 이야기가 다음과 같이 나온다.

이집트에 내노라 하는 귀부인들이 이 잘생긴 히브리 청년의 소문을 듣고, 그를 직접 보기 위하여 보디발의 집으로 갔다. 보디발의 부인은 손님들에게 각각 사과 한 개와 사과를 깎을 칼 한 자루씩 주었다. 요셉이 그들의 시중을 들기 위하여 방으로 들어섰을 때, 그의 모습에 반한 귀부인들은 모두 정신이 팔려 손가락을 칼에 베고 말았다. 그러자 보디발의 부인이 그들에게 말했다. 당신들은 그를 한순간에 보고 매혹당하지 않으셨습니까? 이제 당신들은 그를 매일 같이 보는 내가 어째서 이토록 정열로 불타오르고 있는지 이해하실 수 있을 것입니다.

애굽의 귀부인들이 요셉에게 도취되었다. 정신이 팔려 손가락을 칼에 베일 만큼, 요셉은 준수하고 잘생긴 청년이었다. 그런 요셉에게 장군의 부인은 가련하게도 사랑을 요구했고, 동침을 갈구하였으나 결과는 요셉의 무참한 거절이었다. 참혹한 거부였다. 여인으로서는 씻지 못할 수모와 모멸을 당한 것이다. 그것도 자기 집 노예에게 당한 엄청난 수치였다. 여인은 창피했고, 모욕감을 느꼈으며, 원망과 분노가 생겼다. 그리고 증오가 생겼다.

"갸륵한 내 사랑을 거부하다니. 아름다운 내 사랑을 거절하다니. 요셉, 네 이놈……."

사랑과 증오는 종이 한 장 차이라고 한다. 사랑에 배신을 당하면 증오가 생기기 마련이다. 증오는 무섭다. 특히나 여인의 증오는 오뉴월에도 서리가 내리게 할 정도다. 더구나 사랑하던 남자에게 배신당한 여자의 증오는 그 어떤 화산보다 폭발적이고, 용광로보다도 뜨겁다. 이제 배신을 당했다고 생각하는 이 여인의 증오가 요셉을 죽이려 한다. 여인의 분노가 산을 흔드는 것이다. 요셉이 자기를 겁탈하다가 도망쳤다고 남편에게 고자질을 했다. 이런 것을 적반하장(賊反荷杖)이라고 한다. 거꾸로 요셉을 모함한 것이다.

"여보, 너무 기가 막혀서 말이 안 나와요. 세상에 어떻게 이런 일이 있을 수 있어요? 노예 놈 주제에 언감생심 주인의 부인을 욕보이려 하다니 분해요. 너무 분하고 억울해서 잠도 안 와요."

부인이 방성대곡하며 요셉을 음모한다. 요셉에게 원한 맺힌 여자가 울어대는 울음이다. 누가 들어도 그럴 듯한 이야기고, 제대로 맞는 시나리오다. 당시의 상황이 창세기 39장 10절에서 20절에 나온다.

여인이 날마다 요셉에게 청하였으나 요셉이 듣지 아니하여 동침하지 아니할뿐더러 함께 있지도 아니하니라 그럴 때에 요셉이 시무하러 그 집에 들어갔더니 그 집사람은 하나도 거기 없었더라 그 여인이 그 옷을 잡고 가로되 나와 동침하자 요셉이 자기 옷을 버리고 도망하여 나가매. 그가 요셉이 그 옷을 자기 손에 버려 두고 도망하여 나감을 보고. 집사람들을 불러서 그들에게 이르되 보라 주인이 히브리 사람을 우리에게 데려다가 우리를 희롱하게하도다 그가 나를 겁간코자 내게로 들어오기로 내가 크게 소리 질렀더니 그가 나의 소리질러 부름을 듣고 그 옷을 내게 버려 두고 도망하여 나갔느니라 하고 그 옷을 곁에 두고 자기 주인이 집으로 돌아오기를 기다려. 이 말로 그에게 고하여 가로되 당신이 우리에게 데려온 히브리종이 나를 희롱코자 내게로 들어 왔기로 내가 소리질러 불렀더니 그가 그의 옷을 내게 버려 두고 도망하여 나갔나이다 주인이 그 아내가 자기에게 고하기를 당신의 종이 내게 이같이 행하였다 하는 말을 듣고 심히 노한지라 이에 요셉의 주인이 그를

잡아 옥에 넣으니 그 옥은 왕의 죄수를 가두는 곳이었더라. 요
셉이 그 옥에 갇혔으나   （창세기 39:10-20）

요셉은 음탕한 부인의 고발로 인해 하루아침에 강간범이
되고 말았다. 그것도 현장에서 잡힌 성폭행범이 된 것이다.
더구나 그 증거물로 요셉의 겉옷까지 있지 않은가. 옴치고
뛸 수 없는 상황에 다다른 것이다. 요셉은 노예다. 그러니 변
명이나 변호의 기회가 주어질 리도 없다. 요셉 또한 구태여
변명하지 않았고, 변호도 하지 않았다. 일체의 설명도 없었
다. 이 엄청난 조작극의 범인인 장군의 부인은 암상난 살쾡
이가 되어 있었다. 이런 식으로 강간범이 되다니, 요셉은 기
가 막혔다. 더구나 자기 주인인 장군의 아내에 대한 강간범
이 아닌가. 그런 그가 일체의 말이 없이 침묵뿐이다. 마치 빌
라도 총독 앞에서 묵묵히 침묵하시던 예수와 너무나 흡사하
지 않은가.

우리 나라 속담에 "도둑의 때는 벗길 수 있어도, 화냥의
때는 벗길 수 없다"는 말이 있다. 솔직히 말해 돈 먹은 것은
별 문제가 아니다. 한국 같은 사회에서는 돈 먹은 것으로는
별로 따지지 않는다. 오히려 돈 못 먹은 사람이 병신이지, 남
의 돈 떼먹거나 뇌물 받은 사람들을 보라. 머리 **빳빳**하게 쳐
들고 검찰청 정문을 들어서지 않던가.

그러나 이성 문제는 좀 다르다. 남자에게는 여자 문제, 여자에게는 남자 문제, 여기에 한번 걸려들면 모든 것이 끝이라고 할 수 있다. 이성에 문제가 있다는 그런 얘기 자체가 그를 재기 불능케 한다. 변명도 통하지 않고 변호도 소용없다. 지금 요셉이 여기에 걸려든 것이다.

당시 애굽의 상류층 사회에 이 일은 빅 뉴스였음이 틀림없다. 적어도 일년 이상은 가는 곳마다 요셉과 노예에게 강간 당할 뻔한 보디발 장군의 부인 얘기였을 것이다. 부인의 강간미수사건은 장안의 톱 뉴스로 이미 떠들썩했을 것이다. 사람들은 이런 뉴스를 은근히 좋아한다. 더구나 남녀가 얼키고 설킨 간통이나 강간사건에 대한 내용은 언제 들어도 흥미진진하다. 더구나 '노예와 잘 나가는 장군 부인'의 이야기였으니 그야말로 영화의 한 장면 같고, 삼류 소설의 내용 같아 얼마나 재미가 있었겠는가.

요셉은 감옥에 갇히게 되었다. 궁정의 감옥이었으니 조선시대로 말하면 의금부에 하옥된 것이다. 상류층 인사들의 범죄가 드러나면 그들이 갇히는 감옥이다. 신분이 노예인 주제에 주인 마님을 겁탈하려던 자가 사형도 당하지 않고 궁정감옥, 그것도 상류층 인사들의 수감 장소에 하옥되다니 이것은 엄청난 파격이었다. 어쨌든 요셉은 형제들의 우물사건 이후 다시 한 번 깊은 나락에 빠진다. 절망의 수렁에 빠진다. 왜 이런 일이 생기는가. 요셉은 기가 막히다. 요즘 말로 미치고 팔짝 뛸 일이다. 무엇 때문에 나에게 이런 사건이 생기는가. 그것은 요셉의 꿈 때문이었다. 그에게는 꿈이 있기 때문이었다. 꿈이 있는 사람은 이런 어마어마한 시련을 겪기 마련이다.

보디발 장군이 부인의 고백을 듣고 몹시 격노했다고 성서에는 그렇게 보도되어 있다. 그런데 그가 진정으로 분노했다면, 요셉을 그 정도로 놓아두었을까. 세상에 자기 아내를 강간하려고 한 노예 놈을 그냥 두는 주인이 어디 있을까. 더구나 엄격한 봉건체제인 애굽에서 말이다.

보디발은 요셉의 결백을 어느 정도 알고 있었을 것이다. 그는 그동안 요셉의 순결을 알고 있었던 것이다. 자기 집안의 청지기 일을 하던 요셉에 관해서는 경험을 통해 이미 알고 있었을 것이다. 그리고 부인의 품행이 평소 방정치 못했던 것도 누구보다 잘 알고 있었을 것이다. 부인이 하도 길길이 뛰니까 장군은 어쩔 수 없이 요셉을 옥에 보내기는 했지만, 보디발 장군 역시 요셉의 진실을 어느 정도는 믿었을 것이라고 생각된다.

강간범 요셉, 감옥에 갇히다

의인이 왜 고난을 받는가. 아무 잘못도 없는 괜찮은 사람이 왜 고통을 당해야만 하는가. 인류 창조 이래 이런 질문이 계속되고 있다. 성서에 보면 욥이 그랬으며, 오늘의 주인공 요셉이 그랬다. 그는 참으로 괜찮은 사람이었다. 우선 청순하고 신앙이 있는 사람이었다. 외모가 잘생긴 사람은 남자든 여자든 우선 보기에도 기분이 좋다. 그는 잘생기고 준수한 남자였다.

그런데 그가 아무 잘못도 없이 억울하게 감옥에 갇혔다. 그것도 주인 여자를 강간하려 한 파렴치범으로 갇히게 된 것이다. 젊은 나이의 그로서는 미치고 환장할 일이 아니었겠는가. 그러나 생각해 보자. 이 세상 모든 사람에게 물론 약간의 차이는 있지만, 불평등과 억울함은 늘 있게 마련이다. 억울함을 따지자면 너나 할 것 없이 숱한 이야깃거리가 있다. 그 억울함을 슬기롭게 헤쳐나오는 사람이 있고, 그에 분노하고 흥분해 미쳐서 죽어가는 사람도 있다. 마치 거미줄에 걸린 풍뎅이가 용을 쓰면 쓸수록 그물에 잔뜩 옹매어서 결국 처참한 죽음을 당하는 것같이 억울함을 그렇게 받아들이는 사람이 있다.

얼마 전에 나는 C목사님과 함께 필라델피아 교도소에 있는 무기복역수 이한탁 선생을 면회한 적이 있었다. 그분이야말로 정말 억울한 분이다. 자기 딸을 방화하여 죽였다는 것이다. 더구나 강간까지 했다는 정말 펄쩍뛰고 자지러질 만한 누명을 쓰고 교도소에 들어간 것이다. 나는 그를 보면서 누가 봐도 이 사람은 그런 사람이 아니라고 생각했다.

영어가 서툴고 법률 상식이 많지 않아 제 때에 응수하지 못한 것이 그의 약점이었다. 사건 초기 너무 안일한 방법으로 대응했던 것도 결정적인 실수였다. 주변의 도움이 없었기에 그는 여기까지 들어온 것이다. 그는 죄인 아닌 죄인으로 무기수가 되었다. 그를 방문한 날은 단풍이 곱게 물든 청명한 날이었다.

"이 청명하고도 아름다운 날, 바쁘게 돌아가는 이 세상에 덧없이 갇혀 있는 그가 너무 불쌍해 보입니다."

동행한 C목사님이 하신 말씀이다. 우리 같으면 너무 억울하고 화가 나서 지레 죽었을지도 모른다.

"초기에는 분노로 잠을 못 이루었지만, 이제는 안정을 찾았답니다. 검사와 타협만 했어도 무기까지는 되지 않는 것인데 본인이 죄가 없으니까……. 본인이 오히려 큰소리치니까 타협이고, 감형이고 뭐고 있겠습니까. 검사의 협상 제의를 거절하고 무기수가 되었답니다."

이한탁 구명위원회 위원장 정선생의 말이다. 그날 우리는 뉴욕에서 무려 일곱 시간을 달려갔건만 이한탁 씨를 면회할 수 없었다. 수속이 잘못되었다는 것이다. 9.11 테러 이후 교도소는 너무나 삼엄했다. 그를 면회도 하지 못한 채 왕복 14시간을 허비하고 돌아오면서 너무나 마음이 아팠다. 이 아름답고 좋은 세상에서 억울하게 그것도 딸을 강간하고 살인한 파렴치범으로 몰려 기약 없는 감옥 생활을 하다니……. 이것이 인생인 것이다. 억울하고 분하지만 이런 일이 우리 인생에 생기는 것이다. 그러나 이한탁 선생은 그 와중에도 평상심을 되찾았다고 한다. 그렇다. 인생은 참화의 순간에서도 다시 일어설 수 있는 것이다. 이것 또한 우리의 인생인 것이다. 비록 감옥 생활에 처해 있다고는 하나, 그 참담함을 오히려 역이용하여 인생의 새로운 돌파구를 만들 수도 있는 것이다.

한국의 초대 대통령이었던 이승만 박사를 보라. 감옥에서 인생이 시작되지 않았던가. 인도는 물론 세계인들의 추앙을 받는 간디도 감옥에 있었기 때문에 조국의 해방자가 되지 않았던가. 『실낙원』의 유명한 작가 밀턴도 감옥에 있었기에 명작을 쓸 수 있었다. 한국 민주화의 상징이라 할 수 있는 김대중 씨도 감옥을 제 집 드나들 듯 했으며, 신앙의 천재 다니엘도 옥중생활을 통해 훌륭한 신앙인이 될 수 있었다. 세계의 유명한 정치가, 사상가, 문학가들 중 상당수는 감옥에서 긴 사색을 하며 자신을 다시 일으켰다고 해도 과언이 아니다.

드디어 요셉이 감옥에 갇힌다. 노예로서 주인 마님을 겁탈하려다가 미수에 그친 강간미수범으로 감옥에 들어온 것이다. 죄명이 너무 더럽다. 강간미수범이 무엇인가. 아무리 본인이 아니라고 해도 그런 죄명을 뒤집어 씌어놓으면, 그 사람 또한 그렇게 보이는 것이다.

"생긴 것이 얄쌍스럽게 생겨가지고, 꼭 기생오라비같이 생겼구나. 어때 재미있었어?"

"보디발 장군의 부인을 겁탈하려 했다고? 도대체 어디까지 간건데?"

요셉이 입감하자 와글와글 떠들썩했다. 어디서나 파렴치범은 화제가 될 수밖에 없다. 민주화운동 시절, 시국사범들과 용공분자들은 교도소에서 수번표에 번호를 붉은 글씨로 씌어있었다. 잡범들은 검정색 글씨지만, 사상범들은 붉은 글씨이다. 같은 죄수라고 해도 붉은 글씨의 주인공들은 기세가 당당했고, 검정색 글씨의 잡범들은 기를 펴지 못했다.

"죄명이 더럽구나. 강간미수라니……."

요셉은 더러운 죄명 때문에 같은 죄수들에게 천대를 받았고, 놀림을 받았다. 그러나 요셉의 진실함과 성실함이 서서히 나타나기 시작했다. 요셉의 무죄가 증명되기 시작했다. 요셉의 진가가 발휘되기 시작했다. 그는 얼마 안 있어 형무소 전옥에게 인정을 받아 형무소의 사무장이 되었다. 형무소 안에 갇혀 있는 죄수들의 신상과 형무소의 모든 업무가 요셉의 손아귀에 있었다. 이것을 보면 요셉의 사무력이 얼마나 뛰어났으며, 어느 정도 타고난 행정가였는지 상상을 할 수 있다. 어디에 갔다 놓아도 대소사를 깔끔하게 처리했으며, 또한 청렴결백했다. 이것은 누구도 가질 수 없는 요셉만의 파워였고, 그만의 능력이었다.

우리는 감옥에 갇힌 요셉에게 두 가지 배울 점이 있다. 하나는 고난 중에도 멈추지 않는 그의 돌진력이다. 즉, 그는 꿈이 있었다. 열한 개의 볏단이 절을 한다. 그런 꿈이 그때까지 있었다. 꿈이 있는 사람은 결코 중단하지 않는다. 아무리 악조건이 방해한다 하더라고 가던 길을 멈추지 않는다. 「상도」의 임상옥이 그렇다. 수많은 음모와 배신, 그리고 갑자기 나락에 빠지는 시험과 시련, 그러나 그는 결코 중단하지 않는다. 가는 길을 멈추지 않는다. 계속 전진할 뿐이다.

또 하나는 요셉의 적응력과 순발력이다. 요셉의 젊은 시절은 시련의 연속이고, 고통의 연속이었다. 우물에 빠지고, 감옥에 갇히고, 그러나 어떤 무자비한 환경이 온다 할지라도 그는 금방 적응하고 헤쳐나간다. 이것이 요셉의 위대한 점이다. 다가오는 고통이나 예상치 않은 시련에 보통사람들은 낮을 가리고 낯설어 한다. 싫어하고 거부한다. 그러나 요셉은 다가오는 시련과 고통을 뛰어난 순발력으로 적응하며 친화되어 가고 있었다.

"저놈은 감옥소 체질인가 봐. 밤낮없이 감옥소 일로 뛰어다니다니 이상한 일이네. 이런 감옥소에서 무슨 신명나는 일이 있다고 저렇게 열심인지 알다가도 모르겠네."

주변의 재소자들이 요셉을 두고 하는 말이다.

"감옥소 일에 너무 열심이에요. 저 녀석은 감옥소에 들어오는 것이 팔자인가 봐요."

이런 욕을 먹을 정도로 감옥소와 친하고, 감옥소를 사랑하고 심지어 감옥소 체질이 된 것이다.

이 글을 읽는 그대는 어떤 타입인가. 당신의 직책과 당신의 현재 일에 언제나 낯설기만 한가. 이게 아닌데, 내가 할 일은 이것이 아닌데, 평생 이러면서 지내는가. 그렇다면 당신은 성공하기 힘들다. 무슨 일이든 낯설고, 낯가리는 체질이라면 당신은 일찌감치 성공을 단념해야 한다. 성공하는 사람은 다르다. 자기에게 주어진 일이라면 무슨 일이든 상관하지 않고 좋아한다. 어디에 갔다 놔도 그 일에 금방 재미를 느끼고 친숙해진다.

그런 면에서 요셉은 부친 야곱의 강인한 피를 누구보다

가장 많이 받았다고 할 수 있다. 요셉의 부친 야곱이 누구인가. 20여 년간 처갓집에서 머슴 아닌 머슴 노릇을 한 사람이다. 원래 야곱은 꾀가 많고 약은 사람이었다. 이런 사람들은 대부분 노동하는 것을 싫어한다. 꾀를 부리고 농땡이나 부리려고 한다. 적당히 시간을 때우고 요령껏 하려고 한다. 그러나 야곱은 그렇지가 않았다. 일반인들의 생각을 깨부순 것이다. 그는 일을 좋아했다. 무슨 일이든 맡기면 다 해놓고야 말았다. 처갓집에서 목장일을 했다. 그 일이 얼마나 힘든 일인가. 목부가 된다는 것이 얼마나 힘든 일인가. 물론 야곱의 경우, 사랑하는 여인 라헬이 있었기 때문에 그 어떤 노동도 힘들지 않았을지 모른다. 그러나 야곱은 심지가 깊고, 강인한 체력과 담력이 있는 사람이었다. 우리가 흔히 하는 말로 "모래바닥 위에 갖다놓아도 살 사람"이었다. 그만큼 무슨 일이든 닥치면 해결할 수 있는 능력 있는 사람이었다. 당신은 당신의 일에 친숙하라. 친화력을 가져라. 그러면 다시 재기할 것이다.

「상도」라는 드라마 얘기를 다시 한다. 임상옥의 '상도'는 돈을 버는 것이 아니다. 사람을 남기는 것이다. 사람을 버는 것이다. 바로 이런 상도의 철학이 있었기에 그는 장사꾼으로 성공할 수 있었고, 재산을 털어 불쌍한 이웃을 살릴 수 있었으며, 전 재산이 날아가도 초연할 수 있었던 것이다. 그는 가히 장사꾼이 아니라 성자의 면모를 보여준 것이다. 요셉이 그런 사람이었다. 그는 어느 곳에 가든지 사람을 남겼다. 아니, 사람을 남기는 정도가 아니라 사람을 섬겼다. 어렸을 때에는 부모와 형제들을 섬겼고, 보디발 가문에서는 장군을 섬겼다. 감옥에서는 자기와 같은 처지의 죄수들을 섬겼으며 후일엔 바로를, 애굽의 국민들을 섬겼다. 이것이 요셉의 성공 비결이었다. 이것이 요셉의 출세 비밀이다.

우리는 보통 누가 나를 이용하지 않나 하는 생각을 한다. 그리고 무슨 수를 써서라도 나는 이용당하지 않겠다는 생각을 한다.

"아 글쎄, 보니까 그놈이 나를 이용하려는 거야. 내가 그걸 아는데 그것에 빠질 수 있어?"

이러면서 보통은 똑똑해지려고 한다. 약아지려고 한다. 그러나 몰라서 하는 이야기지, 내가 누구에게 이용당한다는 것은 좋은 일이다. 그만큼 내가 누구에게 필요가 있다는 것이다. 세상에 절대로 공짜란 것은 없다. 서로 돕고, 도움을 받으며 살아가게 되어 있다. 이 말을 아주 쉽게 표현하면 서로 이용하고, 이용당하며 살게 되어 있다는 말이다. 만약에 다른 사람에게 소용이 없고 아무 쓸모없는 인간이라면, 이용할 만한 인간이 되지 못한다면 당신은 이 세상에 무슨 의미로 존재하는가.

나는 누구에게 무슨 부탁을 하는 경우 먼저 이런 말을 한다. 이번에 나를 도와주면 언제고 나도 너를 도와주겠다. 앞으로 당신에게 큰 도움이 되도록 하겠다고 얘기한다. 소위 윈윈 작전이다. 같이 살자는 것이다. 누이 좋고 매부 좋자는 것이다. 이 세상은 모두가 주고 받게 되어 있다. 하나님 앞에서도 마찬가지다. 덮어놓고 달라고만 해서는 안 된다. 덮어놓고 내 소원만 얘기해서는 안 된다. 그것은 너무나 일방적이다. 천지의 주인이신 하나님이지만 그런 이기적 부탁에는 조금 씁쓸하실 것이다. 왜냐하면, 덮어놓고 달라고만 하면 어떤 면에서는 밉살스럽기까지 한 것이다. 나는 이런 기도를 한다. 내가 건강하고 힘차게 살아 있게 하옵소서, 그것은 나를 위해서만이 아니라 하나님을 위하기도 한 일입니다. 내가 건강하고, 힘차게 살면 여러 면에서 하나님이 써먹을 일이 있으실 겁니다. 목회는 물론이고, 문학적으로도 아름다운 작품들이 나와서 영광을 받으셔야 할 것 아닙니까. 그리고 앞으로 이러한 일로 영광을 받으셔야 할 것 아닙니까. 저를 한번 믿어보시고, 지켜봐 주십시오. 이렇게 기도한다. 하나님께 결코 축복이나 소원을 구걸해서는 안 된다. 무엇 때문에 구걸하는가. 우리도 하나님께 드릴 것이 많은데 무엇 때문에 구걸하는가. 무엇 때문에 하나님 앞에서 걸인이 되어야 하는가. 무엇 때문에 앵벌이 신자가 되어야 하는가.

당당하라, 하나님 앞에 당당하라.

요셉은 사람을 남기고 있었다. 그가 섬기는 사람들, 그 사람들은 이제 요셉의 편이 되어 가고 있었다. 요셉의 이 무서운 처세술을 보라. 요셉의 출세 비결을 보라. 결국 그는 자기편 사람들 때문에 살게 되었고, 자기편 사람들 때문에 출세가도에 오르게 된다. 본인이 먼저 굽히면, 상대방도 굽히게 되어 있다. 사람들이 왜 이것을 모르는가. 이용당해 보라. 나를 이용하라고 당당히 얘기해 보라. 하나님께도 그렇게 말하라. 나를 이용해 주십시오. 얼마든지 이용해 주십시오. 나를 이용하셔서 영광을 받으십시오. 왜 이런 당당한 기도가 나오지 않는가.

이집트 정계에 등장하는 요셉

요셉이 수감되어 있는 감방에는 애굽의 고관들이 죄를 짓고 들어와 있었다. 높은 현직에 있던 사람들이다. 그들은 술 맡은 관원이었고, 떡 맡은 관원이었다. 지금 생각으로는 술 맡은 관원과 떡 맡은 관원이 무슨 높은 사람인가 의심이 갈 수 있을 것이다. 그러나 그것은 당시의 사정을 모르기 때문에 하는 생각이다. 당시는 무서운 봉건체제 시대다. 무엇보다 궁중에서 바로를 가까이에서 모시는 직책이라면 어마어마한 대신들이라 할 수 있다. 지금으로 치면 궁중의 주방장 격인데, 높은 대신들이었다. 오늘 같은 대명천지 현대에도 청와대 일개 청소부가 권력으로 치부를 한 적이 있지 않은가. 그런 일이 언젠가 신문에 보도되지 않았던가. 하물며 그 당시의 그들에 대해서는 얘기할 것도 없다. 권력의 근처가 그만큼 중요한 것이다. 그들의 죄명은 성서에 기록되어 있지 않아 왜 감옥에 수감되었는지 자세히 알 수가 없다. 권세를 이용한 뇌물, 관직매매 등의 죄목으로 들어왔을 것이다. 요새 한국에서 유행하는 무슨 사건이니, 무슨 게이트니 하는 혐의를 받았을 것이다. 혹은 바로에게 불경한 죄를 저질렀을지도 모르는 일이다.

"요셉아, 이 두 분을 잘 모셔라. 알겠느냐."

두 고관을 잘 모시라고 말한 것은 장군이었다. 다른 사람도 아닌 옛 주인 시위대장 보디발 장군이었다.

"두 대신을 잘 모셔라. 그러면 좋은 일이 생길 것이다. 좋은 일이 아니겠느냐."

두 대신의 수발을 요셉에게 들도록 한 것이다. 이처럼 보디발 장군은 요셉의 감옥살이까지 챙겨주었다. 이것을 보면 보디발 장군은 요셉이 자기 아내를 겁탈하려던 강간미수범이라고는 믿지 않은 것 같다. 오히려 분명 그 반대라고 생각했는지도 모른다. 당시 애굽의 상류층 부인들의 문란한 사생활을 그가 모를 리 없다. 보디발 장군의 이러한 배려로 요셉의 감옥살이는 그런 대로 편하게 지낼 수 있었다. 이때의 요셉의 나이는 스물 일곱, 한창 청순하고 꿈이 넘치는 나이였다.

어느 날이었다. 두 고관들이 꿈 이야기를 하고 있었다.

"허허, 별 일이로군. 이런 꿈을 다 꾸다니."

"나리께서 꿈을 꾸었습니까? 본인도 꿈을 꾸었답니다. 참으로 해괴한 꿈을……."

"그렇습니까? 그렇다면 우리 꿈 이야기나 해봅시다."

그들이 어떤 꿈을 꾸었는가. 당시 옥중에서 꿈을 꾼 두 고관들의 꿈 내용을 보도한 성서의 내용을 보자.

술 맡은 관원장이 그 꿈을 요셉에게 말하여 가로되 내가 꿈을 보니 내 앞에 포도나무가 있는데. 그 나무에 세 가지가 있고 싹이 나서 꽃이 피고 포도송이가 익었고. 내 손에 바로의 잔이 있기로 내가 포도를 짜서 그 즙을 바로의 손에 드렸노라. 요셉이 그에게 이르되 그 해석이 이러하니 세 가지는 사흘이라. 지금부터 사흘 안에 바로가 당신의 머리를 들고 당신의 전적을 회복하리니 당신이 이왕에 술 맡은 자가 되었을 때 하던 것 같이 바로의 잔을 그 곳에 받들게 되리이다. 당신이 득의

하거든 나를 생각하고 내게 은혜를 베풀어서 내 사정을 바로
에게 고하여 이 집에서 나를 건져내소서. 나는 히브리 땅에서
끌려온 자요. 여기서도 옥에 갇힐 일은 행치 아니하였나이다.
떡 굽는 관원장이 그 해석이 길함을 보고 요셉이게 이르되 나
도 꿈에 보니 흰떡 세 광주리가 내 머리 위에 있고. 그 광주리
에 바로를 위하여 만든 가공 구운 식물이 있는데 새들이 내 머
리의 광주리에서 그것을 먹더라. 요셉이 대답하여 가로되 그
해석은 이러하니 세 광주리는 사흘이라. 지금부터 사흘 안에
바로가 당신의 머리를 끊고 당신을 나무에 달리니 새들이 당
신의 고기를 뜯어 먹으리라 하더니. 제 삼일은 바로의 탄일이
라 바로가 모든 신하를 위하여 잔치할 때에 술 맡은 관원장과
떡 굽는 관원장으로 머리를 그 신하 중에 들게 하니라. 바로의
술 맡은 관원장은 전직을 회복하매 그가 잔을 바로의 손에 받
들어 드렸고. 떡 굽는 관원장은 매어 달리니 요셉이 그들에게
해석함과 같이 되었으나. 술 맡은 관원장이 요셉을 기억지 않
고 있더라   (창세기 40:9-23)

이야기는 성서에 보도된 그대로다. 먼저 술 맡은 관원장
의 얘기다. 요셉에게 꿈 얘기를 한다. 그리고 해몽을 하라고
한다.

"얘기한 것처럼 꿈에 보니 내 앞에 포도나무가 있었네.

그 나무에 세 가지가 있었고, 싹이 나서 꽃이 피고, 포도송이가 익었다네. 포도송이가 익었더란 말이네. 그리고 내 손에 폐하, 바로의 잔이 있기로 내가 포도를 가지고 그 즙을 짜서 폐하의 잔에 바쳤다네. 폐하께서 어찌나 맛있게 잡수시던지. 이렇게 말씀하셨다네. 이런 포도주는 처음이다. 참으로 고맙구나. 이러셨단 말일세. 요셉, 자네가 꿈을 잘 해몽한다는 소문을 들었네. 어서 해몽해 보게.”

요셉은 잠깐 생각을 했다.

“꿈을 해석할 분은 하나님밖에 없나이다. 꿈을 주신 이는 하나님뿐이시니까요.”

우리는 여기서 순결한 요셉의 신앙을 볼 수 있다. 왜냐하면 그는 옥중에서도 모든 영광이 하나님께 있다고 믿고 있었다.

“그건 그렇지. 그 하나님께서 자네를 통해 해몽을 하시지 않겠는가.”

“맞습니다. 하나님은 늘 저와 같이 하십니다. 지금부터 사흘 안에 나리께서는 석방이 될 것입니다. 그리고 복직도 될 것입니다. 나리의 꿈은 그것을 보여주는 것입니다. 포도나무의 세 가지는 사흘을 뜻합니다. 사흘 안에 여기서 나가십니다.”

“무어라? 정말인가?”

"그렇습니다."

술 맡은 고관이 싱글벙글이다. 감옥에서 석방되는 것은 물론이고, 복직까지 된다니. 다시 폐하의 은총을 받게 되다니. 이 어찌 기쁜 일이 아니겠는가.

"고마우이. 고마워."

"나리께서 복직되어 다시 높은 자리에 오르게 되면 폐하께 말씀드려 저의 억울함을 풀어주소서. 저를 석방시켜 달라고 진언 좀 해주소서. 나는 히브리 사람입니다. 그리고 아시다시피 나는 강간미수범이 아닙니다."

"아, 이르다 뿐인가. 자네가 누군가. 내 꿈을 잘 해석하여 앞날을 인도해 준 사람이 아닌가. 잊을 것이 따로 있지. 자네의 무죄함을 내가 잊겠는가."

그러나 그는 요셉을 까마득히 잊는다. 요셉의 해몽대로 술 맡은 관원은 석방되어 복직이 된다. 그러나 그는 요셉에 대한 그 의리를 까맣게 잊어버린다. 사람이란 그런 것이다. 들어갈 때 다르고 나올 때 다르다더니 다른 사람에 대한 은혜를 쉽게 잊는다. 이웃의 고마움을 아무렇지 않게 잊는다. 친구와의 우정이나 사랑도 쉽게 잊는다. 술 맡은 관원이 며칠 안 돼서 풀려난다고 하니 떡 맡은 관원도 요셉에게 달려온다.

"내 꿈도 한번 해석해 보게나."

“말씀하소서.”

“어젯밤 꿈이었네. 흰떡 세 광주리가 내 머리에 있었는데, 폐하를 위해 구운 떡과 음식이었다네. 그런데 말이야. 어디서 갑자기 새들이 새까맣게 날아오지 않겠는가. 그리고 이것들이 그 모든 떡과 음식을 한꺼번에 다 먹어 치우는 것이 아니겠는가. 이게 무슨 뜻인가? 자네가 해몽을 해보게.”

요셉이 잠자코 있다.

“무슨 뜻인가. 말을 하게.”

“……”

요셉은 말을 않는다.

“왜, 안 좋은 꿈인가?”

“그렇습니다.”

“괜찮아. 말을 해보게.”

“……”

“이 사람아, 말을 하라니까. 어차피 정해진 운명이라면 어찌 피할 수 있다는 말인가.”

“흉몽입니다, 나리. 사흘 안에 바로의 판결이 있을 듯합니다. 어차피 당하실 일이니 그냥 말씀드리겠습니다. 나리는 처형을 당하실 것입니다. 그리고 새들이 날아와서 대감의 시신을 뜯어먹을 것입니다.”

“무어라? 무어라?”

떡 맡은 관원의 얼굴이 어느새 파랗게 질린다. 혼이 나간 사람처럼 정신도 없다. 사흘 후에 애굽의 왕 바로의 탄신일이 되었다. 이날은 국경일이었다. 요셉의 해몽대로 술 맡은 관원은 사면이 되어 복직되었고 떡 맡은 관원은 무슨 일인지 처형되었다. 모두가 풀려나는 판에 그는 그대로 처형이 되었다. 그리고 새들이 그의 시신을 뜯어먹었다. 무슨 이유인지는 알 수 없다. 그의 죄가 하늘을 찌를 듯이 무서운 것이 아니었는가 하는 생각이 든다.

꿈을 가진 자는 그 꿈을 관리하고, 해석할 줄도 알아야 한다. 꿈만 꾸었지 관리할 줄 모른다면 모든 꿈은 물거품이 되기 마련이다. 꿈은 좋은데 해석도 하지 않고 그냥 포기해 버린다면 그 꿈은 개꿈이 되고 마는 것이다. 보통사람들의 꿈이 대개 그렇다. 그들 역시 꿈이 있기는 하나 관리가 없다. 해석하고 확대하지를 않는다. 해몽하고, 발전시키려 하지 않는다. 그러니까 모든 사람들의 꿈은 자연히 개꿈이 되고 강아지 꿈이 되고 만다.

요셉의 위대한 점이 무엇인가. 그에게는 꿈이 있었다. 그 꿈을 한시도 잊은 적이 없었다. 그는 정상에 오르는 것을 믿어 의심치 않았다. 꿈대로 될 것을 믿어 의심치 않았다. 꿈을 믿었고, 꿈을 확대했다.

"오늘의 꿈, 나의 꿈, 이 꿈은 내일 분명히 이루어질 것이다. 반드시 이루어질 것이다."

모두가 요셉을 잊어버렸어도, 요셉은 자기를 잊지 않았다. 모두가 자기를 버렸어도, 자신을 버리지 않았다. 모두가 요셉을 떠났어도, 그는 자신을 떠나지 않았다.

요셉은 자기를 버리지 않고 끝까지 기다렸다. 그의 주변에 도움을 줄 만한 사람은 아무도 없었다. 믿을 만한 사람들은 다 떠났다. 그의 곁에 있던 술 맡은 관원도 요셉을 잊고 있었다. 그런데도 요셉은 자기를 버리지 않고 인내하고 있었다. 자기의 꿈을 간직하며, 꿈을 해석하며, 그 꿈에 도취되어 있었다. 요셉은 의외의 일로 감옥에서 석방되는 것은 물론 이집트 정계에 등장하게 된다.

요셉의 사건은 의외의 일로 시작되었다. 그것은 애굽 최고의 통치자인 바로에게서 시작되었다. 바로가 꿈을 꾸었는데 도저히 그 꿈이 무슨 꿈인지 알 수가 없었다. 꿈을 꾸었는데 해석이 되지 않는다. 이것이 문제였다.

"도대체 이것이 무엇인가? 이것이 무슨 꿈이란 말인가?"

바로는 너무도 궁금했다. 요셉이 감옥살이를 한 지 2년째 되는 해였다. 바로가 그때에 어떤 꿈을 꾸었는지 성서의 보도를 보자.

만 이년 후에 바로가 꿈을 꾼즉 자기가 하숫가에 섰는데. 보니 아름답고 살진 일곱 암소가 하수에서 올라와 갈밭에서 뜯어먹고. 그 뒤에 또 흉악하고 파리한 다른 일곱 암소가 하수에서 올라와 그 소와 함께 호숫가에 섰더니. 그 흉악하고 파리한 소가 그 아름답고 살진 일곱 소를 먹은 지라 바로가 곧 깨었다가. 다시 잠이 들어 꿈을 꾸니 한 줄기에 무성하고 충실한 일곱 이삭이 나오고. 그 후에 또 세약하고 동풍에 마른 일곱 이삭이 나오더니. 그 세약한 일곱 이삭이 무성하고 충실한 일곱 이삭을 삼킨지라 바로가 깬즉 꿈이라. 아침에 그의 마음이 번민하여 보내어 애굽의 술객과 박사를 모두 불러 그들에게 그 꿈을 고하였으나 그것을 바로에게 해석하는 자가 없었더라

(창세기 40:1-8)

바로가 꿈을 꾸었다. 한마디로 황당한 꿈이었다. 흉몽인가, 길몽인가. 바로는 분간할 수가 없었다.

"살진 일곱 암소는 무엇이며, 흉악하고 쇠약한 암소는 무엇인가? 더구나 쇠약한 소가 살진 소를 잡아먹다니, 참으로 흉몽이 아닌가."

바로는 신하들을 모았다. 꿈에 대한 이야기를 했다. 그런데 꿈을 해석하는 사람이 없었다.

"충실한 이삭은 무엇이며, 쇠약한 이삭은 무엇인가. 더구나 쇠약한 이삭이 충실한 이삭을 먹어버리다니……."

　신하들은 전전긍긍했다. 이럴 때 시원하게 해몽을 해드리면 바로의 심기가 편해지련만 그렇지가 못하다. 누가 바로의 꿈을 해몽한다는 말인가. 잘 해몽하면 공로가 인정되어 출세의 길이 열릴 수 있다. 벼락출세를 할 수도 있다. 그러나 반대로 엉터리 해몽을 했다가는 큰일 난다. 잘못했다가는 멸문지화를 당할 수도 있다. 모두가 무섭고 떨리기만 하다. 민망하여 숨을 죽이고 있다.

　"그래, 도대체 이 나라에는 이 꿈을 해석할 자가 없다는 말이냐. 술객들과 박사들은 모두 뭐 하는 자들이냐. 국록을 먹고 있는 신하들은 도대체 무엇들이란 말이냐."

　바로의 음성은 노기가 띄어있다. 모두 불안해하며 민망해 있을 때, 술 맡은 관원이 바로에게 나온다.

　"폐하, 드릴 말씀이 있습니다."

　그가 감옥에 수감되어 있을 때의 요셉에 관한 이야기를 한다. 그동안 잊고 있었던 요셉이 생각났던 것이다. 요셉의 인품과 꿈을 해몽하는 기막힌 그의 천재성을 바로에게 아뢴다. 그리하여 요셉에게 이 문제로 인해 결정적인 기회가 온다. 애굽의 모든 국민과 신하들이 주시하는 가운데 드디어 요셉이 등장하게 되는 것이다.

　"요셉을 불러라."

　바로의 명령, 어명이다. 이리하여 요셉은 드디어 감옥에서 나오게 된다. 설움 많고 한스러웠던 과거에서 새로운 인물로 탄생한다.

꿈의 성공, 이집트의 국무총리가 되는 요셉

드디어 요셉에게 기회가 온다. 기다리고 기다리던 요셉의 때가 온다. 요셉은 이날을 기다려온 것이다. 왕궁의 시종들이 발을 동동 구르며 요셉에게 뛰어 온다.

"폐하의 명이시오. 빨리 갑시다."

요셉은 외모를 단정히 했다. 그는 바로를 만나기 위해 수염도 깎고 목욕도 했다. 그리고 새 옷으로 갈아 입었다. 천하의 황제 폐하인 바로를 만난다는데, 아무렇게나 만날 수는 없는 것이다. 형무소 죄수의 몰골로 만날 수는 없는 것이다. 만약에 그런 누추한 모습으로 바로를 만났더라면, 요셉의 운명은 비참하게 끝났을지도 모른다.

자기의 외모를 잘 가꾸는 사람이 출세를 잘 한다고 한다. 성공을 할 수 있다고 한다. 어느 잡지인가 신문에서 본 기사다. 외모를 가꾸는 것도 자기 관리 중 하나라는 것이다.

나는 머리에 염색을 한다. 그래서 그런지 사람들이 나를 내 나이보다 더 젊게 본다. 어떤 분들은 동안이라느니, 청년이라느니 간지러운 칭찬을 하기도 한다. 스타는 남을 위해 사는 사람이다. 남에게 즐거움을 주는 직책이다. 나는 스타의 본분을 다하려고 한다. 나는 스스로 스타라고 생각하는 사람이다. 우리는 모두 스타다. 가끔 주변의 친구 목사님들이 내게 이런 말을 한다.

"하나님이 주신대로 살면 되는 것이지, 무엇 때문에 머리에 염색을 하는가. 그게 바로 위선이고 사기가 아닌가. 진실이 없단 말이야. 더구나 목사가 염색까지 하고 말이야."

염색 때문에 이런 소리를 듣는다. 어느 때는 욕을 먹기도 한다. 그러나 그분들은 나의 스타됨을 모르기 때문에 그런 말씀을 하는 것이다. 스타가 어디 자기 마음대로 한다는 말인가. 목사가 무엇인가. 많은 이들에게 희망과 구원을 전하는 스타가 아닌가. 목사 일이 쉬운 일인가. 이웃을 즐겁게 하기 위해 하기 싫은 화장도 해야 되는 것 아니겠는가. 그런 의미에서 바로에게 나가기 전 외모를 단정히 했다는 요셉의 행동은 우리에게 시사하는 바가 크다. 드디어 요셉이 궁전에 도착했고 바로를 알현한다. 애굽의 국왕 바로와 문무 대신들이 요셉을 기다리고 있다.

"오, 요셉!"

"폐하."

"그대를 기다렸도다. 정말 기다렸도다. 무슨 꿈인지 너무 궁금하다. 요셉아, 어서 오너라."

"폐하."

"네가 꿈을 잘 해몽한다지. 참으로 보고 싶었다."

바로는 요셉을 만나자마자 해몽을 부탁한다.

"꿈은 하나님이 주셨습니다. 그리고 하나님께서 해석해 주실 것입니다. 폐하."

"오오, 그래. 그래. 너는 참으로 훌륭한 청년이다. 자기가 믿는 신을 그처럼 찬양하다니."

바로가 칭찬을 할 정도로 요셉은 신앙의 사람이다. 신앙이 그의 앞길을 인도한 것이다. 요셉과 바로가 만나는 극적인 장면을 성서는 다음과 같이 보도한다.

이에 바로가 보내어 요셉을 부르매 그들이 급히 그를 옥에서 낸지라 요셉이 곧 수염을 깎고 그 옷을 갈아입고 바로에게 들어오니 바로가 요셉에게 이르되 내가 한 꿈을 꾸었으나 그것을 해석하는 자가 없더니 들은즉 너는 꿈을 들으면 능히 푼다더라 요셉이 바로에게 대답하여 가로되 이는 내게 있는 것이 아니라 하나님이 바로에게 평안한 대답을 하시리이다 바로가 요셉에게 이르되 내가 꿈에 하숫가에 서서 보니 살지고 아름다운 일곱 암소가 하숫가에 올라와 갈밭을 뜯어먹고 그 뒤에 또 약하고 심히 흉악하고 파리한 일곱 암소가 올라오니 그

같이 흉악한 것들은 애굽땅에서 내가 아직 보지 못한 것이라 그 파리하고 흉악한 소가 처음의 일곱 살진 소를 먹었으며 먹었으나 먹은 듯하지 아니하여 여전히 흉악하더라 내가 곧 깨었다가 다시 꿈에 보니 한 줄기에 무성하고 충실한 일곱 이삭이 나오고 그 후에 또 세약하고 동풍이 마른 일곱 이삭이 나더니 그 세약한 이삭이 좋은 일곱 이삭을 삼키더라 내가 그 꿈을 술객에게 말하였으나 그것을 내게 보이는 자가 없느니라. 요셉이 바로에게 고하되 바로의 꿈은 하나이니이다 하나님이 그 하실 일을 바로에게 보이심이니이다 일곱의 좋은 암소는 일곱 해요 일곱의 좋은 이삭도 일곱 해니 그 꿈은 하나이라 그 후에 올라온 파리하고 흉악한 일곱 소는 칠 년이요 동풍에 말라 속이 빈 일곱 이삭도 일곱해 흉년이니 내가 바로에게 고하기를 하나님이 그 하실 일로 바로에게 보이신다 함이 이것이라 온 애굽 땅에 일곱 해 큰 풍년이 있겠고 후에 일곱 해 흉년이 들므로 애굽 땅에 있던 풍년을 다 잊어버리게 되고 이 땅이 기근으로 멸망되리니 후에 든 그 흉년이 너무 심하므로 이전 풍년을 이 땅에서 기억하지 못하게 되리이다 바로께서 꿈을 두 번 겹쳐 꾸신 것은 하나님이 이일을 정하셨음이라 속히 행하시리니 이제 바로께서는 명철하고 지혜 있는 사람을 택하여 애굽 땅을 치리하게 하시고 바로께서는 또 이같이 행하사 국중에 여러 관리를 두어 그 일곱 해 풍년에 애굽 땅의 오분의 일을 거두되 그 관리로 장차 올 풍년의 모든 곡물을 거두고 그 곡물을 바로의 손에 돌려 양식을 위하여 각 성에 저치하게 하소서 이와 같이 그 곡물을 이 땅에 저장하여 애굽 땅에 임할 일곱 해 흉년을 예비하시면 땅이 이 흉년을 인하여 멸망하지 아니하리니이다

(창세기 41:14-36)

여기서 눈여겨볼 것은 요셉이 거듭 하나님을 강조하는 것이다. 당시의 상황이 어떠하였는가. 애굽에서는 바로를 신처럼 여기던 때였다. 보통사람들 같으면 신이라고 자처하는 바로를 무서워했을 것이다. 그래서 바로에게 아부했을 것이다. 아니면, 적어도 하나님 얘기는 꺼내지도 않았을 것이다. 그런데 요셉은 바로에게 계속해서 하나님 얘기를 꺼낸다. 그것은 요셉의 용기이고 기도이며 신앙이기도 했다.

"이제 앞으로 칠 년의 풍년이 올 것입니다. 살진 소, 살진 벼가 이것을 의미합니다."

"그런가?"

"그리고 풍년이 끝난 후, 무서운 칠 년의 흉년이 올 것입니다. 파리한 소, 쇠약한 벼가 그것을 의미합니다."

바로는 물론 신하들이 감탄을 한다. 이치에 맞는 꿈 해몽이 아니던가. 바로의 표정이 환해진다.

"이제야 그동안 체증처럼 무거웠던 나의 가슴이 시원해

져 오는구나, 캄캄했던 눈이 환히 밝혀지는도다. 새로운 세계가 내 앞에 보이는구나.”

바로의 희색이 만면이다. 그는 옥좌에서 내려와 요셉의 손을 잡는다.

“이제 꿈의 내용을 알았으니 걱정할 것이 무엇이겠는가. 풍년과 흉년의 때를 대비하여 우리가 어떻게 해야 하는지, 그대 요셉은 계속 말해 보아라. 앞으로 이 일을 어떻게 해야 하는지 닥쳐 올 국난에 대해 말해 보라.”

젊은 요셉이다. 단정하고 깨끗한 요셉이다. 청순하고 준수한 요셉이다. 그가 일어선다. 그리고 도도하게 말한다. 그가 바로와 문무백관들 앞에서 설명한다. 미소를 띠며 차근차근 설명한다. 앞으로 닥칠 국난 타개책을 말한다.

이 모습은 마치 삼국지의 유현덕 앞에서 제갈공명이 삼분계책을 설파하는 모습과 같다. 곤궁한 형편에 있던 유현덕이 삼고초려하여 찾아간 제갈공명, 그는 앞으로 천하는 셋으로 나뉘어질 것이라는 예언의 명연설을 한다.

“폐하, 간단한 일이옵니다. 풍년이 올 때에 쌀 한 톨이라도 아껴야 합니다. 잉여 농산물을 창고마다 가득가득 잘 갈무리했다가 흉년이 올 때에 곡식을 풀어 예비하시면 되옵니다. 풍년을 잘 이용하면 흉년도 그리 어렵지는 않을 것이옵니다. 오히려 흉년에 잉여 농산물을 외국과 근동 국가에 판매하면 애굽 왕실은 세계 어떤 나라도 넘보지 못할 엄청난 부자가 될 것입니다."

요셉의 연설은 처음에는 잔잔하게 시작하였으나 나중에는 도도한 웅변이 되었다. 애굽 국가와 민족에게 희망과 꿈을 주는 명연설이었다. 요셉의 말에 모두가 탄복한다.

"요셉, 참으로 네 말에 일리가 있구나. 너의 말이 옳도다. 그렇다면 이 일을 누가 맡아서 감독하고 총괄해야 한단 말이냐."

"두뇌가 명석하고, 무엇보다 청렴결백한 사람이 해야 할 것이옵니다. 그런 사람이 이 일을 맡아야 할 것으로 사료되옵니다. 총명한 분이라야 합니다. 이 나라 최고의 행정가여야 할 것입니다."

"그것 참으로 옳은 말이도다. 이런 일을 하려면 머리가 뛰어나야 하고, 무엇보다 청렴결백한 사람이어야 한다. 그런 인물이 누구인가. 누가 그 일을 할 수 있다는 말이냐?"

바로의 질문에 신하들이 모두 요셉을 추천한다.

"그만한 일을 할 사람은 여기 있는 요셉밖에 없나이다. 요셉은 총명하며, 무엇보다 정직한 젊은이옵니다. 그리고 청렴결백 하나이다."

신하들이 이구동성으로 요셉을 추천한다. 요셉 밖에 이 일을 맡을 사람이 없다는 것이다.

"내 생각 또한 그렇다. 요셉, 이리 가까이 오라."

순간 요셉은 얼떨떨했다. 아직까지도 요셉은 죄인이었다. 그런데 국왕 바로가 가까이 오라고 하지 않는가. 요셉이 바로 앞에 다가가서 무릎을 꿇는다. 그때 바로가 자기 손에 끼었던 인장, 반지를 빼내 요셉에게 끼어준다.

"너를 애굽의 국무총리로 임명한다. 네가 이 나라를 다스려라. 나는 이 나라의 국왕 바로다. 그러나 나는 이름뿐이다. 실권은 모두 너에게 준다. 내가 네게 반지를 끼워주는 것은 이제 네가 나의 충신이기 때문이다. 여러 신하들이여, 그대들도 이제부터는 요셉 총리에게 순종하라."

순간, 모든 신하들이 일제히 요셉 앞에 나와서 무릎을 꿇는다. 대소 관료들이 바로의 명령에 따라 요셉의 무릎 앞에 엎드려 충성을 맹세한다. 이 극적인 장면, 감격의 장면을 누가 상상이나 했겠는가. 실로 요셉이 드디어 천하의 강국 애굽의 국무총리가 되는 감동의 장면이다. 요셉의 국무총리 임명식은 당일로 역마를 통해 전국에 공표되었다. 바로는 요셉에게 국무총리 인장과 함께 세마포를 입혔다. 그리고 금사슬을 요셉의 목에 걸어주었다. 또한 국왕만이 탈 수 있는 버금 수레에 그를 태웠다.

"물렀거라. 신임총리 각하시다. 모두 경의를 표하라."

요셉이 버금 수레를 타고 출동하면 대단했다. 황금빛 수

레였다. 수십 명의 경호대가 동원되었다. 바로의 인장과 목걸이 등은 화려하기 그지없었다. 요셉의 대성공이었다. 요셉의 꿈이 이루어지는 극적인 순간이었다. 이런 출세가 없었다. 이런 성공이 없었다. 요셉이 세계 최대의 문명국이며, 강국인 애굽의 총리가 되었던 것이다.

"총리, 경의 말은 이제부터 나의 명령이 된다. 즉, 어명이 된다는 말이다. 모든 권력을 경에게 준다. 나라를 일으켜라. 이 왕실을 부흥시켜라."

대령에서 준장, 즉 장군으로 진급하면 수십 가지 이상이나 바뀐다고 한다. 그가 있는 처소에는 장군기가 펄럭인다. 승용차에도 장군의 별 표시가 나타난다. 장군이 되면 신분 상승의 표시가 엄청나다는 것이다. 이래서 한국의 군대에서는 장군 진급 때문에 별별 소문이 다 떠돈다. 하물며 일개 죄수의 몸에서 애굽의 총리가 된 요셉은 어떠했겠는가. 수백, 수천, 수만 가지가 바뀌게 되었다. 운명이 바뀌고, 신분이 바뀌고, 팔자가 바뀌었다. 요셉의 대성공이었다. 요셉의 꿈이 성취되었다.

그뿐이 아니었다. 바로의 배려로 국가 최고위급 인사인 보디베라 제사장의 사위가 되었다. 요셉은 제사장의 딸인 야스닷을 아내로 얻게 되었다. 그야말로 엄청난 행운을 누리게 된 것이다. 이제 요셉은 명실공히 애굽의 귀족이 되어

승승장구했다. 국무총리로 전혀 손색이 없는 가문을 바로가 만들어 준 것이다. 이어서 바로는 요셉에게 애굽식 새 이름을 하사했다.

"그대는 이제 이 나라의 주민이다. 애굽의 시민이다. 애굽의 사람이다. 이 나라의 새 이름, 그대를 사브낫바네아로 명명한다."

"성은이 망극하여이다."

사브낫바네아는 '세상의 구원자'라는 뜻이다. 바로는 여기서 요셉을 정확히 본 것이다. 요셉은 애굽의 구원자로 나타난 것이다. 아니, 근동 일대 모든 주민들에게 요셉은 구원자로 나타난 것이다. 굶주리고 헐벗은 흉년의 때에 그들을 궤휼하고 먹여 살리는 구원자가 된 것이다.

여자에 냉혹하라, 요셉의 출세 비결

요셉은 애굽인이 아니었다. 본토인이 아니었다. 그는 팔려온 노예였다. 그것도 형무소에 있던 죄수였다. 그런데 그 요셉이 하루아침에 애굽의 국무총리가 되었다. 그것도 세계 최대 문명국의 국무총리가 되었다. 그뿐인가? 애굽의 실권자가 되었다. 게다가 그는 바로에게 시브낫바네아라 하는 애굽식 이름도 하사받았다. 크나큰 영광이 아닐 수 없었다. 제사장 보디베라의 딸 아스낫을 신부로 삼게 되었다. 아스낫은 젊고 예뻤다. 상류층의 딸답게 교양·예절·품위가 있었다. 제사장의 영애로서 가정교육을 잘 받았으며, 조신하고 착했다. 영롱한 눈빛의 여인이었다. 아름다운 여인이었다.

이 여자가 이스라엘의 선조가 되는 여인이다. 이스라엘의 가계를 잇는 여인이 된다. 요셉의 아내가 된 아스낫은 후일 에브라임과 므낫세를 낳고 두 족장의 어미가 된다. 만민의 어머니가 되는 여인이다.

만약에 요셉이 보디발 장군 아내의 유혹에 넘어갔다면 어떻게 되었을 것인가. 그녀와 불륜의 사랑을 지금까지 계속했더라면 어떻게 되었을까. 장군의 부인, 즉 유부녀와 간통을 했더라면 어떻게 되었을 것인가. 말할 것도 없다. 그들이 최고의 사랑을 했다고 치자. 그러나 그들은 멸망했을 것이다. 요셉이 장군의 부인과 진한 사랑 놀음을 했다고 가정해 보자. 다행히 장군에게 들키지 않고 아슬아슬하게 사랑이 무르익었다고 해보자. 그랬다 해도 뻔한 그림이 나온다. 요셉이 제 아무리 출세를 했다고 해도 거기서 거기다. 노예로서 장군 집의 총무까지였다. 출세해 봤자 얼마나 했을 것인가. 요셉은 결코 노예의 그물에서 벗어나지 못했을 것이다. 잘 되어 봤자 음탕한 부인의 섹스 파트너로서 마님의 몸

종 노릇이나 했을 것이다. 현대판 호스트바의 주인공 정도
였을 것이다. 시련과 비련의 사나이로서 자기 명운을 이겨
내지 못했을 것이다. 게다가 그들의 사랑이 비극으로 끝났
다고 치자. 그들의 불륜이 중간에 발각되었다고 치자. 요셉
은 개죽음을 당했을 것이다. 천길만길 나락에 떨어져 지옥
같은 화를 받았으리라.

그러나 오늘의 요셉은 그러지 않았다. 불륜을 이기고 유
혹을 이겼다. 여인의 손을 뿌리쳤다. 장군 부인의 섬섬옥수
를 단연코 거절했다. 옷이 벗겨질 정도로 여인이 잡아당겼
으나 거기서 도망쳤다. 이것도 저것도 안 될 때에는 도망이
라도 쳐야 한다. 공연히 보지 말아야 할 것을 보다가 망하고
안 볼 것을 보다가 망하는 경우가 있다. 도망치지 않았다가
애꿎은 일을 당한다.

다윗이 우리아의 아내인 밧세바가 목욕을 하고 있는 장
면을 보았다. 보지 말아야 했다. 국왕답게 그런 장면에서 점
잖게 떠났어야 했다. 언젠가 신문에서 보니 여관집 뒷담에
서 남의 여자가 목욕하고 있는 것을 구경하다가 담이 무너
지는 바람에 추락사한 젊은이가 있었다. 속된 말로 재수가
없는 청년이었다. 죽어도 참 치사하게 죽은 것이다. 그의 장
례식에서 사람들은 죽은 그를 두고 무슨 말을 했을까. 장례
식은 제대로 했을까. 유혹의 사슬에서는 도망가는 것이 상

책이다. 이럴 때는 삼십육계 줄행랑이 최고다.

언젠가 CNN에서 미국의 저명 방송 부흥사인 T목사 가족의 인터뷰가 방영된 적이 있었다. T목사는 자신의 비서와 추문을 일으켜 공금횡령으로 형무소에 갔다 왔다. 이제는 폐인이 되었다. 요란하게 화장하는 것으로 유명했던 그의 부인은 다른 남자와 재혼했는데, 암에 걸렸다고 한다. 그리고 얼마 후 죽었다. 그들 가운데에서 태어난 아들은 간신히 연락되었는데 아버지를 원망하고 있었다. CNN 아나운서가 그의 흩어진 가족들과 개별 인터뷰를 한다. 참으로 보기에 안쓰러운 장면들이었다. 행복했던 가정이 무너진 것이다. 존경받던 성직자가 훼절을 한 후의 장면은 너무 참혹했다. 죽음보다 더 추한 인생의 모습을 보인 것이다. T목사는 왜 실패했는가. 여비서의 육체앞에서 도망가지 않았기 때문에 그런 일이 생긴 것이다. 도망가야 한다. 그런데 T목사는 그 유혹의 자리에 있었다. 자신을 깨뜨리지 못했다. 자신의 욕정앞에 참혹하게 무너진 것이다.

드라마 「상도」에서 보면, 임상옥이 연경에 가서 인삼에 불을 지르는 장면이 나온다. 당시로 치면 그 인삼은 누구에게나 엄청난 재산이었다. 목숨 같은 것이었다. 중국 상인들의 담합으로 인삼이 팔리지 않자 임상옥은 불을 질러버린다. 망한 것이다. 그런데 그것이 아니었다. 망한 것이 아니었다. 그것으로 그는 다시 일어섰다. 그리고 엄청난 부자가 된다. 자신을 던져버려야 한다. 자신에게 불을 질러야 한다. 그것이 승리의 비결이다.

바로 이것이다. 요셉은 애굽의 수도에서 인삼에 불을 지른 것이다. 자신의 유혹을 인삼처럼 불질러 없애버린 것이다. 장군의 부인과 알싸하게 끓어오르는 불륜의 사랑에 불을 질러버린 것이다. 그런 유혹의 현장에서 도망치므로 여인의 섬섬옥수를 이길 수가 있었다. 도망치는 수밖에 없었다. 당신도 지금 유혹의 현장에 서 있는가. 빨리 떠나라. 빨리 도망가라.

어떤 면에서 보면, 요셉은 용의주도했다고 볼 수 있다. 자신의 먼 미래와 꿈을 이루기 위해 장군 부인의 사랑을 초개처럼 버릴 줄 알았다. 이 얼마나 기막히게 자기 관리에 철저한 사나이인가. 얼마나 출세지상주의 남자의 칼날 같은 비정함이던가. 모름지기 남자는 이래야 한다. 자기 자신을 얼음처럼 냉정하게 관리하는 사람이 되어야 한다. 그런 사람은 참으로 매력적으로 보일 수밖에 없다.

요셉이 환난을 겪고 나서 드디어 애굽의 국무총리가 되었을 때, 그의 나이는 30세였다. 예수의 공생애가 30세에 시작되었는데, 요셉의 공생애도 30세에 시작되었다. 그런 면에서 요셉은 예수 그리스도의 그림자 내지 예표로서 비견되

곤 한다.

30세, 얼마나 눈부신 나이인가. 우리는 30세로 돌아가야한다. 눈부신 나이로 돌아가야 한다. 아니, 다시 눈부신 청춘을 만들어 보자. 나는 어렸을 때부터 나이배기란 말을 들어왔다. 나는 언제나 나이가 들어 있었다. 미치고 환장할 일이었다. 어느새 나이가 이처럼 들어 있었던 것인가, 늘 그랬다. 그러나 나는 나이를 전혀 인정하지 않는다. 어떤 분들은 칭찬을 한다. 전혀 나이와 어울리지 않는다는 것이다. 나이보다 너무 젊고 어려보인다는 것이다. 나는 40대까지 총각으로 보인 적이 있으며, 요즘도 그런 나이라고 생각한다. 나이를 절대 인정하지 않는다. 어떤 사람들은 나를 굉장히 젊게봐준다. 나이와 동떨어졌다는 것이다. 심지어 어떤 분들은 그 비결을 알려달라고도 한다. 내가 이 정도로 젊다는 것을 독자 여러분께서도 알아주기 바란다.

항상 젊게 지내는 비결이 무엇인가. 한 가지 비결이 있다. 나는 늘 낙천적이다. 그래서 나는 "화가 변하면 복이 된다"라는 성구를 좋아한다. 나는 '하늘이 무너져도 솟아날 구멍이 있다'라는 속담을 좋아한다. 항상 긍정적이며, 기쁘게 살려고 노력한다. 언제나 눈부신 6월의 태양처럼 광명정대한 아름다움을 좋아한다. 그래서 날씨도 구질구질하게 비가 오거나, 흐린 날은 싫어한다. 서정주 시인의 시 한 구절인

'눈이 부시게 푸르른 날은 그리운 사람을 그리워하자'처럼 그리운 사람이 떠오를 만큼 눈이 부시게 푸르른 날을 좋아 한다.

나는 항상 30대에 머물러 있다. 눈부신 시대에 머물러 있다. 나는 항상 청춘이다. 항상 젊은 시대에 살고 있다. 예수를 믿는 사람은 예수의 나이를 넘어서는 안 된다는 것이 나의 주장이다. 예수는 33세의 꽃다운 나이에 십자가의 죽음과 부활로써 그의 지상 생활을 끝내셨다. 우리는 그를 믿는다. 예수를 그리스도로 믿으며, 그분이 하나님의 아들이며, 하나님이라고 믿는다. 그것을 제일 줄기차게 외치는 직책은 바로 목사다. 그런데 예수를 믿고, 예수를 추종하는 무리들이 어찌하여 자기들의 스승이신 예수님의 나이를 뛰어넘는다는 말인가. 절대 안 될 말이다. 그런 실례가 어디 있는가. 삼국지에 보면 유비, 관우, 장비가 나온다. 거기서 나이는 관우가 제일 많다. 그러나 유비를 주군으로 모시다 보니, 관우는 유비의 동생이 되고, 또 동생 노릇을 잘 한다.

예수를 구주로 모신 분들은 예수보다 늙은이가 되어서는 안 된다. 예수를 주군으로 모시는 분들은 제 아무리 나이가 호호백발 80, 90, 100세가 되었다 해도 예수의 나이 33세를 넘어서는 안 될 일이다. 우리가 믿는 대로 예수는 승천해 계시며, 언젠가는 그 모습 그대로 재림하실 것이다. 그 모습 그대로 오신다고 했다. 그 모습 그대로가 무엇인가. 33세의 젊은 예수다. 그것이 우리들 주군의 모습이다. 그것을 믿는 것이 기독교의 근간교리이며 믿음의 척도다. 다시 말하거니와 예수는 33세 눈부신 젊은이로서 이 땅에 오실 것이다. 그의 자녀된 우리가 어찌하여 늙고, 병들고, 지친 몸으로 일어나서 맞을 것인가. 우리는 모두 그를 신랑으로 모시는 신부라 했다. 눈부신 모습이 신부의 모습이다. 그날에 무덤이 열린다고 했다. 죽었던 자가 다시 살아난다고 했다.

우리는 예수를 맞이하는 재림의 날에 모두 홀연히 아름다운 청춘으로 변해 있을 것이다. 33세 신랑을 맞이하는 신부답게 젊고 싱싱하게 변해 있을 것이다. 그렇다. 우리의 나이는 아무리 많아야 33세다. 33세의 나이에 알람을 맞춰야 한다. 나는 33세다. 그리고 여러분들도 33세다. 그 이상의 나이를 먹었다고 생각하는 사람은 불신앙의 사람들이다. 그리고 잘못된 인생을 사는 것이다. 33세의 나는 항상 설렌다. 왜 그런가. 젊기 때문이다. 젊은 나이어서인지 항상 패기와 기쁨이 넘친다. 항상 싱그러운 사랑 가운데 지낸다. 기쁨과 낭만이 항상 내 영혼을 도취시키곤 한다.

요셉이 국무총리로서 애굽 전역을 초도순시하게 되었다. 그때 그의 나이 30세였다. 눈부신 젊은 시절이었다. 드넓은 대륙의 나라, 억조창생들이 숨쉬는 나라, 그는 비범했다. 지혜가 출중하고 두뇌가 명석했다. 비록 젊은 나이였으나 위엄이 있었고, 기품이 있었다. 커다란 키에 잘생긴 얼굴로 인물도 준수했다. 바로는 물론 온 국민이 열렬히 요셉을 환영했다. 그것은 그의 인품과 인물의 비범함 때문이었다.

"총리 각하, 각하의 초도순시를 맞아 저희들이 며칠 전부터 길을 닦고 청소하면서 기다렸나이다. 총리 각하의 황홀한 면전을 대하고 보니 기쁘기 한량이 없나이다."

가도에 관리들이 떼를 지어 환영을 나온다. 그들은 길 양편에 시립하여 요셉을 박수로 환영한다. 사람은 누구나 실력 있는 사람을 존경한다. 또, 권력 있는 사람을 숭배한다. 거기다가 잘생긴 사람을 좋아한다. 요셉은 그 모두를 겸하고 있었다.

인기 정치인 요셉

요셉을 맞이하는 관리들은 그를 어려워하면서도 한편으로는 모두 반가워하며 즐거워한다. 국왕인 바로는 무섭다. 그러나 총리는 조금 다르다. 백성들과 가까운 사이다. 요셉은 대중적인 인기가 있었다. 심지어 그 옛날 자기의 상관이었던 보디발 장군까지 요셉의 순시에 경호대장으로 수행할 정도였다.

"장군, 이러시면 안 됩니다. 장군께서는 옛날 저의 주인이셨습니다. 저를 따라오시다니요, 안 될 일입니다. 제가 언제나 존경하고 어려워하는 분은 바로 장군이십니다. 장군, 오늘이 있기까지 저를 도와주신 것을 제가 잘 압니다. 장군의 배려와 후원이 아니었다면 저는 지금 이 자리에 없었을 것입니다. 어찌 오늘의 제가 있을 수 있겠습니까."

요셉은 보디발 장군의 수행에 놀라 어쩔 줄 모른다. 그러나 보디발 장군은 동행하고 싶었다. 젊고 싱싱한 영도자와 동행하는 것이 그의 기쁨이며 영광이라고 한다.

"총리 각하, 각하는 이제 옛날의 저희 집 노예가 아니시질 않습니까. 지금은 세계의 중심 국가인 애굽의 국무총리이십니다. 이 나라에 혜성같이 나타나신 정치인이십니다. 애굽의 실권자이신 국무총리가 아니십니까. 각하와 인연이 있었다는 것이 저에게는 영광 아니겠습니까. 국왕 폐하의 윤허를 받았나이다. 이번 길에 각하를 수행하게 되었으니 너무 언짢아하지 마십시오."

이리하여 요셉의 애굽 국내 초도순시에 보디발 장군이 수행하게 된다. 따지고 보면 이것은 요셉의 출중한 지혜와 현명한 두뇌, 준수한 인물, 이 모든 것들이 어우러진 결과다. 그리고 요셉이 당시 애굽의 인기 있는 정치인이 되었다는 증거가 아니고 무엇이겠는가. 스타가 없던 애굽이라는 나라에 요셉은 일약 스타가 되어 있었던 것이다. 어느 시대, 어느 나라든 스타가 필요하다. 국민 모두가 열광하는 그런 인물이 하나쯤은 필요한 것이다. 일본에는 한국의 배용준이 욘사마 열풍을 일으키고 있다지 않는가. 그동안 침침했던 애굽 강산에 서글서글하고 준수한 요셉이 혜성처럼 나타났고, 요셉이 거기에 적중한 것이다. 그것을 증명이라도 하듯 요셉의 결혼식은 얼마나 대단했던가. 애굽 국내가 떠들썩할 정도였다. 신임 국무총리 요셉과 제사장의 딸 아스낫의 결혼식이 거행되었다. 결혼식장은 인산인해였다.

"어머, 저렇게 잘생긴 신랑은 처음 본다니까요."

"신부 또한 아름답지 않아요? 너무 예뻐요."

그들의 결혼식은 국가와 민족의 이벤트였다. 당시 애굽 국민들에게 보여주는 최대의 빅 쇼였다. 더구나 당일 그들의 결혼식에 바로의 행차가 있었다.

"국왕 폐하 만세!"

"바로 만세!"

요셉의 결혼식은 대단했다. 왜냐하면, 국왕 바로가 참석했기 때문이다. 국왕의 참석은 요셉과 제사장 가문은 물론 온 국민들에게 큰 감동을 주었다. 요셉이 바로의 절대적인 신임을 받고 있었다는 것이 여기에 증명된 것이다. 바로의 꿈을 잘 해몽하고, 풍년과 흉년을 잘 이용해 애굽의 국운을 잘 번성시킨 요셉에게 바로는 최대의 예우를 해주고 있었던 것이다.

당시의 애굽 국왕 파라오, 이 사람 역시 뛰어난 인물임에 틀림없었다. 그는 탁월한 인물이었으며, 또한 걸출한 영웅이었다. 요셉의 천재성을 보고 단번에 발탁한 일이며, 그리고 한번 등용한 요셉을 끝까지 믿어준 것을 보면 그의 인격과 지도력을 알 수 있지 않은가.

몇 달 만에 장관들을 자르는 요즘 한국 지도자들과는 근본부터 다른 인물인 것을 알 수 있는 것이다. 바로가 요셉을 끝까지 신임하고 믿어준 것은 물론 심지어 요셉의 가족들까지 애굽에 데려와 살도록 주선해주지 않았던가. 요셉의 형제들이 모두 애굽에서 잘 살도록 배려해 준 바로였다. 대단한 권력자였다. 드물게 보는 치리자였으며 멋있는 영도자였다. 만약에 그가 요셉을 의심하였거나 별 것 아닌 일에 질투를 하는 졸장부였다면 어찌 오늘의 요셉이 있었겠는가. 그런 면에서 바로는 요셉을 잘 만났으며, 요셉 또한 바로를 잘 만난 것이다.

요셉의 초도순시는 대성공이었다. 애굽 내에 있는 농산물과 모든 경제상황이 한 눈에 파악되었다.

"이제 앞으로 칠 년 동안은 상상도 할 수 없는 풍년이 들

것입니다. 들판과 길거리에 곡식이 넘쳐날 것입니다. 이때에 우리는 조심해야 될 것입니다. 곡식 한 톨도 허비하지 마십시오. 모든 관리들은 이 일에 총력으로 나가야 할 것입니다. 그리하여 그 후 닥쳐올 칠 년의 무서운 흉년을 대비해야 할 것입니다."

요셉의 시정연설에 모든 관리자들과 백성들은 감동을 받았다. 애굽의 모든 관민이 똘똘 뭉쳤다. 그들은 풍년시대에는 잉여 농산물을 가득가득 저장했다. 이리하여 미구에 닥친 흉년시대를 거뜬히 넘길 수 있었다.

참으로 애굽 국민은 현명한 지도자 요셉을 만남으로써 굶지 않게 되었으며, 윤택한 생활을 하게 되었다. 애굽은 요셉의 출현으로 인해 태평성대를 누리게 된 것이다.

"참으로 총리 각하의 명석함이 아니었다면, 우리 모두 굶어 죽었을 것 아닌가."

"당연한 말일세. 풍년을 이용하여 흉년을 이겼네. 그뿐인가? 인근 주변국가와 인민들에게 잉여농산물을 팔아서 우리 애굽 국가는 천하의 부자 나라가 되지 않았는가."

"역시 요셉 총리는 하늘이 내리신 분일세."

"그렇고 말고. 그리고 총리를 일할 수 있도록 믿어주시고, 권한을 주신 황제 폐하 바로는 더욱 훌륭한 통치자가 아닌가 말일세."

"암, 그렇고 말고."

모든 국민이 바로를 향해 아낌없는 칭송을 했다.

국내가 어느 정도 안정을 되찾았을 때, 총리 요셉이 보디발 장군의 집을 불시에 방문했다. 요셉은 그 옛날 주인이었던 보디발 장군과의 인연을 기억하고 있었던 것이다. 사람들은 지위가 높아지면 과거의 인연이나 과거의 사람들을 잊으려 한다. 아니, 모른 체한다. 그러나 요셉은 그것이 아니었다. 과거의 인연을 소중히 여기고 있었다. 그의 방문으로 보디발 장군 댁은 발칵 뒤집혔다.

"총리 각하, 어인 행차십니까?"

보디발 장군 내외와 휘하 가솔들이 모두 쏟아져 집 밖으로 나와 요셉을 맞는다. 선하고 준수하게 생긴 젊은 총리가 찾아왔다. 신임 총리는 보디발 장군의 가솔들에게 미소 띤 얼굴로 인사하고 있다.

"총리께서 몸소 이 집을 방문하시다니, 어찌 이런 영광이 있겠나이까."

보디발 장군이 총리를 버선 발로 뛰어 나와 맞는다. 요셉의 의리와 옛정에 눈시울이 뜨거워진다.

"모두들 잘 있었습니까?"

요셉은 그 옛날 함께 지내던 가솔들에게 만면에 웃음을 띠며 인사를 한다.

"총리 각하, 반갑습니다요."

장군 댁 종들과 노예들이 함께 나와 요셉을 맞이한다. 그 옛날 동료였던 요셉이다. 그가 이제는 이 나라의 총리가 되었다. 그런 그가 자기들을 잊지 않고 찾아와준 것이다. 이것만 봐도 요셉의 인품을 알 수가 있다. 사람이 출세하면 옛사람을 잊기 쉬운데, 요셉은 그렇지가 않은 것이다. 가솔들은 쫓아와 총리의 손을 잡는다. 눈물을 흘리는 사람들이 태반이다. 그들 모두 각별하게 요셉을 맞이한다. 요셉의 모습은 마치 신선 같다. 삼국지에 나오는 공명 같은 모습일지도 모른다.

"참으로 오랜만입니다. 장군의 인자하심으로 오늘의 제가 있을 수 있었습니다."

다과를 나누면서 요셉이 장군에게 사의를 표한다.

"각하, 무슨 말씀이십니까. 각하는 소년시절부터 총명하셨습니다. 더구나 하나님이 도우셨지요. 저희는 여러 일로 각하께 누추한 꼴만 보였습니다."

보디발 장군이 옛날 일을 끄집어내자, 부인은 홍당무가 되었다. 요셉이 집을 떠날 때까지 얼굴을 들지 못한다.

"부인께서도 그동안 안녕하셨는지요."

요셉이 눈을 들어 여자를 본다. 이제 많이 늙어 있었다. 여인은 많이 변해 있었다. 이제는 예전의 야하고 교태 어린 표정이 아니었다. 한층 점잖고 조신한 모습이었다.

"각하, 그저 만수무강하옵소서."

장군 부인이 모기만한 소리로 말한다. 부끄러움이 가득 담긴 음성이다.

"그저 만수무강하시옵소서, 총리 각하."

"감사합니다, 부인. 댁에 있는 동안 여러 가지로 보살펴 주신 은혜를 잊지 못합니다. 이 말씀을 드리려고 왔습니다."

온 가족이 요셉의 그 말에 몸둘 바를 모른다.

"그런 말씀을 하시면 저희는 쥐구멍에라도 들어가야 합니다. 불초 소장과의 의리를 잊지 아니하시고 찾아와 주신 것만도 그저 감사할 따름이옵니다. 각하는 이제 이 나라의 총리가 되셨습니다. 국사에 바쁘신 데도 찾아와 주셨습니다. 이 어찌 우리들의 홍복이 아니겠습니까."

요셉이 장군 댁에서 한동안 머물다가 떠난다. 장군이 집 밖으로 배웅을 나온다. 밖에는 총리 전용 금빛마차가 대기하고 있고, 총리실의 경호대가 요셉을 호위하고 장군 댁을 떠난다.

"그러면 여러분, 안녕히 계십시오."

장군이 손을 흔든다. 부인이 손을 흔든다. 그 옛날 요셉을 불같이 사랑하던 여인, 그녀가 손을 흔든다. 그녀의 눈에 눈물이 가득 고였다.

요셉과 형들의 극적인 해후

기근이 왔다. 애굽은 물론 근동 일대에 무서운 흉년이 찾아왔다. 아사자가 속출하고 있었다. 바로가 꾼 꿈대로 무서운 흉년이 시작되고 있었다. 가나안 땅에는 대개가 유목민들이었다. 그들에게 양식이 있을 리 없다. 그들에게 굶주림과 무서운 흉년이 온 것이다. 칠 년의 대풍년이 지나고 이제는 무서운 칠 년의 대흉년이 시작되고 있었다.

"양을 잡아라."

"염소를 잡아라."

양식이 없으니 가축을 잡아먹는다. 유목민들의 생명인 가축을 잡아먹는다. 그러나 그것도 하루 이틀에 끝날 일이 아니었다. 흉년은 장장 칠 년 동안 계속되고 있었다.

"허허, 이거 큰일이로세. 이러다가 모두 다 굶어 죽는 것 아닌가."

가나안 사람들 간에는 흉흉한 소식이 돌기 시작했다.

"아니, 자기 집 아이를 잡아먹었다는 것이 사실인가?"

"밤길 다닐 때에 조심하라구. 굶주린 산적들이 지나가는 사람을 잡아먹는다네."

"허, 무서운 세상이 왔네 그려."

야곱의 가문 역시 마찬가지였다. 근동에서는 유력한 재산가였다. 부자 소리 듣는 야곱의 집이었다. 그러나 그것도 이제는 소용이 없었다. 칠 년이란 긴 세월의 흉년에는 꼼짝할 수가 없었다. 흉년이 계속 들자 야곱의 집도 어쩔 수가 없었다.

"애들아, 식량을 사와야 할 것 아니냐."

야곱이 아들들을 모아 놓고 이 난관을 어떻게 돌파할 것인가를 의논하고 있었다.

"애굽에는 이미 풍년 때의 곡식을 남겨두어 흉년인 지금 팔고 있다지 않느냐."

"그렇기는 하지만, 곡식 값이 엄청 비싸다고 합니다."

"그렇기야 하겠지. 그러나 어쩌겠느냐."

"알았습니다, 아버님. 저희들이 다녀오겠습니다."

이리하여 열 명의 아들들이 양곡구매를 위해 떠난다. 먼 여행길이다. 그리고 드디어 애굽에 입국하게 된다. 형들은 여행을 떠나고 어린 동생 베냐민은 집에 있었다. 그는 형들과 함께 동행하지 않았다. 그것은 요셉 사건 이후 베냐민에 대한 아버지 야곱의 총애가 더욱 끔찍했기 때문이었다. 형들 또한 요셉과는 달리 베냐민에게만은 잘 대해주었는데, 그것은 요셉 사건으로 인해 형들의 가슴 속에 요셉에 대한 상처가 있었기 때문이었다. 그리고 베냐민은 너무 어렸고,

막내였기 때문에 형들도 귀여워하고 있는 편이었다.

당시 양곡은 애굽의 유일한 경제력이었다. 비밀병기였다. 쌀 한 톨을 생명처럼 귀하게 여겼다. 왜냐하면 당시는 곡식, 가축 등이 생활의 근간을 이루는 농경시대였기 때문이었다. 요셉의 풍년과 흉년 때의 양곡정책은 적중한 것이었다. 애굽의 양곡정책에 나라의 흥망성쇠가 달려있었던 것이다. 아무리 국사에 피곤한 요셉이었지만, 양곡의 판매는 요셉이 직접 주관했다. 전국의 양곡 관리를 요셉이 틀어쥐고 있었다. 이런 요셉의 태도가 바로의 신임을 받는 대목이기도 했다.

"총리 각하, 가나안 사람들이 양곡을 구매하기 위해 왔나이다."

요셉에게 관리들이 보고한다. 총리 집무실 앞 양곡판매장에 요셉이 나왔다. 거기 십여 명의 가나안 사람들이 부복하여 있었다.

"총리 각하시다. 예를 갖추어라."

부관이 크게 외치자 가나안 사람들이 머리를 조아린다.

"그대들은 어디서 온 누구들인가, 고개를 들라."

요셉이 궁금하여 묻는다. 총리의 말을 시종이 통역한다. 요셉은 총리였으므로 애굽 국어만을 사용한다. 가나안 말을 요셉이 모를 리 없지만 그는 애굽의 총리였다. 애굽의 수상이었다.

"그대들이 어디서 온 누구냐고 각하께서 물으신다. 고개를 들라고 명하신다."

그들이 고개를 든다. 요셉이 보니 이것이 웬 말인가. 이 사람들이 누구인가, 자기의 형들이 아닌가. 틀림없는 형들이다. 형들이 여기까지 온 것이다.

"예, 저희들은 가나안에 사는 야곱 가문의 아들들입니다. 양식이 떨어져서 곡물을 수입하려고 왔습니다, 총리 각하."

시종이 통역하기 전에 요셉이 먼저 알아듣는다. 가나안 말을 알아듣는다. 형들이 아닌가. 자기를 죽이려 하고 팔아 먹기까지 한 형들이 아닌가. 순간 요셉은 피가 거꾸로 솟는다. 어찌 이럴 수가, 이럴 수가 있는가.

요셉은 자기도 모르게 흥분해 있었다. 자기 자신을 나락에 빠뜨린 그 형들을 지금 대면하고 있는 것이다. 요셉은 참을 수가 없었다. 그러나 이럴 때일수록 그의 목소리는 오히려 침착했다.

"너희들은 혹시 양곡구매라는 핑계로 애굽을 정탐하러 온 간첩들이 아니냐. 사실을 말하라."

총리의 추궁에 형들이 혼비백산한다. 그들이 지금 앞에 있는 요셉을 알아볼 리가 없다. 그 옛날 노예로 팔려간 동생이 저 자리에 앉아 있을 줄은 상상도 못하고 있는 것이다.

"총리 각하, 간첩이라니. 천부당만부당하옵니다."

형들은 기가 막히다. 양식을 사러 왔다가 간첩으로 몰려 죽을 형편이다. 자기들의 형편을 이야기한다. 간첩이 아니라고 한다. 열심히 변명을 한다. 양식을 사러 오게 된 일을 이야기한다. 부친 야곱의 일, 두고온 막내 베냐민 등 있는 대로 다 털어놓는다.

"형제가 열둘이라더니 어찌하여 열한 명만 있느냐."

요셉이 날카롭게 묻는다. 바로 자기 자신에 대한 이야기를 묻고 있는 것이다.

"총리 각하, 베냐민의 바로 위에 요셉이라는 동생이 있었는데, 그는 없어졌나이다."

"뭐라고 했느냐."

"예, 없어졌나이다. 동생 하나는 없어졌나이다."

기가 막히다. 자기 자신을 팔아먹고는 없어졌다고 한다. 그때에 요셉이 추상같이 명령을 한다. 자기도 모르게 분노가 치민다.

"이놈들은 틀림없는 간첩이다. 말이 틀리지 않느냐, 거짓말하지 않느냐. 모두 감옥으로 보내라."

형들이 손을 싹싹 빌면서 살려달라고 애원한다. 그 옛날 요셉이 살려달라고 애원하듯 애걸복걸한다.

"총리 각하, 우리들은 간첩이 아니옵니다."

"살려주소서!"

"살려주소서!"

그러나 그들은 체포되었다. 무시무시한 감옥에 끌려갔다. 양식을 사러 왔던 그들이 그만 죄수가 된 것이다. 간첩이라는 황당하고 어마어마한 죄명을 뒤집어쓰고 갇히게 된 것이다. 형들이 생각하니 참으로 어이가 없었다. 역사는 이처럼 돌고 도는 것이다. 형들은 사흘 동안 옥에 갇혀 있었다. 사흘 후, 그들은 요셉 앞에 다시 끌려나온다. 요셉이 엄숙하게 말한다.

"너희들은 간첩이다. 그렇지 않은가."

"아닙니다, 총리 각하. 저희들은 절대로 간첩이 아닙니다. 통촉하소서. 가나안의 유목민이옵니다."

그들이 다시 살려달라고 애걸복걸한다.

"무엇으로 너희들이 간첩이 아니라는 것을 증명할 수 있단 말이냐."

"각하, 저희들은 목동이옵니다. 아버님의 명으로 양곡을 사러 왔을 뿐이옵니다. 더 이상 감출 것도 없나이다."

"그러면 좋다. 너희들이 간첩이 아니라면 이렇게 하라. 누가 가서 막내 베냐민이라는 자를 데려오라. 그러면 너희들을 믿어주겠다."

그러자 형들이 방성대곡을 한다. 베냐민이 누구냐. 아버

지의 마지막 아들이 아니냐. 눈물의 자식이 아니냐. 그 베냐
민을 어찌 데려온단 말이냐. 아버지를 다시 한 번 돌아가시
게 할 수는 없는 것 아니냐. 형들이 비통해 한다. 그 옛날 요
셉의 사건을 떠올리며 서로 말다툼을 한다.

"모든 것이 우리 죄 때문이다."

"맞아요. 우리가 요셉을 죽였잖아요."

"지금도 나는 잊을 수가 없어. 그 아이가 살려달라고 하
면서 울며 애걸하던 그때의 모습들을. 요셉의 그때 모습들
을……."

"마지막 팔려갈 때 그 절규하던 어린 동생의 모습. 그때
우리가 왜 그랬던 거지. 나는 가끔 그 아이 꿈을 꾼단다. 요
셉의 그 모습이 지금도 꿈에 나타난단 말이야."

맏형 르우벤이 땅을 치며 통곡한다.

"그래서 내가 너희더러 뭐라고 했느냐, 이놈들아. 요셉을
죽이지 말자고, 살려주자고 했지 않았느냐. 요셉에게 더 이
상 죄를 짓지 말자고 하지 않았느냐. 봐라, 요셉에게 해코지
한 벌을 이제 받는 것 아니냐. 오늘 우리의 죄 값 때문에 이
런 일이 생기는 것 아니겠느냐."

장남 르우벤의 말에 모두 대성통곡을 한다. 그들은 가나
안 언어로 떠들어댄다. 그러나 요셉이 형들의 말을 못 알아
들을 리 없다. 형들의 말을 들으니 옛일이 생각난다. 너무 서

러워서 눈물이 난다. 요셉은 집무실로 돌아와 한참을 울었다. 그리고 얼마 후 그들 앞에 나타난다.

"저자를 포박하라."

요셉이 시므온을 지목한다. 요셉의 경호대가 즉각 시므온을 결박한다.

"이 자를 인질로 삼는다. 너희들 모두 양식을 가지고 돌아가라. 그리고 다음에 올 때는 베냐민이라는 막내를 데려오라."

형제들은 이 정도로 일이 해결된 것만으로도 안심했다. 그들은 양식을 싣고 모두 돌아갔다.

요셉은 왜 하필 시므온을 결박시켰을까. 그것은 시므온이 요셉을 제일 악질적으로 괴롭혔기 때문이다. 광야에서 시므온이 요셉을 가장 많이 학대했고 구타했다. 지금 시므온은 그 벌을 받는 것이다. 더구나 그는 세겜 성 주민을 학살한 살인자다. 그리고 요셉을 죽이는 일에 앞장서서 주도한 인물이었다. 어린 요셉을 제일 핍박하고 괴롭혔으며 구타하고 팔아먹은 인물이다. 그자가 바로 시므온이었다. 요셉은 지금 그 일을 잊을 수가 없었던 것이다. 시므온, 내 그대를 어찌 잊을 수 있겠는가. 요셉은 형들의 양식 부대 안에 그들이 가지고 온 돈을 몰래 집어넣어 주었다. 어찌되었든 아버지가 잡수실 양식을 자식으로서 돈을 받고 팔 수는 없었던 것이다. 그러나 나중에 고향에 돌아가 자신들의 양식자루에 돈이 들어 있는 것을 본 형들은 대경실색하고 만다. 이 해괴한 일 때문에 형제들은 요셉을 더욱 무시무시한 인물로 생각하게 된 것이다.

야곱은 오래전에 요셉을 잃었다. 그것이 지금까지 그가 가슴에 안고 살아온 한이었다. 지금은 장대 같은 아들 시므온이 인질로 잡혀 있다. 그리고 마침내 베냐민까지 데려오라는 애굽 총리의 명령까지 있었다. 어쩌다가 일이 이처럼 꼬였느냐. 야곱은 아들들을 야단쳤다.

"너희들은 도대체 무슨 일을 이렇게 하는 것이냐. 이미 아들 하나는 죽었고, 이제 아들 두 명을 또 잃게 되지 않았느냐."

야곱으로서는 천길만길 떨어지는 절망뿐이었다. 질곡의 날들 뿐이었다. 그러나 몇 달이 지나자 양식이 다시 떨어져 꼼짝없이 굶어 죽게 되었다. 야곱의 아들들은 할 수 없었다. 살아야 했다. 양식을 구해와야만 했다. 그들은 요셉에게 다시 돌아왔다. 이번에는 막내 베냐민을 데리고 온 것이다. 양식도 구해야 하고, 인질로 잡힌 시므온도 구해야 하기 때문이었다.

"오랜만입니다. 약속을 지켰군요. 오늘은 나와 같이 식사를 합시다. 이분들을 집으로 모셔라."

총리가 가나안 사람들을 공관으로 모시라고 한다. 형들은 깜짝 놀라지 않을 수 없었다. 애굽의 국무총리가 가나안에서 온 유목민인 자기들에게, 그것도 총리공관에서 저녁을 대접하겠다는 것이다.

"이렇게 황송할 수가."

"총리 각하, 몸둘 바를 모르겠나이다."

그들은 총리공관에서 요셉을 기다렸다. 요셉이 퇴청하여 집으로 돌아오자, 그들은 일제히 엎드려 요셉을 맞는다. 지난 번의 양식부대에 돈이 들어 있던 일 때문에 그들은 무서웠다. 또 무슨 사단이 생기는가 공연히 겁도 났다. 요셉이 나타나자 그들은 꿇어 엎드려 예물부터 바친다.

요셉의 통곡, 요셉의 용서

"가나안의 예물이옵니다."

"받으소서, 총리 각하."

그들이 총리에게 예물을 바친다. 어떻게 해서든지 양식을 구해야 하고, 인질로 잡힌 시므온을 살려야 한다. 형들과 베냐민이 모두 엎드려 절을 한다. 열한 볏단이 절을 한다. 그옛날 요셉이 꾸었던 꿈대로 되고 있지 않는가. 요셉의 소년

시절의 꿈이 이루어진 것이다.

"그래, 그대들의 아버님은 안녕하십니까."

요셉이 정중하게 인사를 한다. 그리고는 형들을 자리에 앉히는데, 큰형 르우벤부터 차례로 앉힌다. 애굽의 총리가 형제들의 순서를 마치 알고 있는 것처럼 보인다. 그들은 참으로 기이하다고 생각하고 있었다. 요셉이 부친은 잘 계시느냐며 아버지의 안부를 다시 한 번 묻는다.

"예, 생존해 계십니다. 아직도 기력이 정정하십니다."

풍성한 식탁이었다. 형들은 배불리 먹었다.

"그것 반가운 얘기요. 그래, 이분이 막내 동생이군요."

요셉이 묻는다. 형들이 베냐민을 일으켜 세운다.

"이 아이입니다. 우리들의 막내입니다. 애야, 인사드려라. 총리 각하시다."

요셉이 바라보니 베냐민이었다. 어머니 라헬이 낳은 친아우다. 울음이 터진다. 요셉은 슬쩍 자리를 뜬다. 자기 방에서 실컷 운다. 형제들의 첫 상봉은 이 정도로 진행되었다. 요셉은 막상 형들을 만났으나 반가운 김에 쉽게 본색을 나타낼 수는 없는 일이었다. 이후에 무슨 일이 생기는가. 요셉이 그들을 일단 돌려보낸다. 자루에 양식도 가득 담아준다. 트릭이다. 이번에는 베냐민을 체포한다. 야곱 가문의 막내이며, 아버지의 생명이며, 형들의 귀여움을 받는 베냐민이 체포된다.

"저 막내를 잡아라."

총리의 명령이다. 떠나는 날 막내 베냐민이 체포되었다. 그들에게는 가히 청천벽력이었다. 요셉은 막내 동생 베냐민을 놓칠 수가 없었다. 붙잡아두어야 한다. 형들은 베냐민을 두고서 떠날 수가 없었다. 형제들에게 초상이 난 것이다. 도저히 떠날 수가 없었다. 유다가 일어나서 베냐민을 두고 갈 수 없다고 한다. 베냐민을 이곳에 인질로 잡히게 할 바에는 자기들 모두가 요셉의 종이 되겠다고 한다. 숫제 노예가 되겠다고 한다. 총리의 노예가 되겠으니, 베냐민은 고향으로 보내주고 자기들은 총리가 알아서 하라고 한다. 유다는 설명을 한다.

베냐민이 없으면 부친은 지레 돌아가실 것이다. 아버지는 분명 돌아가실 것이다. 아들된 우리가 어찌 그런 일을 볼 수 있는가. 베냐민을 석방시켜 달라, 대신 우리 모두는 차라리 노예가 되겠다. 유다의 변설은 바로 그런 것이었다.

유다가 후일 르우벤을 제치고 장남 지파의 맹주가 될 수 있었던 것은 그의 책임감과 동생을 사랑하는 인자함 그리고 위급한 상황에서도 침착하게 대응하는 지도력 때문이다. 그가 얼마나 부친을 존중하며, 막내 베냐민을 사랑했는가를 이날 요셉에게 드리는 청원연설에서 엿볼 수 있다. 당시 유

다의 변론을 보도한 성서의 내용을 보자. 가히 사람의 심금
을 울리는 명연설이 아닐 수 없다.

유다가 그에게 가까이 가서 가로되 내 주여 청컨대 종으로
내 주의 귀에 한 말을 고하게 하소서 주의 종에게 노하지 마옵
소서 주는 바로와 같으심 이니이다 이전에 내주께서 종들에게
물으시되 너희는 아비가 있느냐 아우가 있느냐 하시기에 우리
가 내주께 고하되 우리에게 아비가 있으니 노인이요 또 그 노
년에 얻은 아들소년이 있으니 그의 형은 죽고 그 어미의 끼친
것은 그뿐이므로 그 아비가 그를 사랑하나이다하였더니 주께
서 또 종들에게 이르시되 그를 내게로 데리고 내려와서 나로
그를 목도하게 하라 하시기로 우리가 내 주께 말씀하기를 그
아이는 아비를 떠나지 못할지니 떠나면 아비가 죽겠나이다 주
께서 또 주의 종들에게 말씀하시되 너희 말째 아우가 너희와
함께 내려오지 아니하면 너희가 다시 내 얼굴을 보지 못하리
라 하시기로 우리가 주의 종 우리 아비에게 고하였나이다 그
후에 우리 아비가 다시 가서 곡물을 조금 사오라 하시기로 우
리가 이르되 우리가 내려갈 수 없나이다 우리 말째 아우가 함
께 하면 내려가려니와 말째 아우가 우리와 함께 함이 아니면
그 사람의 얼굴을 볼 수 없음이니이다 주의 종 우리 아비가 우
리에게 이르되 너희도 알거니와 내 아내가 내게 두 아들을 낳

았으나 하나는 내게서 나간고로 내가 말하기를 정녕 찢겨 죽
었다 하고 내가 지금까지 그를 보지 못하거늘 너희가 이도 내
게서 취하여 가려한즉 만일 재해가 그 몸에 미치면 나의 흰머
리로 슬피 음부로 내려가게 하리라 하니 아비의 생명과 이이
의 생명이 서로 결탁되었거늘 이제 내가 주의 종 우리 아비에
게 돌아갈 때에 아이가 우리와 함께하지 아니하면 아비가 아
이의 없음을 보고 죽으리니 이같이 되면 종들이 주의 종 우리
아비의 흰머리로 슬피 음부로 내려가게 함이니이다 주의 종이
내 아비에게 아이를 담보하기를 내가 이를 아버지께로 데리고
돌아오지 아니하면 영영히 아버지께 죄를 지리이다 하였사오
니 청컨대 주의 종으로 아이를 대신하여 있어서 주의 종이 되
게 하시고 아이는 형제와 함께 도로 올려 보내소서 내가 어찌
아이와 함께 하지 아니하고 내 아비에게로 올라갈 수 있으리
이까 두렵건대 재해가 내 아비에게 미침을 보이리다

(창세기 44:18-34)

요셉은 참으로 눈물이 많은 사람이었다. 그는 잘 울었다.
그는 형들 앞에서 많이 울었다. 성서에 보면 그가 우는 장면
이 여기저기에 많이 나온다. 그의 파란만장한 일생을 회고
하여 볼 때 눈물이 나오지 않는다면 오히려 그것이 더 이상
할 정도다. 자신의 인생역정을 생각하니 눈물이 나는 것이

다. 너무 슬퍼서 울고, 불쌍해서 눈물이 나오고, 너무 억울하고 분통이 터져서 눈물이 나오고, 너무 기쁘고 감격스러워서 눈물이 나온다. 눈물이 있는 사람은 좋은 사람이다. 눈물이 있다는 것은 그만큼 감정이 풍부하다는 것을 의미한다. 한국 남자들은 눈물 흘리는 것을 개인적인 수치로 여긴다. 점잖지 못한 것으로 여긴다. 그러나 눈물은 흘려야 한다. 눈물이 펑펑 쏟아져야 한다. 그만큼 진실하고 정직해야 한다는 말이다.

요셉이 드디어 눈물을 흘린다. 방성대곡하며 운다. 그가 얼마나 큰 소리로 울었는지 바로의 궁중에 들릴 정도로 울었으며, 애굽 사람들이 모두 들을 정도로 통곡을 했다고 한다. 그동안 요셉의 한 맺힌 것이 쏟아져 나오는 것이다. 요셉의 평생 원한이 통곡으로 펼쳐지는 것 아니겠는가.

"가까이 오세요, 형님들. 내가 바로 요셉입니다. 형님들이 죽이려 했던 그 요셉입니다. 약대 상인들에게 팔렸던 요셉입니다. 그 요셉이 살아서 지금 형님들을 뵙습니다."

요셉은 형들에게 자기의 실체를 밝힌다. 이제 그의 본 모습을 보여주기로 한 것이다.

"총리 각하!"

그때까지 형들은 무슨 일이 일어나는지 모르고 있었다. 뜬금없이 애굽의 총리가 통곡을 하며 자신이 요셉이라고 하니 어리둥절한 것은 오히려 형들이었다. 또 무슨 사건이 벌어질지, 무슨 일로 잡아넣으려고 저러는지 전전긍긍하고 있던 그들이었다.

"모든 것이 하나님의 은혜입니다. 형님들이 나를 팔았기 때문에 내가 이 나라의 국무총리가 되었답니다."

요셉이 형들을 바라보며 그동안의 긴 이야기를 털어놓는다. 형들이 멍하니 듣는다. 정신이 없다. 애굽의 총리가 요셉이라고 한다. 죽이려 했던 동생 요셉이라고 한다. 시간이 흘렀다. 형들도 그제서야 요셉을 알아본다. 이제서야 요셉을 알아본 것이다. 요셉이 살아 있음을 알자 반갑기도 했고 두렵기도 했다.

"형님들, 이제 되었습니다. 형님들이 애통해하는 모습을 보고서 나도 이제 잊기로 했습니다. 이제 형님들을 원망하지 않습니다. 형님들을 절대로 미워하지 않습니다."

요셉이 동복의 아우 베냐민을 껴안는다. 이놈아, 잘 있었느냐. 잘 있었느냐.

"베냐민아, 내 아우야!"

"형님, 요셉 형님!"

요셉과 베냐민이 서로 껴안고 운다. 이 장면이 어떤 장면인가. 그야말로 산천초목도 울지 않고는 넘어갈 수 없는 슬프고도 감격적인 장면이 아니겠는가.

"형님들!"

"아우님!"

요셉이 그 형들과 한 사람 한 사람 입을 맞추며 껴안고 운다. 그들 중에서 요셉을 가장 많이 괴롭혔던 시므온과 레위가 더욱 서럽게 운다. 이 소식은 순식간에 온 나라 안에 퍼진다. 국왕 바로가 이 소식을 듣자 어명을 내린다. 요셉에게 명한다.

"총리는 들으시오. 형제들과 부친과 모든 가솔들을 이곳으로 오라 하시오. 내가 그대의 가문에 아름다운 땅을 기업으로 줄 것이오. 기름진 땅을 그대의 형제들에게 나누어 줄 것이오."

이것을 보면 당시의 바로는 천재적 영도자임이 틀림없었다. 그렇지 않아도 충성하고 있는 요셉에게, 그와 그 형제들뿐 아니라 그들의 식솔들까지도 잊지 않고 신임과 배려를 베풀어주고 있는 것이다. 바로가 요셉에게 충성의 대상이 되지 않을 수 없는 마력이 여기에 있었던 것이다. 만약 요셉이 조선시대에 태어나 살았다면 영의정이 되었다고 해도 주변 간신배들의 모함과 중상모략에 사약을 받았을지도 모르는 일 아니겠는가.

이집트의 파라오와 대면하는 야곱

요셉의 일생은 한마디로 극적인 인생이었다고 해도 과언이 아니다. 모든 순간 순간이 극적이었다. 요셉이 고향에서 형들에게 팔려간 지 22년 만에 요셉은 그의 부친 야곱을 만난다. 고센 땅에서였다. 바로는 약속대로 요셉의 형제들에게 고센 땅을 주었다. 그 땅은 목초지였다. 가축도 잘 자라고 농사도 잘 되었다. 가나안과 애굽의 국경지대였기 때문에 고향으로 되돌아가기도 쉬운 땅이었다. 야곱의 가문 전체가 이곳 신천지에 도착했다. 굶주림의 땅을 버리고 새 땅으로 온 것이다. 이제 야곱의 가문은 요셉 때문에 새로운 도약을 꿈꾸고 있었다. 그리고 그것은 축복이었다. 그들은 오래되지 않아 모두 부자가 되었다. 황금과 보석이 즐비한 유복한 민족이 되었다. 그 모든 것이 요셉을 신임하는 바로의 배려이기도 했다.

"아버님, 요셉입니다!"

드디어 22년 만에 요셉과 야곱이 만난다. 성서에 따른 두 부자의 상봉 장면은 무척이나 감동적이다. 요셉이 수레를 타고 고센까지 아버지를 만나러 간 것이다. 서로 목을 어긋나게 껴안고 부자는 얼마 동안 울기만 했다고 한다.

"아버님······."

"요셉아, 네가 지금까지 살아있다니 믿어지지 않는구나. 이제 내가 네 얼굴을 봤으니 지금 죽어도 여한이 없단다. 하나님, 감사합니다."

이것이 요셉을 향한 아버지 야곱의 심정이다. 요셉이 국무총리의 영광을 얻어서 기쁜 것이 아니라 아들이 살아있는 것만으로도 기쁜 것이다. 네가 살아 있는 것, 이것 하나만으로도 감사하다. 나는 이제 눈을 감을 수 있다. 이것이 야곱의 심정이었고, 아비의 심정이었다.

"총리, 그대의 부친이 오셨다는데, 내가 좀 뵈어야 할 것 아닌가."

이집트 왕국의 파라오가 요셉의 부친인 야곱 만나기를 소원했다. 이것은 파격적인 일이었다. 총리의 아버지를, 그것도 황제가 가나안 족속을 만나다니, 바로의 인품이 어떠한가를 알 수 있는 장면이다. 드디어 날을 정해 요셉의 안내로 야곱과 파라오가 만난다. 젊은 파라오는 총리의 부친인 야곱에게 정중했다.

"참으로 반갑소이다. 총리의 부친께서 오셨다기에 내가 뵙자고 했습니다."

"감사합니다, 폐하. 이 늙은 것에게는 무한한 영광이옵니다."

당시 바로는 아무나 만날 수 있는 인물이 아니었다. 그는 애굽의 국민에게 황제였고 신이었다. 아니, 신과 황제를 겸한 막강한 권력자였다. 그런 그가 가나안 땅의 일개 촌부인 야곱을 접견하고 있는 것이다. 정말 파격이 아닐 수 없었다.

"그래, 총리의 부친께서는 연세가 어찌되십니까?"

바로가 야곱의 나이를 묻는다.

"나그네 길이었사옵니다. 일백 삼십 년이옵니다. 나이만 들었사옵니다."

"허허, 백 삼십을 사셨다는 말입니까. 장수하신 것 아닙니까."

바로가 놀라서 묻는다.

"그렇기는 하오나, 저희 조상들에 비하면 너무나 짧은 인생이옵니다."

"허허."

"제 일생이 너무 험악했기 때문이옵니다. 폐하께서 저희 가문을 선대하시니 참으로 망극하옵니다."

야곱은 바로에게 가족을 돌봐주시는 인자함에 감사를 표시하고, 가문의 대표로서 예의를 표시했다.

"폐하께서는 만수무강하옵소서. 나의 신이신 여호와 하나님께서 폐하와 이 왕국을 영원히 살펴주시기를 축원드리나이다."

야곱은 바로에게 축복을 한다. 여호와 하나님의 이름으로 축복을 한다.

"감사합니다. 부친께서도 오래 오래 편히 사시옵소서."

바로도 정중하게 야곱을 축복한다. 정겨운 모습이다. 사실 야곱의 입장에서 보면, 바로는 우상 나라의 괴수이며 쳐부숴야 할 악의 축이다. 또 바로의 입장에서 보면, 자기가 신인데 어줍잖게 여호와니 뭐니 하면서 축복하는 야곱이 가소로울 수도 있다. 그러나 두 사람 모두 정중하고 진실했다. 그리고 서로 섬기는 신의 이름으로 축복을 교환했다. 이것을 보면 우상이냐, 참신이냐는 둘째 치고 이때 바로와 야곱은 종교를 떠나서 우의와 친선을 이미 교류하고 있었다. 야곱을 만난 이후 바로는 요셉의 형제들에게 특별한 배려를 베풀어주었다.

"이 나라에서 큰 복락을 누리시기 바랍니다. 힘닿는 데까지 제가 도와드리겠습니다."

"폐하, 감사하옵니다."

바로의 생존 시까지 그들의 가문은 번창했다. 요셉과 형제들은 이집트 국왕의 특별한 배려로 잘 살게 되었다. 또 요셉의 국무총리직은 종신토록 이어져 평생을 애굽의 실세로 지냈다. 바로가 죽고 그의 아들이 바로가 되었다. 그 아들이 죽고 손자 바로가 집권했다. 그때까지도 별다른 일이 없었다. 요셉의 명성이 살아 있는 한 야곱의 후손들은 절대적인 권한과 축복을 누릴 수 있었다. 요셉의 막강한 권력은 400년 동안 이어졌다. 400년 동안 바로의 자녀들은 요셉의 후손들에게 잘 대해 주었다. 그러나 셀 수 없을 정도의 세월이 지나고 요셉에 대해 전혀 알지 못하는 시대가 되었다. 400년이 지나 못된 바로가 나타났고 그의 핍박이 시작되었다. 200만 히브리 민족에게 탄압의 시대가 온 것이다. 그때에 불세출의 영도자인 모세가 나타나 이스라엘 민족은 고국으로 돌아오게 된다.

얼마 후 요셉의 부친인 야곱이 죽는다. 야곱의 일생은 참으로 파란만장했다. 소설을 써도 몇 권을 쓸 수 있고, 영화를 만들어도 몇 편을 만들 수 있을 만큼 야곱의 개인적 역사는 긴 세월만큼이나 파란만장했다.

요셉의 슬픔은 컸다. 채색 옷을 입혀주던 아버지, 자기의 꿈을 믿어주었던 아버지, 한 순간도 잊을 수 없었던 아버지, 그 아버지를 생각만 해도 눈물이 난다. 야곱의 장례는 호상이었다.

바로의 특별한 배려로 야곱의 장례식은 성대하고 엄숙하게 치러졌다. 애굽의 군관민들이 야곱의 죽음을 애도하였고, 인파로 길을 가득 메웠다. 심지어 야곱과는 아무 상관도 없는 애굽 사람들이 70일 동안 야곱을 위해 곡을 했다니, 야곱의 장례가 어느 정도였는지 엿볼 수 있다. 마치 국장을 치르는 것과 같은 성대한 초상이었다. 당시 야곱의 장례식 관계 기사를 보라.

요셉이 아비 얼굴에 구푸려 울며 입맞추고 그 수종 의사에게 명하여 향 재료로 아비의 몸에 넣게 하매 의사가 이스라엘에게 그대로 하되 사십일이 걸렸으니 향 재료를 넣는 데는 이 날수가 걸림이며 애굽 사람들은 칠십일 동안 그를 위하여 곡하였더라 곡하는 기한이 지나매 요셉이 바로의 궁에 말하여 가로되 내가 너희에게 은혜를 입었으며 청컨대 바로의 귀에 고하기를 우리 아버지가 나로 맹세하게 하여 이르되 내가 죽거든 가나안 땅에 내가 파둔 묘실에 나를 장사하라 하였나니 나로 올라가서 아버지를 장사하게 하소서 내가 다시 오리이다 하라 하였나니 바로가 가로되 그가 네게 시킨 맹세대로 네 아비를 장사하라 (창세기 50:1-6)

야곱의 장례행렬이 가나안으로 향했다. 요셉은 바로에게 허락을 받고 아버지의 시신과 함께 고향으로 향한다. 바로의 신하들과 궁중의 장로들이 경비병들과 함께 동행했다. 장례행렬은 화려했다. 가나안에 야곱의 장례행렬이 들이닥치자 가나안에서는 소동이 났다. 가나안 시골 마을에 수레가 들어오고, 경호원들이 몰려들고, 고관들이 방문을 하니 시골 고향에서는 얼마나 난리가 났겠는가.

"요셉, 죽은 줄만 알았던 그 요셉이 국무총리가 되셨다는 구먼. 애굽의 수상이 되셨다는구먼."

"세계에서 가장 막강한 권력자가 되셨다는구먼."

고향이 떠나갈 듯했다. 그들 모두가 요셉을 보려고 구름처럼 모여들었다. 장례가 아니라 고향의 경사였다. 부친 야곱의 모든 장례가 끝난 후, 요셉은 애굽으로 돌아왔다.

요셉과 형제들이 다시 애굽으로 귀국했다. 그때 열 명의 형들이 총리공관으로 요셉을 찾아온다.

"어쩐 일이십니까, 형님들."

요셉이 형들을 반갑게 맞이한다. 아버지가 돌아가시고 나니 형들이 더욱 의지가 된다. 그런데 이것이 웬일인가. 형들의 안색이 모두 파랗게 질려 있는 것이 아닌가. 그들은 모두 벌벌 떨고 있다.

"형님들, 왜 그러십니까?"

요셉이 의아해하자 형들이 모두 울면서 살려달라고 한다. 그들은 일제히 요셉을 향해 부복하고 절을 하면서 싹싹 빌고 있다. 살려달라는 것이다. 그들은 울면서 말한다. 다시 한 번 자기들을 살려달라고 한다. 형들의 이런 모습에 대경실색을 한 것은 요셉이었다.

"아니, 이것이 무슨 일입니까? 형님들."

형들이 울면서 말한다.

"주여, 우리들을 살려주십시오!"

요셉이 깜짝 놀란다. 형들이 동생을 보고 주라고 부른다. 성서에 있는 그대로다. 주여, 그들은 동생을 그렇게 불렀다.

"아니, 살려달라니. 무슨 말씀들을 하시는 것입니까?"

"총리 각하, 이제 부친은 별세하셨나이다. 부친의 생존 시에는 각하께서 아버지 때문에 우리들을 살려주셨사옵니다. 그것을 우리들이 왜 모르겠습니까. 그러나 이제 아버지가 돌아가셨으니 주께서 우리를 살려두시겠나이까. 그냥 두시겠습니까. 이제 우리를 죽이실 것이 아니옵니까."

"살려주소서, 각하!"

"우리는 당신의 종입니다."

"주여, 우리를 살려주소서!"

성서에 따르면 형들은 요셉을 '주'라고 불렀다고 한다. 그리고 자신들은 '종'이라고 낮춰 불렀다고 한다. 그들이 얼마나 다급했으면 그랬을까. 이해가 된다. 어린 동생을 죽일 때는 언제고, 이제는 그 동생에게 목숨을 구걸하다니. 사람의 간사함이 여기까지 이르렀으니 서글프지 않을 수 없다. 요셉이 다시 운다.

"형님들, 왜 그런 생각을 하십니까. 두려워하지 마세요.

나는 그런 생각을 꿈에도 가진 적이 없습니다."

요셉은 기가 막혀서 울음이 나온다. 형들이 나를 못 믿는 것이 아닌가.

"각하, 각하, 우리를 살려주소서. 이제는 아우님이 우리 가문의 장자 역할을 하게 되셨나이다. 아니, 각하야말로 우리 가문의 장자가 아니시옵니까. 우리를 불쌍히 여기사 목숨만은 살려주소서."

이것을 보면 형들이 요셉에게 그동안 얼마나 죄책감을 가지고 있었으며, 그 후환과 보복에 얼마나 떨고 있었는가를 알 수 있다. 그러나 요셉은 그와 반대였다. 형들에게 복수하기는커녕 오히려 선대하며 간곡한 말로 위로했다. 그리고 그는 형들을 여러 가지로 도와주었다. 그 후 형들의 가문은 번창하고 모두 부유하게 살게 되었다.

요셉의 이야기가 이제 대단원의 막을 내리게 된다. 요셉은 그동안 에브라임과 므낫세, 두 아들을 두었다. 두 아들 또한 이스라엘 지파의 족장들이 되었으니, 요셉의 영광 또한 찬란한 것이었다. 요셉은 110세에 임종을 한다. 에브라임 아들은 증손자 3대까지 보게 되었으며, 므낫세 자손도 번창하게 된다. 여기서 요셉의 유명한 유언이 나온다.

요셉이 또 이스라엘 자손에게 맹세시켜 이르기를 하나님이 그는 그의 시신을 그의 고향인 가나안 땅, 그의 고국에 묻어달라고 유언한다.

그는 애굽의 국무총리였다. 애굽의 고관이었고, 애굽의 시민이었다. 아내도 애굽 사람이었고, 애굽의 이름도 하사받았다. 자녀들도 애굽에서 태어났다. 당연히 그의 시신은 애굽에 묻혀야 했다. 그런데 그는 무엇 때문에 그의 해골을 가나안에 묻어달라고 했는가. 그의 고향이 얼마나 대단했기에. 아니다. 구덩이에 빠졌던 곳이 고향이었다. 팔려가고 죽을 고생을 하던 곳이 고향이었다. 다시는 보기도 싫은 땅이 고향 아니었던가. 무슨 추억이 있다고, 무슨 기억이 있다고 고향으로 그의 시신이 가야 한다는 말인가. 참으로 알 수 없는 일이 아닌가.

그러나 가나안은 요셉에게 고향도 보통 고향이 아니었다. 그는 가나안의 사람이었다. 죽어도 그것을 잊어서는 안 될 일이었다. 미움과 배신의 땅이라 할지라도 그는 가나안을 버릴 수 없었다.

가나안은 그가 태어난 곳이었다. 그의 꿈이 서리서리 내리던 곳이었다. 소년 시절을 보내며 그곳에서 꿈을 꾸었고,

그리고 이제 그 꿈을 이루었다. 그 고향에서 영원한 안식에 들어가는 것이다. 어떤 시인이 그런 말을 했다. 자기의 기억은 항상 고향에 있다고, 유년기에 머물러 있다고. 그렇다. 우리는 내 유년의 땅, 어린 시절의 땅을 버릴 수 없는 것이다. 언제고 찾아가리라. 생전에 못 가면 해골이 되어서라도 찾아가리라. 우리는 그런 생각을 해야 한다.

요셉, 순결의 대명사이며 떨림의 이름이다. 나약한 소년의 이름이며, 애굽 제국을 호령한 웅장한 사나이의 이름이다. 꿈이 서리었던 청년의 이름이다. 도전과 박력의 남자, 그런 이름이다. 그 요셉을 꿈꾸며 오늘의 따분한 일상에서 일어나 보자, 여러분.

이스라엘을 구출한 기생 라합과
첩보원 살몬의 목숨을 건 사랑 이야기

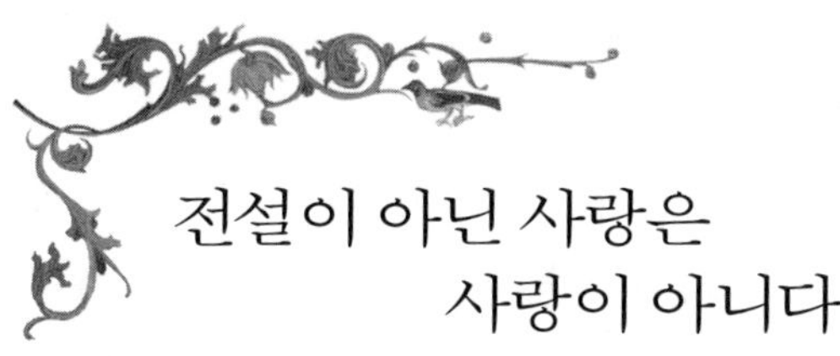

전설이 아닌 사랑은
사랑이 아니다

기생 라합과 첩보대원 살몬의 운명적 만남

모세는 걸출한 영도자였다. 400여 년간 애굽에서 종살이를 하던 이스라엘 민족의 해방자였다. 모세는 유대인으로 하여금 선민의 자부심을 갖게 했다. 그리고 그의 민족을 새로운 조국의 땅, 신천지인 가나안 땅으로 이끌어낸 애국애족의 인물이었다. 하나님의 지시로 홍해를 가르고 반석을 쳐 생수를 솟게 하고 메추라기와 만나를 내리게 하며 인류생활의 근간인 십계명을 받는 등 하나님과 동거동락한 신앙의 조상이었다. 그러나 얼마 후 모세는 비스가 산 꼭대기에서 최후를 맞는다. 40여 년간의 긴 광야 생활이 끝나고 요단강 건너편 젖과 꿀이 흐르는 가나안 땅을 목전에 두고 역사의 전면에서 모세는 사라지게 된다.

지도자를 잃은 민족은 허탈을 느끼게 된다. 모세의 후계자는 여호수아였다. 모세가 친히 그의 겉옷을 벗어 여호수아에게 입혀주었다. 여호수아는 모세의 비서실장 출신으로 모세의 참모였다. 그가 민족의 영도자라는 직위에 올랐을 때 이스라엘 민족은 똘똘 뭉쳤다. 여호수아는 모세 못지 않은 신앙과 애족의 사람이었다. 또한 여호수아는 그의 특유한 영도력으로 가나안 땅에 쳐들어가 고향 땅을 수복하고 민족을 탄탄대로에 올려놓은 찬란한 영도자였다. 말하자면 모세를 창업의 성공자로 본다면 여호수아는 수성의 성공자라고 볼 수 있다. 모세나 여호수아 같은 지도자가 있었다는 것은 이스라엘 민족에게는 행운이었을지도 모른다.

얼마 전 신학교 학생들과 이스라엘로 국토여행을 간 적이 있었다. 우리는 요단강에서 세례용 요단강물을 병에 담아오기도 했다. 요단강은 시냇물처럼 작은 개울이었다.

그러나 옛날에는 시퍼런 강물이었다. 지금의 한강만큼이나 깊은 강이었다. 예수님이 세례받을 때의 요단강은 깊은 강이었다. 하물며 여호수아 시절에는 말할 필요 없다. 그러나 수천 년이 지난 지금 요단강은 시냇물이 되었다. 세월은 이처럼 강산을 변화시키는 것이다. 모세는 광야에서 40년이라는 긴 세월동안 코 앞에 있는 땅을 보고도 들어가지 못한 것이다. 하나님이 허락하시지 않았기 때문이다. 당시 가나안 땅에는 헷, 가나안, 블레셋, 히위, 여부스, 브리스, 기르가스 등의 부족들이 살기등등하게 이스라엘 사람들을 기다리고 있었다. 그리고 검푸른 요단강물이 그들을 막고 있었다.

여호수아는 새로운 영도자로 취임했다. 그의 첫 번째 과제는 요단강을 건너는 일이었다. 이것은 하나님의 명령이요, 모세의 유지를 받드는 일이었고 민족의 지상과제였다.

"하나님, 유랑과 노예 민족인 이 백성에게 다시 한 번 살 길을 허락하옵소서, 이 강을 건너게 하옵소서."

국난을 앞둔 여호수아는 민족의 앞길 때문에 잠도 제대로 이룰 수가 없었다. 모세 당시 가나안 땅의 적정을 살피고자 모세는 각 지파별로 한 명씩 첩보대원을 선별해 가나안에 침투시킨 적이 있었다. 모두 열두 명이었다. 그들은 적진에 들어가 첩보활동을 하고 돌아왔다. 그 중 열 명은 부정적인 보고를 했다. 가나안 땅은 장대한 사람들이 살고 있는 곳으로 우리가 정복하기는 힘든 곳이라며 불가능하다는 것을 말했다. 그러나 여호수아와 갈렙은 긍정적인 보고를 했다. 그 땅은 우리의 것이 된다며 적들은 보잘 것 없다고 했다. 그러면서 가나안은 우리의 밥이라고 했다. 이렇게 정탐꾼들은 서로 상반되는 보고를 했다.

여호수아는 당시 첩보대 12명 중 한 사람이다. 그는 정보

공작의 행동대원이었다. 그리고 첩보 해석의 우수한 분석관이기도 했다. 정보도 중요하지만 해석과 판단이 더 중요하기도 한 것이다. 사실 전쟁의 승리는 본 게임인 전투보다 정보 싸움에 있다 해도 과언이 아니다. 상대방을 알고 나를 알면 백전백승이라고 하지 않는가. 정보부 출신인 여호수아가 이스라엘의 국가 수반이 된 것은 그런 면에서 천만다행이었다.

그는 여리고 성을 공격하기 전 다시 첩보원 두 명을 선발해 현지에 침투시켰다. 두 명의 첩보원의 이름은 당시 발표되지 않았다. 정보원의 생명은 기밀이다. 그러나 먼 후일 그로부터 천 년 후 마태복음의 기자가 당시의 첩보원 중 한 명을 발표했다. 예수의 족보를 기록할 때 "살몬은 라합에게서 보아스를 낳았고 보아스는 룻에게서 오벳을 낳고 오벳은 이새를 낳고 이새는 다윗 왕을 낳으니라"(마태 1:50). 여기서 라합과 살몬이 등장한다. 살몬이라는 청년이 기생 라합을 아내로 맞이하여 보아스를 낳았다는 것이다.

라합은 여리고 성 출신의 기생으로 당당하게 다윗 가문의 조상 명단에 오른다. 기생 라합은 예수 그리스도를 탄생시킨 가문의 어머니로 등장한다. 그녀의 남편이 살몬이라고 했다.

그렇다면 살몬은 누구인가. 살몬은 지난번 가나안을 정탐할 때 여호수아의 동료대원이었던 갈렙의 아들이다. 갈렙은 명문인 유다 가문의 아들이다. 그런데 이상하다. 살몬의 이름은 공개되었으나 웬일인지 다른 한 사람의 첩보원은 영원히 비밀에 싸여 있다. 진정한 정탐꾼의 자격을 가진 사람은 그 이름이 끝까지 베일에 싸여 있게 마련이다. 내 추측으로는 여호수아의 아들 중 한 명이었을 것 같다. 왜냐하면 당시의 첩보대원은 누구나 할 수 있는 일이 아니다. 애국애족의 인물로 긍정적인 성격의 소유자여야 한다. 사령관의 명령을 목숨으로 관철시키고 정보원끼리의 굳센 동지애로 비밀을 발설하지 않는 엄격하고도 자기 관리를 잘하는 인물이어야 한다. 그렇다면 여호수아의 성격상 자기 자식을 지명했을 것이다. 친구 갈렙이 자신의 아들을 죽음의 적지로 보내는데 여호수아가 가만 있었을 리 만무하다. 즉 이번의 두 젊은 첩보대원은 모두 부친의 뒤를 잇는 새 시대의 정탐꾼들이었다. 어찌됐든 두 명의 첩보대원이 선발되었다. 최초의 정탐대원이었던 여호수아와 갈렙의 아들들이 제2대 첩보대원으로 선발된 것이다. 그리고 그것은 잘된 일이었다.

두 명의 대원은 길을 떠났다. 모르긴 해도 수개월 혹은 수년 동안 첩보대원으로서의 훈련을 받았으리라.

그들은 요단강을 헤엄쳐 가나안 지경으로 갔다. 강건너 숲에서 젖은 옷을 말리며 둘은 결의에 찬 대화를 나누었다.

"이번 침투에 성공해야 하는데……."

"하나님이 함께 하시겠지."

"여리고 성의 견고함과 성안의 지형지물, 그리고 적들의 동태를 파악해야 하네."

"암, 그리고 아군의 진격 시 공격도로와 주둔지를 이번 침투에서 결정해야 해. 우리의 임무가 보통 막중한 일인가."

"그러게 말일세."

여리고 성은 요단강에서도 10킬로미터 떨어진 곳에 있었다. 여리고는 요단 들판에 견고한 성벽을 자랑하며 우뚝 서 있었다. 거대한 성이었다. 그곳이 바로 여리고였다.

그들 앞에 웅장하고 도도한 여리고 성이 가로막고 있었다. 난공불락의 요새였다. 돌과 벽돌로 지어진 천하의 성채였다.

"누가 감히 이 성을 깨뜨리겠는가?"

"약간은 교만한 표정으로 우리를 맞이하고 있네, 그려."

그들은 처음으로 여리고 성을 보았다. 아름답고 튼튼한 성벽이 그들 앞에 가로막혔는데, 처음 보는 성곽이었다. 여리고 성은 일종의 오아시스였다. 오아시스를 성벽으로 두른 것이다. 황막한 광야에서 기화요초 만발한 에덴동산을 만나게 되는 곳이 여리고 성이다. 그 오아시스를 이중 성벽으로 쌓았다. 외벽의 두께는 4미터, 성벽의 높이는 10미터 그리고 외벽과 내벽의 간격은 5미터였다. 이만하면 당시로서는 꿍

장한 성이다. 그리고 전략적 요충지이기도 했다. 요새나 다름없었다. 이중 구조로 되어 있는 난공불락의 성이었다. 그 성을 깨뜨린다는 것은 이스라엘 민족으로서는 거의 불가능한 일이었다. 당시 여리고 성 주민들의 토기 만드는 법, 장사하는 법, 거대한 성을 쌓는 법 등은 대단했다. 고대문화가 어느 곳보다도 발달된 곳이 바로 여리고였다. 요즈음 출토된 여리고의 문화재를 보면 당시 여리고 성이 얼마나 문명적이었는지 알 수 있다.

"거 대단한 성일세, 난공불락이 아닌가."

첩보대원들은 여리고 성을 보며 감탄했다.

"그러나 하나님이 함께 하시면 한방에 무너질걸세."

"그렇고 말고."

그들은 조국애와 신앙으로 가득 차 있었다. 의협심으로 충만한 젊은 애국 행동대원들이었다.

"정문으로 들어가세."

그들은 대담하게도 정문으로 들어섰다. 보초병이 낯선 이들을 경계하듯 째려보는 것 외에 별 탈은 없었다. 성 안에는 장이 서고 있었다. 온갖 진기한 물건들이 다 나와 있었다. 식당에서는 기름진 음식들이 요리되어 냄새가 은은히 풍겨왔다. 여리고 성 안은 번화했다. 각종 화려한 옷감과 보석들이 눈에 번쩍 뜨였다. 광야에서만 생활하던 첩보대원들에게는 하마터면 자신들의 사명도 잊을 만큼 현란한 여리고 성이었다.

"저게 무엇인가. 대단한 건물 말일세?"

"우상인 바알과 아스도렛의 신전 아닌가."

우상의 신전이 성 중앙에 있었다. 바알과 아스도렛은 무엇인가. 바알(baal)은 히브리어로 주님 혹은 남편이라는 최상의 존칭어로 쓰이는 남자 우상이다. 성의 주민들은 바알이 자기들의 생식력을 가지고 있다고 믿었다. 그들은 바알을 좋아했다. 그들은 맏아들을 바알에게 아낌 없이 바쳤다. 바알의 무쇠덩어리 두손을 빨갛게 달구고 그 위에 아들을 올려 불로 태워 바치는 것이다. 아스도렛(ashtoerth)은 바알의 부인 신이다. 음탕하고도 교태어린 벌거숭이 여자의 모습을 한 사랑과 쾌락과 풍요의 여신이다. 신전에 들어오면 모든 남녀들은 이 우상의 기운으로 색욕이 가득해진다. 그리고 거침없이 음탕한 짓을 자행한다. 우상의 신전에서는 이러한 쾌락과 열락의 가무소리와 춤들의 향연이 시도 때도 없이 벌어지곤 했다. 차마 눈뜨고 볼 수 없었다. 인간이라고 할 수도 없었다. 짐승처럼 교미하고, 짐승처럼 방탕한 짓거리를 해댔다. 그들은 이제 인간이 아니었다.

"인간 말종들이군. 하나님께서 노하실만도 하시네."

"그렇고 말고. 이스라엘 군대는 정의의 하나님 군대가 아닌가. 이것들을 쳐부수어야 하네. 여리고 성의 최후도 얼마 남지 않았네."

"소돔 고모라처럼 멸망할 걸세."

"암."

일반적으로 여리고 성은 이스라엘 민족 때문에 멸망했다고 생각한다. 선민인 이스라엘 민족을 살리기 위해 하나님께서 아무 죄 없는 여리고 성을 대신 무너뜨리고 성민들을 가혹하게 희생타로 삼았다고 생각하지만 그렇지 않다. 이스라엘을 살리려고 여리고를 멸망시킨 것은 아니다.

만약에 이스라엘 민족을 살리기 위해, 이스라엘의 행복을 위해 아무 죄도 없는 여리고 성을 억울하게 멸망시켰다면 여호와 하나님은 이스라엘만을 위한 일개 부족의 편협한 신이 될 수밖에 없다. 그렇게 주장하는 무신론학자들도 있기는 하다. 그렇게 얘기하는 좌경 신학자들도 있다. 그러나 여리고 성은 제2의 소돔 고모라였다. 죄악이 관영했고 성적 문란은 도를 넘어 극에 달했다. 그들은 인간이기를 포기한 자들이었다. 하나님은 사람이 아닌 짐승들을 진멸하신 것이다. 잘못된 관습, 관행, 우상숭배를 이스라엘 백성들을 이용하여 척결하신 것이다. 세상에 자기 자식을 불태워 죽이는 것을 즐거워하는 신이 어디 있는가. 그것은 우상밖에 없다. 더구나 신전이라는 곳이 남녀의 음행 장소로 사용되어야 하는가—하나님은 그것을 참을 수 없었던 것이다. 하나님은 그런 여리고를 여지 없이 척결하신 것이다. 왜냐하면 그분은 만군의 여호와이기 때문이다. 이제 천하의 여리고 기생 라합과 이스라엘의 청년장교 살본의 운명적 만남이 이루어진다.

라합, 기생인가 애국여성인가

　두 명의 첩보대원은 여리고 성 안 곳곳을 정탐하였다. 성으로 들어오는 문들과 성곽 그리고 성내 구조물들의 현황, 병사의 수와 군대 막사의 위치, 전쟁 발발시 점령할 지역 등을 재빨리 파악했다. 그들은 젊은 대원들이었고 모든 것을 순식간에 암기했다. 여리고 성에 들어온 지 한나절도 지나지 않아 모든 적정 상황을 탐지할 수 있었다. 이스라엘 군대가 공격해올 경우 필요한 공격로라든지, 적들의 부대주둔 상황 등 모든 것을 완전하게 숙지하였다. 그리고 그들이 네거리를 지나갈 때였다. 훤칠한 키에 날씬한 여자가 보였다. 그런 여자가 나타났다.
　"굉장한 미인인데……."
　둘 중 하나가 탄성을 올렸다.

"누구?"

"저기 신전에서 나오는 여인 말일세."

젊은 여인이 신전에서 나오고 있었다. 그녀의 차림새는 보통이 아니었다. 그들은 자신들도 모르게 여인의 뒤를 따라가고 있었다.

"기생 같은데……."

"글쎄 말이야."

"저것 봐. 저건 기생집 아닌가."

여인은 서쪽 문 근처에 제법 아담하게 지은 건물로 들어갔다. 그 건물은 한눈에 보아도 유곽임을 알 수 있었다. 손님을 받는 기생들의 집이었다.

"저 집으로 가세. 어차피 오늘 하룻밤 더 묵으면서 정보 수집을 해야 하질 않겠는가."

"옳은 얘기야."

두 젊은이는 천천히 걸었다. 미행자가 있는지 없는지 뒤를 돌아보았지만 다행히 그런 사람들은 없었다. 그들은 여자가 들어간 집으로 들어섰다. 첩보대원이라면 이만한 배짱과 담력은 있어야 한다.

"어서오세요."

그들은 깜짝 놀랐다. 여인이 마치 기다리고 있었다는 듯이 문 앞에서 그들을 향해 웃으며 맞이하고 있질 않은가.

"아니……."

놀란 건 여자가 아니라 남자들이었다. 아름다운 여인이 코스모스처럼 그들을 향해 미소를 띠고 서 있었기 때문이다.

"우리가 여기 찾아올 것을 어떻게 아셨소?"

"먼 발치에서 두 분을 보았답니다."

"우리를?"

둘은 놀랐다. 그들의 모든 동작을 보았다는 것 아닌가.

"이 성의 주민은 아니시죠? 이곳 남자들의 차림이 아니거든요. 더구나 이렇게 용맹스럽게 생긴 사람들은 이곳에 없답니다. 처음 뵙는 분들인데, 이스라엘 군인이신가요?"

그들은 다시 한 번 놀랐다. 이 여자 앞에서는 아무것도 숨길 수가 없었다. 이미 모든 것을 다 알고 있질 않은가. 그들은 이스라엘에서 파견된 첩보대원이라고 밝혔다.

"걱정하실 것 없어요. 저는 절대 두 분에게 해로운 짓은 안 할테니까요."

여인은 자기 이름이 라합이라고 했다.

"저도 야훼 하나님을 공경합니다. 그분이 우주의 주인이시며 우리의 조물주이심을 믿습니다. 저는 그분을 경애하고 있답니다."

"어떻게 그런 생각을……. 이곳은 모두 우상을 믿는 지역이며 향락으로 찌들린 곳인데……."

"맞아요. 저부터 그런 일에 종사하고 있으니까요. 그러나 다 그런 건 아니지요. 저희 가족들만해도 우상을 좋아하지 않습니다. 그냥 할 수 없이 이렇게 사는 거지요. 기회가 온다면 하나님을 따르겠어요."

아름다운 모습이었다. 아름다운 여자가 하나님을 믿고 싶다며 그런 기회가 오기를 기다린다고 했다. 남을 밀고하거나 팔아먹거나 할 것 같지는 않았다.

"두 분께서 아무리 변장하셨어도 이곳 주민들과는 다르게 보였답니다. 행색도 그렇고, 두 분의 분위기가 예사롭지가 않았지요."

"아, 그렇게 보셨습니까."

"우선 요기를 하세요. 제가 음식과 포도주를 드릴게요."

그녀가 음식과 포도주를 내왔다. 둘은 배가 고파 정신 없이 먹었다. 포도주까지 마시니 기분이 좋았다. 그녀의 침실에는 양털이 깔려 있었다. 몰약과 침향의 향긋한 향기가 흐르고 있었다. 고즈넉히 앉아 있는 그녀의 모습이 더욱 매력적이었다. 그들은 이곳에서 이틀 동안 투숙했다. 이곳이 그들의 거점이 되었다. 여리고 성 일대의 정보를 모두 수집하고 총사령관 여호수아에게 보고할 보고서까지 작성했다.

이틀이 지난 정오 무렵, 밖에서 사람들의 고함소리가 들렸다. 어지러히 말발굽 소리가 났다.

"무슨 일이 일어난 것인가?"

대원들은 민첩하게 일어났다. 짐승 같은 본능으로 방어 자세를 취했다. '탕탕' 누군가 문을 부술 듯이 두드렸다.

"누구세요."

여자가 밖을 향해 소리쳤다.

"순찰대다. 문 열어라."

그들은 순간 얼굴이 하얘졌다. 들킨 것이다. 여기서 저들에게 체포된다면, 고문도 고문이려니와 민족의 숙원사업인 가나안 공격이 수포로 돌아가는 것 아닌가. 일촉즉발의 위기였다.

"지붕으로 올라가세요."

여자가 둘에게 속삭였다. 위급할 때 침착해지는 건 오히려 여자였다. 그들은 사다리를 타고 지붕 위로 올라갔다.

> 실상은 그가 이미 그들을 이끌고 지붕에 올라가서 그 지붕에 벌여 놓은 삼대에 숨겼더라 (여호수아 2 :6)

"성문으로 들어올 때 째려보는 보초 녀석의 표정이 수상하더라니……."

첩보대원 살몬이 투덜거렸다. 또 다른 첩보대원도 긴장하고 있었다. 그는 살몬에게 침착하라고 눈짓을 한다. 그들은 신속하게 다락방으로 피신했다.

"뭐야, 빨리 문 열지 않고……."

밖에서 놈들이 문을 열라고 야단이다. 얼마 있다 여인이 문을 열어준다. 왕의 친위 순찰대가 들이닥쳤다.

"뭐하는 거야. 이제야 문을 열다니……."

대장이 소리쳤다.

"아이, 미안해요. 잠시 졸았나봐요. 어서오세요."

"숨기지 말고 얘기하라구. 여기 이상한 두 놈 왔었지?"

순찰대원들의 눈이 이글거리고 있었다.

"이상한 놈들이라뇨?"

"이상한 행색을 한 남자 둘을 못 보았느냔 말일세."

"보았어요."

"보았어?"

모두가 놀란다. 여자가 수상한 자를 보았다는 것이다. 지붕 위에 숨어 있는 두 대원도 기겁을 한다. 우리를 넘겨주는 것이 아닌가.

"두 사람이 여기서 식사를 하고 나갔어요. 대장님이 말씀하신 그 사내들 맞아요. 여기 사람들 같지는 않던데……."

"정말?"

"그럼요. 무엇 때문에 거짓말을 하겠어요? 나간 지 얼마 안 되었어요."

“어디로 간다고 하던가?”

“요단 나루터로 간다고 하던데요.”

“맞아, 그놈들이야. 이스라엘 정탐꾼 놈들일세. 가자.”

위기일발이었다. 군인들은 요단 나루터로 모두 달려나간다. 그들이 나가자 모든 성문이 닫혔다. 전에 없던 일이었다. 성문은 밤에 닫히게 되어 있는데 지금은 대낮이 아닌가. 벌건 대낮에 성문을 닫다니. 그뿐인가. 내일 이맘 때까지 모든 사람들의 출입을 통제한다는 포고령이 내렸다.

두 사람은 살아났다. 하마터면 순찰대에 의해 체포될 뻔한 순간에 여인의 기지로 살아난 것이다. 얼마나 슬기롭고 지혜로운가. 만약 순찰대에게 그런 남자들은 오지 않았다고 부인했다면 여자는 가택수색을 당했을 것이다. 그리고 그들은 체포당했을 것이다. 그런데 그녀는 그들이 여기서 떠난 지 얼마 안 되었다고 선수를 친 것이다. 그 말에 순찰대원들은 요단강쪽으로 달려간 것이다.

“정말 고맙소. 이 은혜를 어떻게 갚아야 할지.”

대원 두 명은 여인의 손을 덥석 잡았다. 절체절명의 급박함에서 목숨을 살려준 은인이 아닌가. 이런 경우 여자쪽에서 큰소리를 칠 수도 있다. 당신들 나 아니었으면 죽을 목숨이었으니 보상을 해달라, 나야 화류계 여자 아니냐, 화대로 돈이나 보석을 달라, 이럴 수도 있다. 그런데 그녀는 오히려 남자들 앞에서 무릎을 꿇었다.

"저의 이름은 라합입니다. 이 몸을 살려주세요."

"아니, 왜 그러십니까?"

"선생님들 생명은 일단 제가 구했습니다. 그러나 앞으로 저의 목숨은 선생님들이 구해주서야 합니다."

"무슨 말씀이십니까?"

"저도 요 사이 세상 돌아가는 상황은 알고 있습니다. 이스라엘 민족이 요단강 건너에 주둔하고 있다는 것, 그리고 야훼께서 함께 하신다는 것, 모두 알고 있습니다. 그리고 두 분께서 이스라엘 군인이시라는 것과 무엇 때문에 여기 오셨는지 이미 눈치 채고 있었습니다. 이제 얼마 후에는 이스라엘 군이 여리고 성으로 밀려올 것 아닙니까. 요단강 건너편 이스라엘 민족의 대군이 집결해 있다는 것을 이곳 주민들 모두가 알고 있답니다. 언젠가는 이곳으로 선생님들은 쳐들어올 것이고, 그렇게 되면 이 여리고 성은 망하게 되어 있습니다."

"……."

여인이 여리고 성은 망할 것이라고 했다.

"제가 그 이유를 말씀드립니다. 첫째, 이 성은 도덕적·윤리적으로 너무 썩었습니다. 제가 화류계에 몸담고 있어 너무나 잘 압니다. 이 성의 왕과 문무백관, 모든 백성들은 사람의 탈을 썼을 뿐 짐승과 같습니다. 우상의 신전에서 별일이 다 일어나고 있습니다. 남자와 남자, 여자와 여자 심지어 아버지와 딸, 어머니와 아들, 형제와 형제, 자매와 자매 간의 근친상간으로 해가 뜨고 집니다. 여러분께서 경외하시는 하나님이 살아계시지 않습니까. 그런데 그 하나님이 어찌 이런 꼴을 두고보시기만 하겠습니까. 이미 이스라엘 군대는 이곳에 도착하기 전 우상숭배와 음탕으로 날을 지새던 아모리 왕 시혼과 옥을 전멸시키지 않았던가요. 그 모든 일을 주관하신 분이 하나님이 아니신가요? 둘째, 야훼 하나님께서는 여러분을 애굽에서 해방시키며 홍해를 가르셨다고 들었습니다. 여러분의 앞길에 방해가 되는 이 여리고 성이 온전하겠습니까. 새로운 선민조국 건설에 방해가 되는 이 나라는 척결되어야 합니다. 이제 참신하고 청렴결백한 선민이 이땅의 주인이 되리라 믿습니다. 능력의 하나님께서 한 주먹도 안 되는 이 여리고 성을 그냥 두시겠는지요. 그리고 셋째는 하나님은 하늘과 땅 위에 오직 한 분이라고 들었습니다. 진정한 신이 아니겠습니까. 그런데 여리고 주민들이 섬기는 우상 바알과 아스도렛은 아버지 귀신을 쫓아내고 아들이 자기 어머니와 부부로 삽니다. 세상에 그런 신이 어디 있습니까. 살육과 행음을 일삼는 데 진정한 신이 될 수 있겠습니까. 이것들은 한낱 우상입니다. 그런 우상을 섬기는 자들

또한 우상의 자식들입니다. 저는 오직 한 분이신 야훼 하나
님을 확실히 믿습니다. 그 하나님을 섬기고 싶습니다."

여자의 말은 또렷하고 침착했다. 두 남자를 이스라엘 군
인이라고 본 기민성과 총명, 그리고 야훼 하나님을 섬기고
싶다며 청원하고 있는 여자는 너무나 총명했다. 이 모든 말
을 끝내고 여자는 이스라엘이 여리고를 침공할 때 본인과
그 가족들을 살려달라고 두 대원에게 눈물로 호소했다. 두
젊은이는 감탄하지 않을 수 없었다. 외국인으로서 이렇게
이스라엘을 사랑하는 여성이 있었다는 것에 감탄하지 않을
수 없었다.

"우리는 지금 대단한 여성을 만나고 있습니다. 당신은 위
대한 여성입니다. 당신은 이제 기생이 아닙니다. 이스라엘
건국의 애국 여성이십니다."

살몬이 이렇게 말했다.

"살려드리고 말고요. 라합, 당신은 누가 뭐래도 하나님의
딸입니다. 우리를 선대해 주신 은혜에 보답하겠습니다."

동료 대원도 여리고를 침공하는 날 그녀를 반드시 구출
해주겠다고 야훼의 이름으로 약속했다.

"감사합니다. 그날 저를 꼭 기억해주세요. 여리고 성이
이스라엘에 의해 공격당할 때 저와 제 부모 형제들을 살려
주세요. 제가 선생님들을 선대하였다면 선생님들도 이 약조

는 지켜주시리라 믿습니다.”

“약속하겠소. 약속합니다.”

“증표를 보여주셔야죠.”

“증표라니?”

“저는 저희 민족과 우상과 신전을 모두 버립니다. 제 삶의 터전인 이 땅도 버립니다. 만약 약속이 지켜지지 않으면 저와 저희 가족은 처참한 나락에 빠질 것입니다. 그러니 이스라엘에서 약속하는 증표가 있어야 할 것 아니겠어요?”

대단한 여인이었다. 남자들과 시시덕거리며 음담패설이나 지껄이는 화류계의 그저 그런 여자인 줄 알았더니 자신과 가족들의 구원을 위한 증표를 원하는 것이다. 그녀가 이스라엘 민족이 되겠다는 것이다. 그 얼마나 진지하고 거룩한 부탁이란 말인가.

“좋소. 우리 군대가 이 성을 침공하는 날, 그대는 집 창문 밖에 붉은 줄을 내려놓으시오. 그 신호를 보고 우리 군대는 당신의 집 만큼은 공격대상에서 제외시키겠소. 어떻소?”

“어머, 정말 감사합니다.”

여인은 머리 숙여 감사의 예를 표했다. 용기 있는 여자였다. 그 용기란 돈 몇 푼에 몸을 파는 여인이 아니라 가족과 자기 자신의 생명을 구하기 위해 적의 정탐꾼을 살려내는 의협심이고 의리였다. 그리고 참 신이신 야훼 하나님을 섬기겠다는 불굴의 신앙심이었다.

"당신들을 탈출시켜드리겠어요."

그녀는 밧줄을 가져왔다. 두 남자는 밧줄에 의지하여 지붕에서 내려왔다.

"서쪽 성문으로 나가세요. 그쪽 숲 은밀한 곳에 샛문이 있답니다. 이 밤에 그곳엔 아무도 없을 거예요. 샛문을 빠져나가 곧장 산으로 가세요. 순찰대가 거기까지는 수색을 못할 거예요. 여리고 순찰대가 보이지 않고 조용해 질 때 요단으로 가서 강을 건너세요."

"감사합니다. 그리고 잊지마시오. 붉은 줄을……."

"알겠어요."

그녀는 다소곳이 대답했다. 두 남자는 마지막으로 여자를 바라보았다. 만난 지 얼마 안 되는 시간이었지만 여인과 그들은 너무나 친숙해졌다. 그녀는 그들에게 생명의 은인이었으며 동지였다. 여인이 인사를 했다.

"다시 뵐 때까지 무운을 빌겠어요."

"그럼 안녕히……."

그들은 안타까웠다. 위험 속에서 만나고 헤어지는 그들. 진정한 사랑은 전쟁터에 있다고 하질 않았는가. 전쟁 중에 진정한 사랑이 있다고 하질 않았는가. 참화 속에서 피고지는 사랑, 그런 것이 진정한 사랑이라고 하지 않던가. 전쟁 중에 만나는 남녀, 그들이 진정한 사랑의 주인공이 아니던가.

두 명의 대원은 여리고 성을 나와 산으로 피신했다. 사흘 동안 산에 숨어 있었다. 그리고 다시 요단을 건너 본진에 들어오게 되었다. 그들은 총사령관 여호수아에게 정탐 보고를 했다. 그들의 보고에는 라합이라는 기생 여자의 이름이 있었다. 이 여자의 이름을 총사령관 여호수아에게 보고하였다. 그리고 그녀가 이스라엘 개국공신의 반열에 있음을 기쁨으로 보고하였다.

여리고를 돌아라

오랫동안 노예 민족이었던 이스라엘 사람들이 자신들의 고토 가나안을 향해 진격하게 되었다. 참으로 감격스러웠다. 만난을 무릅쓴 그들이 이제 요단을 건너 젖과 꿀이 흐르는 땅에 도착한다니 꿈만 같았다.

제사장들이 언약궤를 메고 요단강에 들어섰다. 선두에 선 제사장들이 강에 들어서자마자 25킬로미터 북쪽인 아담에서부터 물이 멈추었다. 강물이 좌우로 벽을 이루었다. 마치 40여 년 전 홍해 도하 때와 같았다. 강물이 좌우로 갈라지고 길이 뚫린 것이다. 강물 가운데에 대로가 생긴 것이다.

13미터나 되는 길이었다. 그들은 자갈이 깔린 물 없는 강바닥을 건너게 되었다. 그들은 훗날 자손에게 하나님의 기적으로 요단강을 건넜다는 증거를 남기기 위해 돌을 들고 나왔다. 언약궤를 멘 제사장들이 강바닥에서 각 지파 수대로 돌 열두 개를 취해 어깨에 메고 나왔다. 그리고 첫 도착지인 평원에 열두 돌의 기념비를 세웠다(여호수아 3 : 17, 4 : 5).

하나님의 명령에 따라 백성들은 여기서 할례를 받았다. 그리고 마침 다가온 명절 유월절을 지켰다. 전쟁을 앞두고 할례를 받다니, 이처럼 어리석은 일이 어디있는가. 신체의 일부분을 베내는 것이 할례 아닌가. 그들이 통증과 고열에 시달리고 있을 때 적들이 침공해온다면 어찌하겠는가. 그러나 그것은 인간의 생각이다. 하나님의 뜻은 달랐다. 위대하고 영광스러운 조국을 건설하는 지금, 엄숙하고도 성스러운 의식인 할례가 필요했던 것이다. 이 의식으로 새로운 민족 이념과 세계 평화의 선민 인간상을 구축할 필요가 있었던 것이다.

무장한 4만의 병력이 선봉을 맡았다. 그 뒤로 200만 동포가 걷기 시작한다. 새로운 땅을 향해 행진을 시작한다.

여호수아가 200만 동포의 앞장에 서서 진군하게 되었다. 200만 동포가 일렬로 서니 장관을 이룬다. 여리고 성 가까이 갔을 때 칼과 방패를 들고 갑옷을 입은 여호와의 군대 장관을 만나게 되었다.

"승리하리라."

여호와의 군대 장관은 이렇게 외쳤다. 여호수아와 온 민족은 하나님께 감사드리며 승리를 확신했다. 여호와의 군대 장관까지 만나지 않았는가. 이스라엘 대군이 나타나자 여리고 성민들은 경악한다.

"아니, 저것들이 누구인가."

"갑자기 나타난 저것들은 무엇인가. 과연 저것들의 정체가 무엇이란 말인가."

여리고 성의 주민들이 성벽에서 내려다보며 기겁한다. 어느날 갑자기 그들의 벌판에 이스라엘 민족이 나타난 것이다. 200만 인파가 끝없이 들판을 가득 메운 것이다.

"언제 강을 건넜다는 것인가. 정말 겁나는 것들 아닌가."

"아무리 수가 많아도 이 성은 난공불락일세."

여리고 성 안에서 군인들이 뛰어다닌다. 비상계엄령이 선포되고 모든 군대가 총동원되었다. 이런 일을 예견하고 준비한 듯, 그들은 방어태세에 완벽을 기하고 있었다.

"우리가 이 성을 사수하고 일곱 족속의 연합군대가 저 벌판으로 쳐들어오면 이스라엘은 오히려 독 안에 든 쥐가 될 걸세."

"그렇고 말고. 우리들의 신 바알과 아스도렛께서 가만히 계시겠는가.”

여리고 성 정문 앞까지 이스라엘의 선봉대가 밀려와 있었다. 선봉대는 여리고 성 앞에 진을 치고 있었다. 여리고 성 주민들은 이스라엘 백성들을 내려다보고 있었다.

그때 부대의 한 가운데가 갈라지면서 최고 사령관인 여호수아가 백마를 타고 전방으로 나왔다.

“놈들의 방비가 예사롭지 않습니다.”

선봉대장의 보고였다. 여호수아가 눈을 들어 보니 여리고 성은 정말 난공불락의 성처럼 견고했다. 여리고 군대의 깃발들이 성문에 펄럭이고 칼, 창, 화살 등으로 무장한 병력이 새까맣게 성벽 위에서 공격 자세를 취하고 있었다.

“하하하.”

여호수아가 마상에서 웃었다.

“만군의 여호와 하나님이시다. 저까짓 것들은 우상의 군대가 아닌가. 우리 선민의 군대를 당해낼 수 있단 말인가. 승리는 여호와께 있도다.”

이스라엘 군대가 함성을 질렀다. 여호와 만세— 이스라엘 만세— 야훼 만세—

전투는 다음 날부터 시작되었다.

“일곱 제사장은 일곱 양각 나팔을 잡고 언약궤 앞에서 도보로 행진하라. 무장한 군인들은 칼을 차라. 그리고 언약궤를 따르라.”

총사령관 여호수아의 명령이었다.

“이스라엘 군과 백성들은 매일 여리고 성을 한 바퀴씩 돌아라.”

이스라엘 군대는 매일 여리고 성을 돌았다. 군인들은 물론이고 백성들도 마찬가지였다. 뺑뺑 돌았다. 매일 한 바퀴씩 돌았다.

“아니, 이것이 무슨 전법이란 말인가.”

“우리 성을 돌기만 하다니. 뺑뺑이 작전이여 뭐여! 도대체 무슨 이유인지 모르겠네.”

이스라엘 백성들이 제사장들을 앞세우고 성을 도는 것을 바라보던 여리고 성의 주민들은 의아했다. 싸우지도 않고 성만 뺑뺑 돌고 있는 것이 아닌가. 이게 무슨 전쟁이란 말인가. 그렇게 6일이 지났다. 사실 6일 동안은 여리고 성 주민들의 회개를 기다리는 시간들이었다. 지금이라도 우상을 때려부수고 성문을 나와 회개하면 그들은 살 수 있는 것이다. 6일 동안 하나님은 기다리셨던 것이다. 그리고 드디어 칠일째 되는 날이었다. 그날은 한 바퀴가 아니라 무려 일곱 바퀴를 돌고 있었다. 그때까지도 여리고 성 주민들의 반성은 없었다. 이스라엘을 향해 백기를 드는 항복이 없었다. 6일의 최후 통첩이 지나간 것이다. 여리고 성 주민들은 오히려 기고만장해 있었다.

"이게 무슨 짓이람."

"싸우지도 않고 성을 뱅뱅 돌기만 하다니."

"미친 놈들 아닌가. 아니면 우리가 무서워서 그러는가."

여리고 성민들은 이스라엘 사람들을 조소했다. 무엇하는 짓이냐. 그런데 이상한 것은 여전히 이스라엘 민족이었다. 무조건 뱅뱅 도는 것이다. 더구나 오늘은 일곱 바퀴를 돈다. 성을 돌면서 야훼를 찬양한다. 그리고 그들은 시도 때도 없이 소리지르며 함성을 지른다. 그 많은 인파가 일곱 바퀴를 돌면서 소리를 질러대니 이제 눈이 어지러워지는 건 여리고 성 백성들이었다.

"세상에 이런 전쟁도 다 있는가."

"뭐하는 수작이여?"

과연 이것이 무엇인가. 이것이야말로 전쟁의 신, 모략의 신, 야훼의 천재적인 전략이었다. 인해전술이며 심리전이다. 6.25전쟁 때 최신 병기를 자랑하던 미군이 중공의 모택동 군대에게 패하고 말았다. 당시 중공군은 미군에 비하면 매우 원시적인 수준이었다. 이렇다 할 무기도 없었는데, 인해전술로 밀려온 것이다. 파도처럼 밀려오는 적들의 모습을 보면 간담이 서늘해진다. 그 수가 몇 백만이니 당할 도리가 없다. 그뿐인가. 중공군은 삼국지 시대에나 있을 법한 꽹과리와 피리를 불어댄다. 세계 문명국인 미국의 군인들이 그 소리만 들으면 혼비백산하여 도망치는 것이다. 이상하게 꽹과리와 피리 소리를 들으면 무서워지는 것이다. 생각해 보라. 눈덮인 추운 겨울밤에 포위당한 그들에게 심난한 피리 소리가 들리니 전쟁할 기분이 나겠는가. 갑자기 '꽝' 하며 들려오는 꽹과리 소리와 애간장을 녹이는 피리 소리, 무섭지 않겠는가. 압록강까지 진격했다가 통일을 이루지 못하고 북쪽에서 패주하게 된 원인이 바로 이것이다. 중공군의 인해전술과 꽹과리와 피리 소리의 심리전에서 미군이 패한 것이다.

여리고 성을 침공하던 이스라엘의 작전도 인간의 눈으로 보면 우습기 짝이 없고 한심할 정도로 어리석은 작전이었지만 하나님이 함께하신 새로운 전술과 전략이었다. 그리고 이 전쟁에서 이스라엘은 대승하게 된다. 매일 연속으로 성을 도는 이스라엘 백성들, 보기만 해도 그들이 무섭지 않겠는가. 광야를 덮은 구름떼 같은 이스라엘 민족이 두렵지 않겠는가. 또 그들이 외쳐대는 구호와 목소리 나팔 소리가 두렵지 않겠는가.

"만군의 여호와여."

"와아—."

"와아—."

이스라엘 백성들이 함성을 지른다. 징과 꽹과리를 울린

다. 퉁소와 피리를 분다. 그리고 얼마 후, 이스라엘 백성들이 함성을 지르며 성을 일곱 바퀴 돌자마자 기적이 나타난 것이다. 그렇게 견고하던 여리고 성이 와르르 무너진다. 여리고 성 주민들에게 경악할 만한 일이 생긴다. 정신이 없다. 내·외 성벽이 와르르 무너지기 시작한 것이다.

와르르…….

쿵쾅

순식간에 성벽이 무너졌다. 무너진 것은 성벽뿐 아니라 성안의 우상 신전과 시장터의 건물들이 모두 무너져버렸다. 땅이 갈라졌다. 유황불이었다. 우상들은 땅 속으로 모두 자취를 감추었다. 여리고 성이 이처럼 무너진다. 거짓말처럼 순식간에 폐허로 허허벌판이 되고 말았다.

"티끌 하나 남기지 말고 쳐부숴라. 공격!"

총사령관 여호수아의 명령이다. 이스라엘의 군대와 백성들이 총공격을 감행하자 성안은 쫓는 자와 쫓기는 자로 아비규환이다. 우상의 신전에 불이 붙고 우상의 몸뚱이가 불타고 있었다. 성은 불바다가 되고 백성들은 모두 죽음을 당했다. 순시간에 일어난 일이었다. 여리고 성은 순간 쑥대밭이 된다. 주민들 대부분은 성과 건물에 깔려 죽었고 남은 자들은 모두 진멸당했다.

그런데 그 불과 연기 속에서도 끄떡없는 집이 있었다. 붉

은 줄을 드리워 내린 라합의 집이었다. 그 파멸 속에서도 라
합의 집은 평온하기 이를 데 없었다.

"만세!"

"이스라엘 만세!"

"만군의 여호와 만세!"

갑자기 만세 소리가 울려 퍼졌다. 선민인 이스라엘이 가
나안 땅에 진입하고 첫 전투에서 대승을 한 것이다. 이스라
엘 군대와 백성들은 서로 부둥켜안고 승리를 주신 하나님께
감사했다. 여호와여, 감사합니다. 여리고 성의 일곱 바퀴 작
전이 성공한 것이다. 독자 여러분. 어려운 문제가 있는가. 여
리고 같은 고난의 성이 그대 앞에 있는가. 여러분도 여리고
성을 돌아보라. 성경대로 문제의 성을 일곱 바퀴 돌아보라.
당신의 문제인 여리고 성은 무너질 것이다.

돌진하라 – 길이 열린다

내가 1970년대 초에 교회를 개척할 때였다. 겨우 교회는
지었는데 부흥이 되지 않는다. 그도 그럴 것이 얼마나 오랫
동안 천막 교회로 있었는가. 주민들에게는 거지 마을 같은
인상이 지워지지 않았을 것이다. 교회를 짓다가 무너지질

않았나, 무너진 교회는 오랫동안 방치돼 있고, 동네 사람들은 저 교회는 안 되는 교회라고 생각했다. 사람들은 다른 교회에는 가도 너무 초라한 우리 교회에는 오지 않는다.

그때 나는 여리고 작전을 펴기로 했다. 어느 목사님으로부터 여리고 전도법을 배웠다. 여리고 방법으로 교회를 부흥시킨 간증을 들은 적이 있었다. 나도 그대로 하기로 작정했다. 여리고 성 작전에 나는 크게 은혜를 받고 용기백배했다. 그때 나는 30대의 젊은 목사였다.

여름 방학 때였다. 새벽기도가 끝나고 나서였다. 우리는 교회 앞에 있는 동네 아파트를 매일 한 바퀴씩 돌았다.

"십자가 군병들아 주 위해 일어나—"

"믿는 사람들아 군병 같으니—"

"회개하라 천국이 가까웠느니라."

새벽기도에 나온 성도들은 아파트를 매일 한 바퀴씩 찬송을 부르며 돌았다. 그리고 아파트 정문 앞에서 회개하라고, 교회에 나오라고 외쳤다.

마지막 7일째 되는 날은 주일이었는데, 주일 예배 후 온 교우들은 일곱 바퀴를 돌았다. 할머니부터 어린아이까지 모두 동원했다. 일렬로 걸어가니 꽤 길다. 꽹과리, 북, 나팔 모두 동원했다. 난리가 났다. 아파트 주민들에게는 생전 처음 보는 광경이었다.

"아니, 이것이 무슨 일이당가."

"낮잠 자다가 깼네. 별일이로세."

"난 갑자기 중공군이 쳐들어온 줄 알았네."

아파트 주민 누군가 112에 신고를 했다. 지금 여기 아파트 촌에서 시위가 벌어졌다는 것이다. 그때는 박 대통령 시절이라 공연히 잘못 행동했다가는 끌려가기 십상이었다. 경찰서에서 우리를 잡으려고 전투경찰 일개 소대를 끌고나왔다. 우리를 보는 경찰서장의 눈이 예사롭지가 않다.

"지금 데모하는 겁니까?"

서장이 내게 묻는다. 나는 아니라고 했다. 그때는 데모하면 끌려가던 위험한 시절이었다.

"시위가 아니면, 지금 뭐하는 겁니까?"

"보면 모릅니까. 보시다시피 우리는 모두 할머니, 아주머니, 아이들입니다. 우리가 무슨 데모를 한다는 겁니까?"

"주민들 안면 방해와 소란죄로 즉심에 넘겨야겠습니다."

"마음대로 하시오."

"도대체 이게 무슨 짓입니까."

경찰서장이 교회에서 얌전하게 예배나 볼 것이지 이게 무슨 짓이냐며 교회가 이래도 되느냐고 윽박지른다. 그는 교회가 이런 소동을 일으키는 일은 처음 본다고 했다.

"새마을운동입니다."

나는 소리를 질렀다. 우리는 지금 새마을운동을 하고 있는 겁니다. 새마을운동이라니, 경찰서장이 놀란다.

"우리 교회는 박정희 대통령 각하의 훈시를 높이 받들고 새마을 궐기운동을 하고 있습니다. 아파트 주민들이여. 낮잠 자지 말고 밖에 나와서 잔디밭 정리라도 합시다. 초가집을 없애고 마을길도 넓힙시다. 영적으로 새마음되기 위해 교회에도 나갑시다. 이것이 우리의 주장이고, 우리 시위의 목적입니다. 뭐 잘못됐습니까? 이런 우리 교회의 숭고한 애국심과 새마을 궐기대회를 서장님이 방해하신다면 우린 청와대에 직접 말씀드리겠습니다."

서장의 얼굴이 파랗게 질린다.

"아, 알겠습니다. 그런 뜻이라면 알겠습니다. 새마을, 새마음운동 하신다는데 왜 우리가 방해를 하겠습니까."

경찰서장이 대원들을 데리고 줄행랑을 친다. 우리는 무사히 일곱 바퀴를 마칠 수 있었다. 그후 우리 교회에 부흥이 일기 시작해 1부, 2부, 3부 예배에 500명 돌파 기념예배까지 드렸다. 여리고 작전의 성공이 아니고 무엇이겠는가.

L.A의 한인교회에서 목회할 때 재정부의 C 집사님이 하루 아침에 어려운 일을 당했다. 그는 임대 주유소를 경영하고 있었다. 이민을 올 때 빈손으로 왔는데 좋은 주택과 캐딜락을 타고 있었다. 옛날 식당 주방에서 일하던 부인 집사는 지금은

집에서 살림만 하고 있었다. 딸이 둘 있는데 공부를 잘한다.

어느날 C 집사님이 나를 찾아와 근간에 어려운 일이 생겼다고 말씀하셨다.

"목사님, 본사에서 이제 그만두랍니다. 주유소 임대를 취소하겠답니다. 어떻게 하죠? 집사람은 다시 식당에 나가야 하고 나도 남의 정비소에 가서 일해야 합니다. 아이들은 어떻게 하고, 생활은 어떻게 합니까."

그때 나도 모르게 여리고 전법을 이야기 하며 일곱 바퀴를 돌라고 했다.

"아침마다 주유소를 일곱 바퀴씩 도시오. 여리고 성 작전이오."

나는 성경의 여리고 성 일곱 바퀴 이야기와 나의 경험담을 얘기했다. 그는 내 얘기에 감동하며 확신이 선다고 말했다. 그때 그 집사님은 지푸라기라도 잡고 싶은 심정이었을 것이다. 그는 사업이 성공하게 해달라고 간절히 기도를 하기 시작했다. 또 매일 새벽마다 손을 들고 주유소를 일곱 바퀴씩 돌았다.

"이 주유소가 내 것이 될 줄로 믿습니다. 믿습니다."

한 시간 일찍 출근해 그렇게 일곱 바퀴씩 돌았다. 어떻게 보면 미련하기도 하고 어떻게 보면 우습기도 하다. 그러나 신앙은 신앙이다. 그것도 어린아이처럼 순진한 신앙이다.

그는 성경대로 했다. 드디어 응답이냐 무응답이냐, 결전의 날이 왔다. 이제 오늘은 이 주유소를 본사로 넘겨주어야 한다. 그날 아침에 주유소 근처에서 전당포를 하는 흑인이 커다란 은십자가를 들고 왔다.

"미스터 C, 우리 전당포에 누가 맡겼는데, 몇 년째 찾아가지도 않는다네. 자네가 이 십자가 그냥 가지라구."

전당포 주인이 아주 오래된 은십자가 하나를 주었다. 목에 걸었더니 기분이 좋았다. 쫓겨나는 날이지만 오히려 기분이 상쾌하다. 모든 일은 하나님께 맡기자. 그리고 그는 저녁까지 일했다. 은십자가가 흔들릴 때마다 기쁨이 넘쳤다.

"미스터 C, 안녕하십니까?"

저녁이 되자 본사에서 매니저가 나왔다. 인수인계를 하러 온 것이다. C 집사는 이미 각오를 하고 오히려 담담하게 이제 이곳을 떠나야 한다고 생각했다. 그런데 매니저가 뜻밖의 소리를 한다.

"미스터 C, 기쁜 소식이 있습니다. 며칠 전에 본사에서 중역회의가 열렸는데, 미스터 C는 크리스천이고 또 정직하다는 소식을 들었습니다. 구제할 방법을 찾자는 의견이 나왔습니다. 이것이 우리들의 판단이었습니다. 이 주유소는 본사 방계 은행에서 대출을 해 줄 것입니다. 이 기회에 아예 이 주유소를 인수하는 것이 어떻겠소?"

"고맙지만 제게는 담보가 없는데요."

"당신의 신용을 담보로 잡겠소. 그동안 당신이 보여준 성실과 정직을 담보로 하겠소. 자, 사인하시오."

할렐루야다. 쫓겨나려는 판에 그는 하루아침에 주유소 사장으로 취임을 한 것이다.

"목사님, 50가지가 넘는 서류에 제가 사인을 하는데 주님의 은혜가 얼마나 감격스럽던지요. 순간마다 구름에 떠 있는 기분이었습니다."

주유소의 주인이 된 뒤에 C 집사는 내게 와서 눈물로 간증을 한다. 그리고 담임 목사에게 기념으로 승용차 한 대를 기증한다. 이 얼마나 감격스러운 일인가. 이 글을 읽는 독자 여러분 중에 어려움을 당하는 분이 있다면 참 아버지 하나님을 믿고 야훼와 함께 여리고 성을 돌아라. 당신의 성을, 당신의 문제를 일곱 바퀴 돌면 분명 기적이 올 것이다. 분명 당신은 이길 것이다. 기적이 오면 하나님께 감사하라.

첩보대원 살몬과 기생 라합의 결혼, 전설이 아닌 사랑은 사랑이 아니다

한국의 시골교회 부흥회에 가서 여리고 일곱 바퀴 사건

에 대한 간증을 한 적이 있었다. 어느 총각이 맘에 드는 처녀가 있어 만나자고 하는데 처녀가 말을 안 듣는단다. 총각은 기도를 했다.

"저 자매를 제게 주옵소서. 영광을 받으소서."

그 후 총각은 교회에서 처녀를 만나면 아무도 모르게 처녀 주위를 일곱 바퀴씩 돈다. 이른바 여리고 작전이다. 처녀 몰래 그녀를 만날 때마다 일곱 바퀴씩 돌면서 기도했다. 이 자매님이 내 아내가 되게 하소서, 내 아내가 되게 하소서. 얼마 후 둘은 결혼하게 되었고, 그 소식을 담임 목사님을 통해 듣게 되었을 때 목사님과 나는 한바탕 웃었다.

내가 아는 부흥사 K 목사님의 교회는 동네 언덕 위에 있다. 산꼭대기 교회라서 도대체 부흥이 되질 않는다. 교회가 언덕 위에서 내려오면 좋겠는데 그만한 힘이 없다. 교회로 가는 길에 공터가 눈에 보인다. 시장 터에 교회 세울 만한 공터가 있는 것이다. 마음에 들었다.

"주여, 이곳에 교회가 세워지게 하옵소서."

목사님과 성도들이 새벽마다 남의 공터 위에서 손들고 일곱 바퀴씩 돌면서 기도한다. 어느 날 땅 주인이 지나가다가 그 모습을 보았다. 자기 땅에서 웬 사람들이 돌며 이상한 짓을 하고 있는 것이 아닌가. 그는 믿지 않는 사람이었다.

"당신들, 남의 땅에서 뭐하시오?"

목사님과 성도들이 이 땅에 교회가 세워지게 해달라고 기도한다고 했다.

"별 미친놈들 다보겠네. 내가 이 땅 주인이오. 세상에 우스운 꼴 다보겠구만."

땅 주인은 자기 땅이 교회 터가 된다니 웃기지도 않는다고 생각했다. 그런데 땅 주인 영감님이 얼마 후에 위암으로 죽게 되었다. 죽음 앞에 선 그는 자기 땅 위에서 교회를 짓게 해달라고 기도하던 목사와 성도들이 생각났다. 주인은 무슨 생각인지 그 땅을 교회에 헌납했다. 땅 주인은 목사와 성도들을 불러 자기를 위해 기도해달라며 땅을 교회에 바치겠다고 약속했다. 병을 낫게 해달라고 부탁했다. 기도해달라고 했다. 그 교회에서는 땅 주인의 암병을 낫게 해달라고 밤낮으로 열심히 기도했다. 그런데 알고보니 땅주인은 암에 걸린 것이 아니었다. 의사의 오진이었던 것이다. 땅 주인은 살아난 것에 대해 너무 기뻐했다. 어쨌든 암은 아니지 않은가. 암에서 구원받은 것 아닌가. 지금은 땅 주인도 그 교회의 성도가 되었다. 일곱 바퀴를 돌고 여리고 성을 무너뜨려라. 스필존 목사는 이런 말을 했다. 하나님을 이용하라. 최대한 이용하라고 했다. 나는 강조한다. 성경을 생활에 응용하라. 말씀을 이용하라.

라합은 무서운 전쟁에서 구출되었다. 그녀뿐 아니라 온

가족이 구원받게 되었다. 그것은 이스라엘의 정탐꾼 두 명을 도와주었기 때문이다. 그리고 이스라엘 국가 건설을 위한 여리고 성 함락에 특별한 공로를 세웠기 때문이다.

그녀는 자신만의 부귀영화를 위해 이기적인 마음으로 자기 민족을 버린 것일까. 아니다. 그녀는 우상의 땅이 언젠가는 멸망되어야 한다고 생각했었다. 참 신인 하나님께서 여리고 성을 멸절시키실 것을 확신하고 있었던 것이다. 그녀는 하나님을 확신했다. 이 기회에 야훼 하나님을 섬기리라 결심했다. 그리고 진정한 조국이며 선민의 나라인 이스라엘 민족의 백성이 되기를 소원했다.

공식적으로 이스라엘에 처음으로 귀화한 사람이 라합이었다. 외국인으로, 더구나 이방 여자로, 그것도 기생의 몸으로 이스라엘의 첫 번째 시민권을 획득한 사람이었다. 그 후 그녀는 자기가 도와주고 전쟁 중에 사랑으로 맺었던 이스라엘의 첩보대원 중 한 명인 갈렙의 아들 살몬과 결혼을 한다. 성경에는 이들의 이름만 간단히 기록되어 있다. 그들의 숨은 이야기는 생략되어 있다. 얼마나 극적인 두 남녀의 결혼인가. 두 사람의 만남과 사랑, 위기와 이별, 전쟁과 신앙 그리고 빛나는 민족애, 감동적인 순간들, 이런 그들의 뒷 얘기는 이제 후세 사람들의 상상에 남아 있을 뿐이다.

여리고 성이 무너졌다. 그리고 이 성은 이스라엘 영토가 되었다. 총사령관 여호수아가 살몬과 라합을 불렀다.

"라합, 그대는 이스라엘의 애국자다. 그리고 하나님을 사랑한 진실한 신앙의 여인이다."

여리고 성이 함락된 후 입성 첫의식은 라합과 살몬의 결혼식이었다. 이것을 보면 기생 라합을 사랑하고 결혼한 살몬이라는 남자의 우직함과 사나이다움을 볼 수 있다. 살몬은 라합이 기생이라는 사실을 문제 삼지 않았다. 여자의 과거를 따지지 않았다. 여자의 직업을 문제 삼지 않은 것이다. 살몬은 오히려 라합의 애국심과 신앙심을 높이 평가했을 뿐이다. 라합 또한 용맹한 군인이었던 살몬을 사랑했다. 더 이상의 욕심을 부리지 않았다. 전란 중에 만난 첩보대원이었던 그를 운명의 남자로 받아들인 것이다. 그녀가 얼마나 아름답고 슬기로운 여인이었는지 짐작할 수 있다.

"라합은 이제 우리 민족의 딸이 되었다. 민족의 용사 살몬은 이 여인과 함께 행복하게 살기 바란다. 하나님의 축복이 있기를."

총사령관 여호수아는 그들의 결혼식을 집례하면서 축복을 선언했다. 여기서 이스라엘 민족의 관대한 동포애를 볼 수 있다. 라합은 기생 출신으로 화류계 여성이다. 이방 여자로 창녀 출신이다. 그런데 그녀의 과거에 대해 문제 삼은 사람은 아무도 없었다. 백성들과 여호수아는 물론이고 신랑의 부친인 갈렙과 친척들 모두 그녀를 어여삐 여기고 사랑했다. 상상할 수 없는 인간승리가 여기에 있다. 라합, 그녀는 기생이었다. 그런데 명문가문의 자제이며 이스라엘 군부의 실력자인 청년 장군 살몬이 그녀를 사랑하였다. 그녀가 빼어난 미모의 여인이었기 때문이었을까. 아니다. 그녀가 자신의 목숨을 구해주었기 때문이었을까. 아니다. 그녀는 이스라엘 건국의 애국 여성이었기 때문이다. 무엇보다 라합 그녀는 야훼 하나님을 섬기는 딸이었기 때문이다. 야훼라는 용광로 같은 뜨거운 쇳물 안에서 여자의 과거, 여자의 직업 이런 것들은 용해되었다. 그들은 야훼의 이름 안에서 아름다운 사랑을 이룬 주인공으로 전설의 인물들이 되었고 신화의 인물들이 되었다.

　라합과 살몬은 행복하게 살았다. 그들은 애국애족의 마음과 하나님께 대한 충성과 신앙으로 유대민족의 조상이 되었다. 후일 라합은 보아스를 낳는다. 보아스는 룻에게서 오벳을 낳고 오벳은 이새를 낳고 이새는 다윗 왕을 낳는다. 그리고 그 다윗의 후손에서 예수 그리스도가 탄생한다. 그들 부부는 메시아의 조상이 된다. 얼마나 광영스러운 일인가.

　라합―그녀는 전설의 여인이었다. 우리 모두의 가슴에 남아 있는 전설의……. 전설이 아닌 사랑은 사랑이 아니다. 당신의 전설적인 사랑은 이제 시작되는 것이다.

시아버지 유다를 유혹하여 자식을 낳은
큰며느리 다말의 도발적 사랑 이야기

민족 번성을 위한 고육지책인가
불륜적 근친상간인가

계대결혼인가, 근친상간인가

이스라엘 민족의 초창기 시절에 계대결혼이란 것이 있었다. 계대결혼이란 어느 집에 장남이 자식도 없이 일찍 죽으면 그 다음 아들이 형수에게 장가들어 아들을 낳아 대를 잇게 하는 것이다.

장남의 대를 잇게 하는 제도는 한국에도 있었다. 그 집안의 장남에게 자녀가 없으면 차남의 아들을 데려다가 맏형의 아들로 삼는 것이다. 가문의 대를 잇게 하고 제사를 봉행케 한다.

이스라엘의 계대결혼과 한국의 대를 잇는 방법에는 약간의 차이가 있다. 한국에서는 장남에게 아들이 없으면 동생의 아들 중에서 데려오지만 이스라엘의 방식은 숫제 동생이 형수와 결혼해 자식을 낳아야 한다는 것이다. 그렇게 생긴 자식은 동생의 자식이 아니라 형의 자식이 된다. 이쯤 되면 이스라엘의 여권신장은 오늘날보다 더욱 높았다고 할 수 있다. 야곱의 넷째 아들 유다는 비록 서열로는 4위였지만 후일 이스라엘 민족의 대표 가문이 된다.

맏형 르우벤이 서모 빌하와 통간하는 바람에 장남 지위를 잃게 되고, 둘째 형 시므온과 셋째 형 레위는 세겜 성에서 아무 죄 없는 세겜 성민을 참혹하게 살육한 죄로 아버지 야곱으로부터 인정받지 못했다. 그래서 대인다운 풍모가 있고 너그러웠던 유다가 이스라엘의 장남이 된다. 유다에게는 아들이 세 명 있었다. 장성한 엘(ER)과 오난(ONAN) 그리고 늦게 얻은 셀라(SHELAH)가 있었다.

큰아들 엘이 다말이라는 처녀와 결혼했다. 그러나 엘은 결혼하자마자 여호와의 목전에서 악하므로 후손도 두지 못하고 일찍 죽고 말았다(창세기 38 : 7). 그가 왜 죽었는지, 무슨 죄를 짓고 무슨 잘못을 했는지에 대해서는 성서에 자세한 기록이 없다. 추측컨데 하나님 앞에서 교만방자했거나 성적으로 엄청난 죄를 저질렀음에 틀림없다.

큰아들이 죽었으니 당연히 다말에게는 시동생 오난이 남편의 직위를 승계해야 했다. 그것이 계대결혼의 전례이기 때문이다.

오난의 책임은 막중했다. 형수와 결혼하여 아이를 낳아 형의 가문을 이어야 하는 민족 번성의 책임이 있었다. 지금으로서는 매우 이해하기 힘든 일이지만 당시의 풍습이 그랬다. 시동생 오난과 형수 다말은 아이를 생산하기 위하여 동침을 해야만 했다. 두 남녀가 아이를 낳는 일이 우선이었다. 그리고 그 아이는 형의 가문을 이어가게 되는 것이다. 지금의 상식이나 윤리적인 잣대로 보면 이해가 되지 않는 일이다. 형수와 시동생이 동침을 해야만 하다니 있을 수 없는 일이었다. 그러나 인류 초기―인구가 늘어야 하는 초창기 시절의 얘기다.

이스라엘은 민족 번영과 선민인 민족의 번성이 당시의 이데올로기였으며, 그것이 하나님의 섭리였다면 너무나 당연한 관습이고 풍속이었다고 보아야 할 것이다. 왜냐하면 당시 유다는 이스라엘 열두 지파 중 대표되는 장손의 족장이었다. 그는 이스라엘 민족의 수장에 오른 사람이었다. 그런데 그에게는 웬일로 자식 복이 없었다. 장대 같은 큰아들 엘이 급사를 했으니 당연히 차남 오난이 뒤를 이어야 했다.

차남 오난은 형수와 동침하여 가문을 이어야 한다. 오난은 계산적이고 극히 이기적인 사람이었다. 오난은 생각할수록 억울하고 분하기까지 했다. 형만 죽지 않았다면 아리따운 처녀에게 장가를 들어서 자신의 가문을 창설할 수 있었을 것이다. 그런데 어떻게 된 것이 자기보다 나이도 많고 과부인 헌 여자가 되어 버린 다말과 평생을 살라니 기막힐 뿐이었다. 더구나 아들이 생긴다면 내 아이도 아니고 형의 아들이라는 것이다. 내 자식이 아니라는데 내가 무엇 때문에 그런 아들을 만들 필요가 있는가.

유다가 오난에게 이르되 네 형수에게로 들어가서 남편의 아우의 본분을 행하여 네 형을 위하여 씨가 있게 하라, 오난이 그 씨가 자기 것이 되지 않을 줄 알므로 형수에게 들어갔을 때에 형에게 아들을 얻게 아니하려고 땅에 설정하매…

(창세기 38 : 8-9)

성경의 문체는 매우 간결하다. 엄청난 사건도 간단히 기록되는 경우가 있다. 이것은 성서의 천재적인 표현 기법이다. 얘기인즉 오난이 형수와 동침할 때 형의 아들을 만들어 주고 싶은 마음이 전혀 없었다. 그래서 형수의 몸 안에 사정을 하지 않고 질외 사정을 해 버렸다. 지저분하기도 하고 음탕하기도 하지만 한 가문이 일어서느냐 망하느냐, 한민족이 일어서느냐 마느냐의 기준에서 얘기한다면 심각한 얘기다. 지저분하고 음탕하고 간에 우선 사람의 씨, 가문의 씨를 만들어야 한다. 오난의 잘못은 형수에게서 재미만 보고 씨를 만들어야 하는 진정한 사명을 외면했다는 얘기가 된다. 이런 오난의 행위가 하나님 보시기에 악했다. 야비하고 치사하기 짝이 없었다. 그래서 그는 저주를 받기에 이른다.

그 일이 여호와 목전에 악하므로 그도 죽이시니…

(창세기 38 : 10)

오난은 죽고 말았다. 자기 딴에는 잘한 것 같았으나 하나님 보시기에는 소행이 괘씸한 사람이었다. 참으로 가증한 사람이었다. 다른 남자들이라고 다를 것이 없다. 새대가리라는 말은 바로 오난 같은 자를 두고 한 말이다. 오난이 이 엄숙한 책무와 의식을 망각하고 형수와의 동침을 한낱 재미로만 끝내려 했으니 그것이 문제였다. 자기 멋대로 그리고 향락으로 끝내고 말았던 오난은 큰 잘못을 저지른 것이다. 계대동침을 망가뜨린 오난은 당시의 관습으로 보면 죽어 마땅한 죄를 저지른 것이다. 결과는 죽음이었다. 그는 함부로 설정하고 죽은 것이다.

이후부터 질외사정이나 자위행위를 자기 혼자만 재미보고 끝내버린다 하여 오나니즘(ONANISME)이라고 한다. 오난은 참으로 부끄럽고 영원히 수치를 당하는 이름으로 남았다. 왜 오난은 그런 짓을 했을까. 죽은 형에게 왜 그처럼 인색했을까.

사람들은 남보다는 가족이나 친척에게 더 인색하고 박대하는 마음을 가지고 대하는 경우가 있다. 언젠가 어느 신문에서 보니 재산 싸움을 하다가 당숙이 조카를 찔러 죽인 사건이 있었다. 당숙과 조카 사이라면 얼마든지 대화로 풀 수도 있고 양보할 수도 있는데 사람을 죽였다. 친척이라는 것이, 가까운 사이인 것이 사람을 죽인 것이다. 너무 친하다 보니 상대방을 업신여기게 되고 죽음까지 불러일으키게 된 것이다.

생산을 하지 못하는 여자에게는 남다른 한이 있다. 자식을 낳지 못하고 사는 여자는 인생의 앞길에서 흑암을 느끼게 된다. 잘 알고 지내는 목사님 사모님 중에 생산을 못하시는 분이 계셨다. 나는 듣기 좋게 위로해 드린 적이 있다.

"무자식이 상팔자란 속담이 있잖습니까. 자식이 없는 것이 더 좋을 수도 있어요."

사실 이렇게 위로하면 보통 당사자들은 웃고 말거나 맞장구를 치면서 끝내는데 이분은 그렇지 않았다.

"정말 자식을 낳지 못하는 여자의 마음을 헤아리고 하시는 얘기인가요? 그런 인사치레의 말씀으로는 위로가 되지 않습니다."

나는 그 말씀에 충격을 받았다. 그렇다. 생산을 할 수 없는 여자의 마음을 알지도 못하면서 이러쿵저러쿵 하는 것은 옳지 않다.

여기에 등장하는 다말이라는 여자는 속된 말로 팔자가 기구한 여인이다. 명문가문이며 선민의 족속으로 시집을 왔으나 남편이 둘이나 죽었다. 시집을 가서 시가에 복이 되는 일을 끼쳐야 제대로 대우를 받는다. 남의 가문에 시집가고 나서 시갓댁에 불행한 일이 생기면 며느리야 실상 아무 죄도 없지만 공연히 주눅들기 마련이다.

"남편 잡아먹는 년, 그것도 둘씩이나 잡아먹는 년."

보나마나 동네에 이런 소문이 퍼졌을 것이다. 다말과 동침한 남자들은 다 죽는다. 장남 엘이 죽었고 차남 오난이 죽었다. 이제 남은 것은 막내아들 셀라가 남았을 뿐이다. 관습대로라면 다말은 셀라와 다시 결혼해야 한다. 그런데 셀라는 늦둥이라 열 살도 안 된 어린 소년이었다. 그 소년이 커서 장성할 때를 기다려야 한다. 동네에서는 이를 두고 별 소문이 떠돌고 있었다.

"염치도 좋지. 언감생심 그 어린 것을 기다리고 있대."

"세상에 복도 많은 년이지. 남의 집 가문에 삼형제를 요절내는 년일세."

"막내도 형들처럼 죽고 말거라니까."

다말에 대해 이상하고 별난 소문이 다 떠돌았다. 그러나 그 소문들이 아주 허무맹랑한 것은 아니었다. 모두가 일리 있는 말이었다. 당사자 다말의 입장이야 어떻든 간에 다말 때문에 생기는 소문들이었다. 여자가 시집가서 요상한 일이 생기면 이런 말을 듣는 것이다. 남편이 죽고 나면 이런 신세가 되는 것이다.

다말은 결심했다. 이왕 이 가문으로 시집왔으니 이 가문을 일으켜야 한다. 어떻게든 이집에서 내 인생을 끝내야 한다. 이 가문의 일원이 되어야 한다. 그것은 한국이나 이스라엘이나 여자들에게는 마찬가지였다. 더구나 며느리된 사람으로서는 마찬가지일 수밖에 없다. 이제는 다른 곳으로 시집갈 수도 없다. 신랑 둘이 다 죽어나가고 막내 시동생인 어린 셀라의 모습을 보니 기가 막히지만 어찌 하겠는가. 어린 시동생을 기다려야 하는가. 저 아이가 크면 나의 남편이 되는 것인가. 막내 셀라는 아직 철이 없는 어린아이다. 저 어린 것이 장성했을 때 그는 새파란 청년이고 나는 늙은이가 되어 있을 것 아닌가. 그 나이에 생산이나 제대로 하겠는가. 다말은 별 생각을 다 해본다. 그러나 그녀는 그럴수록 유다 가문의 며느리로 살고 싶었다. 비록 남편들은 죽었지만 선민 가문 종손부의 자부심을 갖고 있었다.

한편 시아버지 유다는 보통 걱정거리가 아니었다. 이제

남은 희망이라고는 어린 막내아들 셀라밖에 없다. 씨라고는 하나밖에 남지 않은 것이다. 저것마저 죽는다면 자신의 생명 또한 잃어갈 것이다.

그런데 다말이란 큰며느리가 마치 암두꺼비가 파리를 잡아먹듯 혀를 날름거리며 막내아들을 기다리고 있지 않은가. 이미 두 아들을 잡아먹은 다말이란 며느리를 보면 집안에 아들 잡아먹는 귀신이 떠억 앉아있는 기분이었다. 생각하면 할수록 끔찍한 일이 아닐 수 없었다. 유다는 며느리 다말을 불렀다.

"네 친정에 가 있어라. 막내 셀라가 장성하거든 너를 다시 부르마."

좋은 말로 다말에게 친정에 가 있으라고 했다. 그러나 이 말은 며느리를 쫓아내는 것이나 다름없다. 며느리를 진정으로 생각해서 하는 말이 아니었다. 이 집안에 더 두었다가는 어린 셋째 아들까지도 잡아먹을 흉상으로 보았기 때문이다. 그러니 다말을 친정으로 내쫓는거나 다름없었다. 왜냐하면 세월이 흐른 후 셀라가 늠름한 청년이 되었어도 유다는 결코 다말을 다시 집으로 불러들이지 않았기 때문이다. 오히려 다말이 집 근처에라도 나타날까봐 전전긍긍하였다. 이것을 보면 계대결혼이라는 제도가 당시 얼마나 무서웠던가를 알 수 있다.

형수와 동침하라

지난날 둘째 아들 오난이 왜 죽게 되었는가에 대해 그 실상을 자세히 살펴보자. 당시 오난은 꿈이 많은 청년으로 혈기 방장했다. 대개 그 나이엔 세상이 다 자기 것이라고 생각하는 시절이다.

"오난, 너 나좀 보자."

어느 날 부친 유다가 둘째 아들을 불렀다.

"왜 그러십니까, 아버님."

유다는 막상 둘째를 불러놓고 보니 난감했다. 무슨 얘기를 해야 할지 몰랐다. 어떻게 형수와 동침하라는 말을 할 수 있다는 말인가.

"네 형 엘이 죽은 지도 몇 년 지나지 않았느냐."

뚱딴지 같은 소리를 한다. 아버지 유다는 오난의 형 엘이 죽은 얘기를 꺼낸다.

"형님의 얘기를 왜 하시는지……."

"네 형이 죽고 나니 형수가 외롭게 지내고 있지 않느냐."

"그건 그렇습니다만."

오난은 그때까지 형수에 대해 별 관심이 없었다. 그저 죽은 형의 부인이구나, 게다가 과부가 되어서 안 됐구나, 그 정도로만 생각하고 있는 중이었다. 이것을 보면 유다의 큰 며느리 다말은 그때까지 조신한 여자이었음에 틀림없다. 아니면 인물이 별로 뛰어나지 않았음을 알 수 있다.

그림자 같이 조용한 여자였다. 젊은 미망인이 되어 속으로 한을 품고 사는 그런 평범한 여자였다. 인물도 가문도 별로 뚜렷하지 못한 여자였다.

"형수를 생각해 봐라."

"네?"

아버지가 무슨 말씀을 하시는 것인지 오난은 궁금했다.

"형수에게 씨가 있어야 되지 않겠느냐."

"씨라뇨?"

"형수에게 아들이 있어야 하지 않느냐 말이다. 이 집안의 큰며느리인데 자식도 없이 일평생 저렇게 살게 할 수야 없지 않느냐 말이다. 형수도 한 가문을 창설해야 되지 않느냐 말이다. 그래서 이 유다 가문을 이어 망망한 바다처럼 수만의 자손들의 어미가 되어야 하지 않겠느냐."

"그건 그렇습니다만."

"네가 형 노릇을 해라. 책임이 너에게 있다는 말이다."

"무슨 말씀이신지……."

"네가 형 대신 형수를 얻어서 장가들라는 말이다."

"네?"

이게 무슨 일이냐 형수에게 장가들라니, 아버지가 노망 드신 것이 아닌가. 오난은 그저 어리둥절할 뿐이다.

"형이 일찍 죽고 형수에게 후사가 없을 경우에는 동생이 형을 대신해야 한다. 그것은 지금 이 근동 일대의 풍습이고 법도다."

"그건 그렇습니다만."

오난이 그것을 모를 리 없다. 근동 일대에서는 그런 일이 있어 왔다. 그러나 그게 흔한 일이었다고 해서 자기가 그 일을 떠맡게 된다는 건 있을 수 없는 일이었다. 자신에게 그런 일이 생기다니, 오난은 그저 난감할 뿐이었다.

"아무리 법도가 그렇고 풍습이 그렇다 해도 제가 어찌 형수님을 안을 수 있단 말입니까?"

"이 녀석이 무슨 말을 하는 것이냐, 형수를 안다니. 이것은 가문을 이어가는 계대결혼이다. 이놈아, 남녀 재미로 이런 일을 하라는 것이 아니다. 가문을 창성케 하라는 하나님의 명령이고 가문의 고육지책이니라. 이것은 남녀의 사랑이 아니란 말이다, 이 녀석아. 남녀의 운우지정, 남녀관계 그런 것이 아니란 말이다."

"……."

"이것은 엄숙한 의식이니라. 계대결혼의 숭고한 절차니라, 알겠느냐. 이것은 남녀 간의 정분으로 하는 음탕한 짓이 아니란 말이다. 민족의 번영을 위해 꼭 해야만 하는 거룩한 예식이란 말이다."

유다가 둘째 아들 오난을 꾸짖는다. 계대결혼이 무엇인 줄 모르느냐, 이 가문을 일으키는 성스러운 의식이(계대결혼) 아니겠느냐며 윽박지른다.

지금의 윤리 상황으로는 계대결혼이 이해되지 않는다. 왜냐하면 계대결혼이란 합법적인 근친상간이며 합법적인 근친의 결혼이기 때문이다. 아무리 형이 죽었다고 하나 형수는 형의 부인이다. 그 여자는 형수다. 그런데 형수와 동침하여 아이를 낳으라며 근친상간, 근친결혼에 부채질을 하다니 있을 수 있는 일인가.

근친상간은 금기다. 그것은 장벽이다. 그것이 인류가 지켜온 계율이며 동물과 다른 인간만의 유일한 자존심이다. 프로메데우스 문학가인 조르주 바따이유는 『에로티즘』이라는 저서(번역 조한경, 민음사)에서 "금기는 범해지기 위해 거기에 있다"라는 유명한 말을 한다. 그것은 "근친상간의 욕망은 집요한 감정중의라는 사실이다." 집요한 감정이 다말과 유다의 시대를 휩쓸었던 것일까.

그러나 우리는 이것을 인류 구속학적, 하나님의 은총사적 입장에서 해석해야 한다. 인간의 집요한 감정을 오히려 선용하셔서 인류의 창대함을 이루신 하나님의 뜻으로 이해해야 한다. 지금 다말과 시동생의 동침사건도 바로 그런 것이다.

"오늘밤 형수 방으로 들어가라. 네 형수에게도 이미 통고가 되었다. 제발 형수에게 민족을 일으킬 수 있는 씨를 남겨주기 바란다."

부친의 명령이었다. 위대한 밤을 만들어라. 우리 가문을 이어갈 씨를 만들어야만 한다. 아버지의 명령은 엄숙하고 진지했다.

촛불이 은은히 비치고 있었다. 향수가 은은히 풍기고 있었다. 형수의 방은 아늑하고 조용했다.

"형수."

오난이 형수를 불렀다. 세상에 기막힌 일이 생긴 것이다. 이제 내가 형수와 동침을 해야 하다니, 오난은 너무 황당했다. 그것은 오난이 예의와 도덕을 따지는 훌륭한 사람이라서 그런 것이 아니었다. 어떻게 짐승 같은 짓을 할 수 있느냐고 정의와 예법을 따지는 대쪽 같은 선비정신이 있어서 그러는 것은 더구나 아니었다. 그러면 무엇 때문에 오난은 이런 일을 하고 싶지 않았던가. 그것은 억울해서였다. 당시 오난은 동네 처녀를 사랑한 것이다. 아가씨는 예쁘고 아름다웠다. 그녀와 결혼해서 가문을 만들 생각이었다.

지금 자기는 총각이 아닌가. 꽃 같은 처녀를 얻어서 깨가

쏟아지게 살아야 할 것인데 살다가 형이 죽어서 헌 여자가
된 여자, 더구나 나이도 몇 살이나 연상인 여자, 이런 여자
에게 나의 동정을 바쳐야 하다니 오난은 억울하고 또 억울
했다.

형수를 짝사랑하는 드라마가 있었다. 형수와 시동생은
사랑할 수가 없다. 왜냐하면 그것은 금기이기 때문이다. 그
러나 드라마에서는 형수와 시동생이 사랑을 한다. 조르주
바따이유의 말처럼 '범하기 위해 있는 시동생과 형수의 금
기'가 거기에 있었다.

사람들은 약간의 변태적 쾌감을 원한다. 형수, 제수 등
가족이라는 금기를 깨고 사랑하고 싶어 하고 소유하고 싶어
한다. 근친을 사랑하는 변태성은 무엇인가. 사회의 금기를
깨뜨리고 싶어 하는 악마적 쾌감이 현대인의 감성 속에 도
사리고 있는 것이다. 그런 면에서 오난은 형수와 동침하는
변태성욕자의 쾌감이 아주 없는 것은 아니었다.

그러나 오난은 막상 형수와의 섹스가 끝나자 무엇인가
허망했다. 억울했고 기분도 나빴다. 성자도 아니고 고자도
아니고 훌륭한 인격자도 아닌 오난이 이처럼 형수를 경원한
것은 무슨 이유 때문일까. 그것은 형수 다말에게서 별 매력
을 느끼지 못했다는 것이다. 형수가 마음에 들지 않았다는
것이다. 아니면 오난에게는 이미 장래를 약속한 처녀가 있

었다는 것이다.

"어서오세요, 도련님."

형수가 웃으면서 맞는다. 어서 오라고 두 팔을 벌린다. 형수가 드러누워 오난을 기다리고 있다.

"어쩔 수 없잖아요. 아버님의 명령이시잖아요. 가문을 번성시키라는 아버님의 명령, 야훼 하나님의 뜻이잖아요."

남자가 여자를 쫓아 다니며 사랑하는 것하고 반대로 여자가 능동적으로 남자를 사랑하는 것, 그것은 같은 사랑이긴 하지만 분명 차이가 있다. 여자가 사랑스럽고 좋아서 안는 것과 여자가 덤벼들어 여자의 강요로 안는 것은 하늘과 땅 차이다. 형수가 두 손을 들어 자기를 안으려 한다. 오난은 공연히 기분이 나빴다.

'이 여자에게 내 씨를 뿌려야 하다니, 그러면 나는 무엇인가'

오난은 생각했다. 결국 자기의 인생은 죽은 형의 남은 인생이란 말인가. 저 늙은 여자의 남자 첩이란 말인가. 나의 남은 인생이 그것이라는 말인가.

"떨지 말아요. 내게 다가와요."

형수가 손짓하고 있었다. 형수의 침실은 어두컴컴했다. 형수가 얇은 잠옷을 입고 있었다. 형수가 서슴없이 다가온다. 오난이 형수를 안는 것이 아니라 형수가 오난을 안으려다가오고 있었다.

오난은 공연히 떨려왔다. 형수 품에 안기다니……. 그는 당시 순진한 총각이었다. 그리고 무언가 기분이 나쁘다. 이 여자에게 잡혀 먹히는 기분이 든다. 그러면서도 형수의 육체에 끌리지 않는 것은 아니었다. 형수의 육신은 풍만했다.

"기운을 내세요. 왜 이렇게 떨고 있죠?"

형수가 채근한다. 형수의 잠옷이 떨어지고 맨몸인 형수의 살내음이 훅 끼쳐 온다. 형수의 뜨거운 몸, 그녀는 시동생을 안는다. 그날 밤의 동침은 형수가 주도적으로 이끈다. 남자를 이미 알고 있는 여자, 그 형수가 시동생을 안고 기쁨에 들떠 있다.

"형수, 뜨거워요. 당신의 몸이 뜨겁습니다."

"도련님, 당신을 사랑해요."

둘은 드디어 한몸이 된다. 형수의 육신에 오난은 온몸이 떨려온다.

"자 내게 주세요. 당신의 생명, 모든 것을 주세요."

"형수."

두 남녀는 드디어 합일을 향해 뜨거워진다. 절정의 순간이 온다. 절정의 순간에 오난은 형수의 몸에서 자기를 꺼낸다. 그리고 밖에 사정을 한다.

"이럴 수가, 어머 이럴 수가."

뜻밖의 오난의 행동에 형수가 놀란다. 이럴 수가 있는가. 자기 몸에 시동생의 생명을 받으려고 했는데 밖으로 내버리다니. 생명의 샘을 땅에 그냥 뿌려버리다니. 형수 다말이 분노한다. 시아버지 유다에게 그간 있었던 얘기를 다 고해 바친다. 시아버지 유다는 너무 황당하다. 이 녀석이, 씨를 밭에 심지 않고 딴 곳에 버리다니. 야훼가 그 사실을 알고 계셨다. 오난은 저주를 받아 죽는다. 형수의 방에서 나오자마자 형수의 방 문지방에서 그냥 죽어버린다. 민족 번성이라는 중차대한 사명을 감당하지 못하고 죽는다.

"이럴 수가."

다말이 다시 한 번 통곡을 한다. 내 배에서 두 남자가 죽어가다니…….

어찌 되었든 다말은 두 남자를 잡아먹은 나쁜 여자가 되었다. 다말은 시가에서 소박을 맞았다. 남편은 죽었다. 시동생마저 죽었다. 아이도 생산하지 못한 처지다. 어떻게 해 볼 도리가 없었다. 불쌍한 것은 며느리 다말이었다. 남편이 죽으니 그것으로 끝이었다. 그것으로 인생에 끝장이 난 것이다. 계대결혼이니 뭐니 아무 소용이 없었다. 시동생마저 죽으니 아무 희망도 없었다. 그렇다고 개가 하거나 재혼할 수도 없었다. 당시의 풍습이 그랬다. 미망인이 된 여자들은 옴치고 뛸 수가 없었다. 위로와 보상은커녕 오히려 시가에서 소박을 맞은 것이다. 그것은 시아버지 유다가 며느리 다말을 불길한 여인으로 보았기 때문이다. 아들들을 계속 잡아먹는 귀녀로 본 것이었다.

다말은 절치부심했다. 여자가 한을 품으면 오뉴월에도 서리가 내린다는데, 그녀는 이를 갈았다. 내가 겨우 이 가문의 불길한 며느리가 되다니…….

그동안에 불행한 일이 또 있었다. 유다의 부인이 죽었다. 수아의 딸, 유다의 조강지처가 죽었다. 즉 다말의 시어머니가 죽은 것이다. 시어머니는 큰며느리 다말을 사랑했었다. 그런데 시어머니가 죽었음에도 불구하고 다말은 시갓댁을 방문조차 할 수 없었다. 완전히 잊혀진 여인이었기 때문이다. 방치된 여자, 그녀가 다말이었다. 시아버지 유다가 홀아비로 적적하게 살아간다는 풍문만을 들었을 뿐이다.

세월이 흘러 막내아들 셀라가 이제는 씩씩한 청년이 되었다. 다말은 셀라를 통해서라도 자식을 얻고 싶다고 생각했다. 그러나 그것은 불가능한 얘기였다. 시갓댁에서는 도무지 연락이 없었다. 원래의 약속대로라면 셀라가 이쯤 장성했으니 서로 짝을 맺어주어야 온당하지 않겠는가. 그런데도 시갓댁에서는 전혀 연락이 없었다. 기진맥진한 것은 다말이었다.

다말은 비상수단을 쓰기로 했다. 그것은 어떻게든 유다

의 며느리가 되어 유다 가문의 아이를 갖겠다는 야망이기도
했다. 어떻게 해서든지 유다 가문의 아들을 낳아 씨를 이어
가고 자신은 그 가문의 며느리이자 만민의 어머니가 되겠다
는 것이었다. 그것은 여자로서 너무나도 당연한 꿈이요, 바
람이었다.

다말은 은인자중하며 시가의 처분만을 기다리던 수동적
자세에서 서서히 공격적 자세로 삶의 자세를 바꾸기로 했
다. 언제까지 기다릴 것이냐. 시갓댁에서 나를 잊은지가 오
랜데—차라리 이제는 내가 나서서 일을 꾸며보자. 다말은
스스로 변신을 선언한다.

그렇다. 다말처럼 우리도 변신해야 한다. 우리도 달라져
야 한다. 이제는 우리의 생활태도를 수동형에서 공격형으로
바꾸는 일이 무엇보다 급선무다.

많은 사람들이 불경기가 오면 움츠러든다. 이 태풍이 지
나가기를 기다리면서 가만히 엎드려 있다. 물론 그런 때가
아주 필요하지 않은 것은 아니다. 이보전진을 위한 일보후
퇴일 수 있다. 그런데 언제까지 엎드려 있어야만 할 것인가.
일어설 때는 일어서야 한다. 수비에서 공격으로 순간 전환
해야 한다. 순발력이 있어야 한다. 이것은 축구에만 해당되
는 사항이 아니다. 우리 인생에 꼭 필요한 얘기다. 수비에서
공격으로 바꾸자. 순간 전환의 능력을 발휘하면 영원한 성

공자가 될 것이다.

삼국지에 보면 누상촌에서 돗자리만 짜던 유현덕이 하루 아침에 몸을 일으켜 황건적을 물리치고 중국 통일의 대권을 향해 공격적인 삶을 살게 된다. 그리고 그는 마침내 촉이라는 나라를 세우고 황제가 된다. 수비에서 공격적인 인생으로 바꾼 성공적 삶의 표본이다. 30년 동안 목수일만 하던 예수가 그동안의 수비적 삶을 청산하고 하나님 나라 건설이라는 공격적 공생애를 시작하신다. 다말이 그랬다. 그녀의 삶은 이제 공격적이 되었다.

시아버지 품에 안기는 며느리

그 후에 무슨 일이 생기는가. 생각지도 못했던 청천벽력 같은 일이 벌어진다. 그것은 큰며느리 다말이 시아버지 유다와 동침해서 아이를 낳는 일이다. 있을 수 없는 일이 생긴 것이다. 유다 집안에 기막힌 일이 생긴다. 형수와 시동생이 동침을 하지 않나 그것도 모자라서 얼마 안 있다가 시아버지와 며느리가 동침을 하지 않나 따지고 보면 유다 집안이야말로 개차반이다. 불상놈의 집이다. 그런데 그 가문이 유다 민족이 되고 그 가문에서 다윗이 나오고 예수 그리스도가 나오다니 참 감탄이 안 나올래야 안 나올 수가 없다.

다말은 창녀로 변장했다. 그리고 시아버지 유다를 창녀인 그녀의 침실로 유인했다. 여자의 방은 아늑했고 청결했다.

"그대는 비록 몸을 파는 창기이지만 교양과 학덕이 있는 여자로세."

여자의 방을 휘둘러 보면서 유다는 그런 얘기를 했다. 창녀의 방이란 우선 지저분하고 남자 냄새가 나고, 욕정의 배설물, 그 찌꺼기의 퀴퀴한 냄새 천지가 아니겠는가. 무엇보다 천박할 줄 알았다. 그러나 여인의 방은 깨끗하고 다사로왔다. 가구며 침대 모든 것이 고급스러웠다. 가정집 스타일이었다. 창녀의 방이라고는 믿을 수 없었다.

다말은 그만큼 용의주도했다. 시어버지 유다가 나타날 만한 곳에 길가의 집 하나를 미리 전세 냈던 것이다. 많은 돈을 주고 미리 빌려 놨던 것이다. 그렇지 않고서야 어찌 두 사람의 만남이 있을 수 있었겠는가. 두 사람의 동침이 어떻게 이루어졌을 것인가. 이것만 봐도 다말의 공격적 인생의 면모를 알 수 있는 것이다. 다말은 우선 안 된다는 선입견을 타파했다. 기존 상식이나 윤리관은 깨 버렸다. 저돌적 여인이 되었다. 자신의 인생은 끝났다는 그런 선입견을 두드려 부수었다. 부정적이고 비관적인 인생관을 깨뜨렸다. 고정관념을 깨뜨려 버렸다. 그녀는 좋은 일만 있을 것이라는 새로운 도전을 자기 스스로 선언하며 성공한 자신의 모습을 그렸다. 내 인생은 내가 지킨다. 이런 것이다. 성공을 위해서라면 이제 물불을 가리지 않겠다. 이것이 다말의 도전정신이다. 그녀의 진취적이고 적극적인 면을 여기서 엿볼 수 있다. 왜냐하면 당시의 여성들은 자기 한계를 벗어나지 못했다. 인습과 관습에 억눌려 숨 한번 제대로 쉬지 못했다.

"그대는 어찌하여 이곳에 와서 이런 일을 하는가."

유다가 술김에 창녀를 보니 많이 본듯한 얼굴이다. 전혀 창녀답지 않다. 깨끗한 얼굴에 교양 있는 몸가짐, 그리고 착 붙는 친밀감, 마치 죽은 아내처럼 자신의 마음을 알아주는 여인의 풍성함, 유다는 순간 여자에게 반한다.

"팔자가 아니겠습니까. 대인 어른을 뵙게 되어 영광이옵니다."

"허허, 그래 고향은 어디인가."

"여리고입니다. 고향을 가고싶사옵니다."

"허허 그런가? 자네는 무척 아름다운 여인이로세."

"어르신."

"자, 내 품으로 오라."

유다가 두 팔을 벌려 여인을 안는다. 젊은 여인이 앞에 있다. 아내가 죽고 나서 오랫동안 적적하게 지내온 유다다. 그녀가 너무 사랑스럽다. 유다가 다말을 꼭 끌어안는다.

“어머.”

막상 여기까지 일을 끌고 왔으나 다말은 당황하지 않을 수 없었다. 이분이 누구인가. 시부님이 아니신가. 그렇게도 두렵고 무섭고 떨리던 시아버님 유다가 아니신가.

“이리 오라. 고향이 그립다지 않았는가. 내가 그대의 고향이니라.”

유다는 술에 취해 있었다. 얼굴은 붉고 온몸은 열정에 가득차 있었다. 젊은 여인 앞에서 유다는 가슴이 설레고 있었다.

“허허, 참새처럼 바들바들 떨고 있구나.”

젊은 여자가 애처롭게 떨고 있지 않는가. 그 모습이 애처롭고 예쁘기만 하다.

“옷을 벗으라. 너는 이제 나의 부인이다. 아니 너는 나의 딸이다. 나의 큰딸이다.”

“어머.”

유다가 여인의 옷을 벗겼다. 시아버지가 며느리의 옷을 벗기고 있는 것이다.

“무서워요.”

사실 다말은 무서웠다. 이럴 수가 있는가. 그러나 다말은 입을 꽉 다물었다. 어금니를 꽉 깨물었다.

“이분을 안아야 한다. 이분은 나의 하늘이고 나의 세계가 아닌가. 이분은 나의 인생이 아닌가. 이분은 나의 모든 것이 아닌가. 이분의 씨를 온 세상에 퍼뜨려야 하지 않겠는가."

유다는 여인의 옷을 벗겼다. 어둠 속에서 환히 빛나는 그녀의 나신, 마치 고목나무의 서기처럼 신비한 빛깔을 띠우면서 서 있는 여체, 유다는 덥썩 그녀를 안는다.

"참으로 반갑다. 너를 이처럼 만나다니, 오 야훼여! 감사합니다."

유다는 이런 여인을 만나다니, 야훼께 감사를 드린다. 유다의 애무에 여인이 흔들리기 시작한다. 세찬 바람에 흔들리기 시작한다. 이윽고 여자의 교성이 들려오기 시작한다. 여인의 교성이 들리자 유다는 더욱 저돌적이다.

듣던 음성 같다. 다말, 여인의 열정이 폭발하기 시작한다. 여인은 열성적이었다. 여자는 능동적이었다. 다말은 젊은 여자였다. 시아버지 유다를 와락 끌어안는다. 여인이 비명을 지른다. 그동안의 아픔과 고통, 회한과 원한이 일시에 분출된다.

"내 딸아……."

"어르신……. 여보……."

그들은 이제 한 몸이 된다. 누가 뭐래도 이 순간 남자와 여자는 한 몸이 된다. 그들은 이 순간 부부가 된다. 늙은 시아버지 그리고 젊은 며느리 다말이다.

"허허, 그대는 참으로 어여쁘구나."

유다는 술에 취했고 여자에 취했다.

"대인 어른."

"허허, 자네가 최고일세."

유다는 감격했다. 젊은 여자의 사랑을 받다니, 이런 날이 오리라고는 생각도 못했다. 그가 얼마나 이 여자를 사랑하고 그리워하게 되었는가는 이날 밤 그의 기력과 정열을 이 여자에게 전부 실은 것만 봐도 알 수 있다. 그것은 결코 하룻밤 풋사랑이 아니었다.

그것은 한때의 장난이 아니었다. 그것은 나중에 유다가 이 여인을 찾기 위해 얼마나 애를 썼으며, 이 여자를 찾지 못하자 얼마나 실망했는가를 살펴보면 알 수 있다. 단 한번의 정사였다. 시아버지와 며느리의 단 한번의 사랑이었다. 그것은 누구도 경험하지 못한 격렬함이었으며, 누구도 갖지 못한 열렬한 밤이었다.

이 사건 이후 시아버지 유다와 며느리 다말은 다시 이런 사랑을 나눈 적이 없다. 그들이 이 사건의 정체를 알았을 때, 그때는 시아버지와 며느리의 거대한 장벽이 눈 앞에 있었던 것이다. 어떤 면에서 그들은 더 길고 가슴 아픈 사랑이 이제 시작되었다고 볼 수 있을 것이다. 먼 발치에서 보이는 시아버지, 사랑하면서도 가까이 갈 수 없는 며느리, 이날 밤의 뜨거움은 그들에게 아련하고 안타까운 사랑으로 남지 않았을까. 어떤 면에서는 가장 성스럽고 감동적인 불후의 명품 사랑이 이날밤에 있었던 것이 아닐까. 바야흐로 시아버지와 며느리의 가슴아픈 러브 스토리가 이날 이루어졌다고 봐야 하는가.

유다는 이날 밤의 여자를 잊을 수 없었다. 비록 창녀였지만 여자를 잊을 수 없었다. 친구를 통해 유다는 여자를 찾으려고 애를 썼다. 그러나 찾을 수 없다는 말을 듣고 한동안 망연자실했다.

"언젠가 다시 만날 줄 알았는데……."

보고 싶었다. 도대체 젊은 여자는 어디로 갔다는 말인가.

이런 것을 풋사랑이라고 하는 걸까. 유다의 풋사랑. 결국 그들의 사랑이 유다 민족을 일으키는 원동력이 되지 않던가.

우리의 삶에는 분명한 목표가 있어야 한다. 쳐부숴야 할 타깃이 있어야 한다. 목표가 있을 때에는 도전의식이 생긴다. 열중할 수 있는 힘이 생기고 능력이 만들어진다. 에너지가 발생하게 된다. 여러분도 생애에 진실한 목표가 있는가. 그것이 있다면 축하드린다. 왜냐하면 목표가 있는 사람은 그 자체만으로도 이미 성공을 했다고 해도 과언이 아니기 때문이다.

다말은 목표를 유다로 정했다. 거기에는 이유가 있다. 유다는 하나님 선민의 가문이고 이스라엘 가문의 족장이다. 아브라함, 이삭, 야곱의 전통을 이어받은 정통 출신이기 때문이다.

후일에는 이스라엘 사람들을 유다(JUDAH)라고 할 만큼 유다 지파는 대표성과 정통성을 갖게 된다. 그것 뿐인가. 다윗 왕과 그리스도가 유다 후손에서 나오지 않았는가. 그들이 목메어 기다리던 메시아인 예수 그리스도가 유다 지파에서 탄생하게 된다. 그런 유다 가문의 맏며느리라면 어떤 자리인가. 그동안 남편이 죽고 시동생이 죽고 불행한 일들로 인해 쫓겨나기는 했지만 다말은 영광의 그 자리를 다시 탈환할 계획을 세운 것이다. 그를 위해 공격목표로 세운 것이 바로 시아버지 유다였다.

가문의 최고 수령인 시아버지를 타깃으로 만든 것이다. 공격의 목표를 이곳 저곳 흔들면 안 된다. 자기가 갈 길을 혼돈하면 절대 승리할 수 없다. 시시하게 젖비린내 나는 어린아이 셀라를 목표로 삼을 수는 없다. 어느 천 년에 그 아이가 자라서 남편 노릇을 한다는 말인가. 시아버지를 무너뜨려라. 시아버지의 씨를 갖자. 시아버지의 후계를 내가 만들자. 다말의 공격 목표는 바로 이것이었다. 재주를 가진 사람보다 집념을 가진 사람이 더 무서운 사람이라는 것은 이를 두고 한 말이다.

"열두 가지 재주꾼에게 조석거리가 없다"는 한국 속담이
있다. 재주가 열두 가지면 뭘하는가. 목표가 일정치 않으니
흔들릴 수밖에 없고, 목표가 흔들리니 실패할 수밖에 없다.
재주는 없어도 집념이 있는 사람은 언젠가 그 일을 이루어
내고야 만다. 집념을 가지고 끝까지 싸워라.

부인이 죽고 유다는 적막하게 살고 있었다. 그러던 차에
마침 딤나라는 성에서 양털 깎는 축제가 개최되고 있었다.
당시 딤나 일대는 모두 목축업에 종사하고 있었다. 그리고
양털 깎는 기간에는 모두 모여 축제를 열었다. 그 기간에는
남녀관계도 비교적 자유로웠으며 양털 깎기 대회 등으로 흥
청거리는 기간이기도 했다. 목축업을 하는 유다가 축제에
참석하는 것은 나무나 당연한 일이었다. 한국의 추석이나
미국의 추수감사절에 버금가는 축제였다.

다말은 과부복을 던져버렸다. 당시의 과부들은 과부의
복장을 하고 다녔다. 그것이 관습이었고 의무이기도 했다.
과부가 된 것만도 서러운데 그런 복장을 하고 살아야 되다
니 당시의 과부들은 얼마나 가슴에 한이 많고 서러움이 서
려 있었겠는가.

어느 날 그녀는 혁명을 한다. 개혁을 한다. 그녀는 과부
복을 던져버리고 사치스럽고 야하게 치장했다. 새로운 변
신을 위해 새로운 의복을 입었다. 장식이 달리고 핑크 빛으

로 눈길을 끄는 옷을 입고 화장을 했다. 여인에게 화장이란 얼마나 화려한 연출 방법인가. 귀걸이를 달고 목걸이를 했다. 오랜만에 성장을 하고 보니 거기엔 너무나 다른 모습의 여인, 변신된 자신의 모습이 있었다. 눈이 부시게 아름다운 다말이 거기에 있었다. 과부복을 입었을 때의 꾀죄죄하고 빈궁 투성이의 여인이 이제는 아니었다. 오늘 그녀는 화사하고 아름다운 모습의 멋진 여인으로 변신한 것이다. 이것은 하나님이 여인들에게만 내려주신 축복이다. 변신의 축복, 화장의 축복, 성장의 축복, 튀고 싶은 욕망 등등.

남자는 죽었다 깨도 이런 행복을 맛볼 수 없다. 순간 화사해지고 순간 아름다워지는 모습, 그것은 여인의 특권이고 여인의 축복이다. 짙은 화장과 어여쁜 성장의 모습이 여인의 새로운 연출이다. 다말이 그런 여인이 된 것이다. 어쩌면 다말은 아름다운 여인이었는지도 모른다. 그동안 지지궁상으로 지내느라 아무도 몰랐던 그녀의 아름다운 모습, 바로 그 모습이었다. 다말은 자신을 재발견 했다. 자신도 몰랐던 자신의 아름다움에 도전 의욕이 생긴다. 이만하면 되겠다 싶었다.

당신도 지금 거울을 보라. 그리고 당신을 재발견하라. 당신을 성장하고 변화시켜라. 오난은 미래가 없었다. 그래서 죽은 것이다. 기존 관념을 깨뜨리지 못해서 죽은 것이다. 형수의 아름다움을 몰랐던 것이다. 형수의 화사함을 몰랐던 것이다. 형수의 의외성을 몰랐던 것이다. 오난은 다말을 재발견하고 재해석했어야 했다. 그녀의 아름다움을 발굴했어야 했다. 그녀와 새로운 세상을 만들었어야 했다. 그것은 어느 시대나 남자들이 할 일이다. 여자를 재발견하고 키워주어야 하는 것이 남자가 할 일이다. 오난은 그것을 몰랐기 때문에 죽은 것이다. 아니, 다말 자신도 자신의 의외성과 아름다움을 몰랐을지도 모른다. 그런데 이제 시아버지를 통해서 환히 밝혀진 것이다.

다말은 사건 당일 '에나임'이라는 성문 앞 광장으로 나갔다. 화려한 의상을 갖추고 면박을 했다. 사람들이 그녀의 모습을 흘끔흘끔 보며 지나갔다. 그녀의 모습은 화려했다. 그녀는 누가 봐도 기생이나 창녀의 모습이었다. 당시엔 우상의 신전에 이런 창녀들이 많았다. 그리고 양털 깎기 축제기간에는 창녀들이 길까지 나와 손님을 잡으려고 더욱 기승을 부리기까지 했다. 창녀가 아무나 되는가. 못생긴 창녀를 본 적이 있는가. 그래도 인물이 있어야 창녀가 되는 것 아니겠는가.

염소 한 마리, 화대로 주겠다
며느리를 못 잊는 시아버지

유다가 성문 광장으로 들어오고 있었다. 축제를 보러 나들이를 한 것이다. 당시의 나이로 보면 그는 기력이 왕성한 장년의 나이였다. 부인이 죽고난 후 적막강산으로 살아오던 터였다. 그는 오래간만에 나들이를 한 것이다. 술을 마시고 거나하게 취했다. 그때 유다 앞에 향긋한 내음을 풍기며 성장을 한 여인이 수줍게 웃고 있었다. 많이 보던 얼굴인데 누구인지 알 수가 없다.

유다는 여인을 보자 너무 황홀해서 순간 몽롱해졌다.

"이렇게 아름다울 수가, 그대는 이곳에 사는가?"

"저의 직업이 무엇인지는 대강 아시잖아요? 이곳이 저의 집이랍니다."

"허허허, 그렇군. 그렇다면 단 한 번만이라도 좋으니 내 여인이 되어주지 않겠나. 나는 잠시지만 그대의 낭군이 되어 주겠네."

점잖은 유다였으나 이날만은 공연히 오기가 생겼다. 축제에서 먹은 포도주 때문인지 그날따라 기분이 좋았다.

"나와 잠시 같이 지낼 수 있겠는가."

유다는 젊은 여인에게 치근덕거린다. 오늘 밤의 파트너가 되어달라고 부탁한다. 하룻밤 같이 자자고 애원한다.

이것이 남자의 모습이다. 한 가문의 족장일지라도 거리의 여자를 만나 이렇게 쉽게 달라질 수가 있는 것이다. 남자는 사실 너무나 쉽게 유혹 앞에 노출된다. 천지에 아름다운 여자가 있다. 여자를 보면 더구나 젊은 여자를 보면 금방 혈기가 생기는 것이다. 이것이 남자의 본능이다. 이 젊고 아리따운 여인을 한 번만이라도 안아볼 수 있다면—이 젊은 여인에게 단 한 번만이라도 사랑을 받아볼 수 있다면—홀아비 유다는 그런 생각을 한 것이다.

"말하시오. 그대가 원하는 것이라면 그게 무엇이든 드리리다."

나이 든 남자가 젊은 여자 앞에 서면 이렇게 약해지는 것이다.

삼손이 데릴라에게 파멸당한 것은 무엇인가. 장년의 남자가 어린 여자를 사랑하니 뭐든지 주고 싶어진 것이다. 나중에는 자신의 목숨까지 준 것이다. 시아버지를 보면서 큰 며느리 다말은 사실 웃음이 터져 나왔다. 이 어른이 오늘 웬일이신가. 근엄한 시아버지 유다가 아니시던가. 그런데 그가 며느리 앞에서 추파를 던지며 서 있는 모습이라니…….
남자란 이래서 귀엽기도 하고 불쌍하기도 하다. 아버님 지금 이것이 무슨 짓이랍니까. 시아버지가 지금 어떻게 보이는가. 며느리 다말에게는 그저 철딱서니 없는 어린아이로 보이지 않겠는가.

그러나 이분이 누구인가. 바로 시아버지가 아니신가. 하나님이 계시하신 선민의 이스라엘 민족의 수장이 아니신가. 위대한 가문의 수령이 아니신가. 더구나 나는 이분의 생명으로 이 가문의 후손을 이어야 하질 않겠는가. 어찌 보면 유다보다 더 두렵고 떨리는 것은 다말이었다. 지금 이 일에 생사를 걸고 있는 것은 사실 유다가 아니라 다말이었기 때문이다. 만약에 여기서 그녀가 실패하면 자기는 죽어야 한다. 여기서 실패하면 이제 그녀는 갈 곳도 없다. 죽은 목숨이다.

유다는 여인을 바라보았다. 여인이 떨고 있었다. 애처로운 생각이 들었다. 바들바들 떨고 있는 젊은 여인을 보니 더욱 사랑스러웠다. 남자는 어떤 여자를 사랑하는가. 자신만만하고 교만한 여자보다는 무엇인가 보호본능을 충족시키는 연약하고 겸손한 여인을 사랑하게 되는 것이다. 그런 여자를 갖고 싶어하는 것이다.

나의 집에 아주 조그만 강아지가 있다. 나는 동물을 싫어한다. 한 번도 애완동물을 기른 적이 없다. 그런데 지금 키우고 있는 '모래'라는 강아지는 너무 귀엽고 사랑스럽다. 무엇이 사랑스러운가. 어린 것이 목을 빼고 주인을 기다리는 모습, 먹이를 줄 때 덤벼드는 모습—그런 모습이 한없이 정겨운 것이다. 너무 불쌍하게 보이는 그 모습이 사랑을 주게 만드는 것이다.

하나님의 사랑을 받는 방법이 무엇인가. 권력, 재주, 물질, 그것으로 하나님 사랑을 받을 수 있다고 생각하는가. 아니다. 절대 아니다. 오직 그분에게 불쌍하게 보이는 것이 가장 좋은 방법이다. 연약한 저를 도와 주소서, 저는 갈 곳이 없습니다. 당신 밖에 없습니다. 이래야 한다. 긍휼함을 받는 것이 얼마나 큰 축복이라는 것을 강아지를 키우면서 새삼 느끼게 된다.

"그대가 원하는 것이라면 뭐든지 주겠소, 말씀하시오."

유다는 젊은 여인 앞에서 간절하게 말했다. 남자는 아무리 나이가 많아도 아름다운 여자 앞에서는 어린아이가 된다. 아름다움 앞에서 무릎을 꿇게 된다. 여인은 잠자코 있었다. 무엇인가 골똘히 생각하는 것 같았다. 그것이 남자의 애간장을 태우고 있었다. 술에 취한 유다에게 여인은 너무 아름다워 보였다.

"내가 그대에게 염소새끼를 주겠소. 어떻소? 그만하면."

당시는 가축이 재산이었다. 가축이 돈이었다. 염소를 주겠다고 한다. 화대로 염소 한 마리면 괜찮은 가격이다.

"고맙군요. 염소를 주신다니. 그런데 그것을 제가 어떻게 믿을 수 있나요?”

유다는 난감했다. 생각도 못한 일이었다. 이 여자를 안을 수만 있다면 무슨 약속이라도 하고 싶다. 이처럼 아름다운 여자를 만나리라고는 생각도 못했고 더구나 그 여자와 동침을 하리라고는 생각도 못한 일이었다. 그런데 이 여인이 무엇을 믿고 몸을 맡기겠느냐는 것 아닌가. 순간 유다는 난감했다. 여인이 말한다.

“약조물로 당신의 도장과 끈과 대인의 지팡이를 내게 줄 수 있겠습니까. 당신이 그 염소 떼를 가져오시면 그때 바꾸어 드리지요.”

창녀치고는 매우 이상한 물건을 원한다. 그것들은 돈이 되는 것도 아니고 보석도 아니다. 그런데 이 여자는 그런 것을 원한다. 도장과 끈, 지팡이를 달라니. 유다는 얼른 대답한다. 이 여자를 소유할 수 있다는데 그것이 문제인가. 유다가 들어보니 별로 어려운 부탁도 아니다. 괜찮은 말이다.

“그럽시다. 그렇게만 해준다면 참으로 고맙겠소. 내 약속은 꼭 지킬테니…….”

도장은 가문의 상징이다. 끈은 혈통을 의미한다. 지팡이는 남자의 상징, 유다를 표현하는 기물이다. 그것은 당시 가문을 상징하는 증표이며 남자의 권위를 나타내는 상징이었다.

그 모든 것들을 여인이 달라고 했다. 그리고 유다는 그것을 주겠다고 했다. 이것을 보면 유다가 여자에게 빠져도 보통 빠진 것이 아니다. 길에서 만난 여인에게 이런 열정을 내다니 유다는 자기 자신도 자신이 왜 이러는지 모를 지경이었다.

그날 밤 그들은 같이 잠을 잤다. 시아버지와 며느리가 동침을 한 것이다. 시아버지와 며느리가 한몸이 된 것이다. 참으로 기막힌 사건이 발생한 것이다. 그것이 아무리 당시의 풍습으로는 어쩔 수 없는 고육지책의 정당한 행위였다 해도 시아버지와 며느리가 성관계를 했다는 것은 전대미문의 사건임에는 틀림이 없다. 소위 시부와 자부간에 부적절한 관계가 되었다는 것은 충격적인 사건이었다. 근친상간, 상피 붙는 일이 아닌가.

이렇게까지 해서라도 후사를 얻으려는 다말의 집념, 과연 무서운 여인이었다. 더구나 다말은 본의였든 아니었든 간에 본 남편인 큰아들과 작은아들, 이제는 시아버지까지 가문의 3부자와 모두 성관계를 한 남성편력의 독특한 기록을 세운 여인이 된다. 다말의 운수가 좋았던 것인가. 아니면 기구한 운명의 여인이었는가. 시아버지와 며느리가 동침을 하여 아이를 낳았다는 이 사건은 무엇을 뜻하는가. 현대의 기독교 윤리로 봐서는 있을 수 없는 일이다. 엄연한 간음죄와 근친상간 죄를 범한 것이다. 그러나 우리의 시각과 잣대는 당시의 관습으로 돌아가야 한다. 당시의 이데올로기를 이해해야 한다. 선민 구성이라는 당시의 최고 관심사를 이해해야 한다.

어찌됐든 다말은 얼마 후 오매불망 바라고 바라던 유다 가문의 아이를 잉태하게 되었다. 당시는 인구 증가가 필요한 인류 창조의 시절이었기 때문인지는 몰라도 잉태가 쉽게 되었다. 쉽게 임신이 되었고 대개가 다산이었다. 다말의 배가 불러오기 시작했다.

한편 유다는 젊은 여자가 그리웠다. 꿈 같은 시간을 보낸 것이다. 내가 과연 그런 아리따운 여자를 소유했었는가. 그날 밤, 정열의 그 밤을 잊을 수 없었다. 땀을 흥건히 흘리면서 자신을 사랑해주던 어둠 속의 여인, 아니 어둠 속에서 빛나던 여인, 딸처럼 어리고 어린 그 여자가 그리웠다.

며칠 후 유다는 친구 아술람을 통해 염소 새끼 몇 마리를 여인에게 보냈다. 그리고 도장과 끈과 지팡이를 돌려달라고 했다. 아마도 점잖은 처지에, 아니 밝은 대낮에 그녀를 직접 만나기가 면구스러웠을 것이다. 그래서 친한 친구를 보낸 것이다.

"여보게, 가능하면 여자의 거처를 알아봐 주게."

"하하하, 자네는 그 아리따운 여자에게 완전히 반했던 모양이구먼."

"허허, 이 사람 왜 그러나. 그 여자가 불쌍해서 그러네. 너무 불쌍해 보이더란 말일세."

유다는 그녀를 만나고 싶었다. 그녀의 거처를 알고 싶었다. 그런데 여자는 종적을 감췄다. 친구는 염소를 도로 데리고 돌아왔다.

"이보게 유다, 그곳에 그런 여인은 없었다네. 어찌된 일인가. 이 일이……."

친구의 말이었다. 친구의 얘기인즉 그런 여자를 만날 수가 없었다는 것이다. 알고 보니 그곳에는 원래가 창녀가 없는 여염집 지역이라는 것이다. 고상한 동네라는 것이다.

"아니 뭐라고 했는가, 그곳이 유곽지대가 아니란 말인가. 그렇다면 내가 뭐한테 홀렸다는 것인가."

유다는 의아했다. 분명 만났던 여인이 아니었던가. 같이 몸을 섞으며 동침하던 여인이 아니던가. 그런데 그녀가 그곳에 없다니—더구나 염소새끼까지 보냈는데도 자기를 찾지도 않다니—유다는 의아했다. 그러나 어찌하랴. 지금은 가버린 여인인데. 자신이 과연 한때나마 그 여인을 품에 안았던 것인가. 유다는 아련한 추억에 잠겨본다. 그러나 이미 모든 것은 지나간 일이었다.

화려한 의상을 던져버리고 다말은 다시 과부복을 입었

다. 천하고 슬픈 옷을 다시 입은 것이다. 그러나 이제 다말은 예전의 칙칙하고 꾀죄죄한 모습의 불행한 여자가 아니었다. 더 이상 저주받은 과부가 아니었다. 더 이상 슬픈 여인이 아니었다. 기구한 팔자를 한탄하는 그런 여자가 아니었다.

그녀의 앞날은 이제 창창했다. 희망이 있었다. 눈부신 날들이 오고 있었다. 다말은 이제 화사한 여자가 되어가고 있었다. 자신의 몸에 아이가 들어서고 있었다. 유다 가문의 장손이 들어서고 있었다. 그녀에게 이제 무엇이 두렵겠는가. 희망이 꿈틀대고 있었다. 이것이 중요하다. 이상과 꿈을 가진 사람은 현실생활이 아무리 힘들고 괴로워도 언젠가 다가올 그날을 기다리며 희망으로 살 수 있다는 것이다.

"당신의 아이를 가졌습니다"
판세를 뒤집는 다말

3개월이 지났다. 다말의 배가 불러오기 시작했다. 정말 속담처럼 과부가 애를 밴 것이다. 그때나 지금이나 소문은 급속으로 번지는 법이다. 과부가 애를 갖다니, 조그만 도시에서 이 사건은 톱 뉴스 거리가 아닐 수 없었다. 그리고 소문은 퍼지고 퍼져서 드디어 유다의 귀에까지 들리게 된다.

친정에 가 있는 큰며느리 다말이 어떤 종자인지도 알 수 없는 어느 남자의 씨를 가지고 있다는 사실이었다. 청천벽력이었다. 있을 수 없는 일이었다. 우리 가문이 어떤 가문인데 과부 며느리가 애를 갖다니, 유다는 분노했다. 이런 망신이 세상에 또 어디 있더란 말이냐.

석달 쯤 후에 혹이 유다에게 고하여 가로되 네 며느리 다말이 행음하였고 그 행음함을 인하여 잉태 하였느니라 유다가 가로되 그를 끌어내어 불사르라　　　　　(창세기 38 : 24)

여기서 우리는 두 가지를 생각할 수 있다. 첫째는 당시의 풍속으로 며느리가 행음하면 시아버지가 불에 태워 죽일 수도 있다는 것이다. 며느리의 생사권을 시아버지가 갖고 있었다는 것이다. 지금의 인권이나 여권신장 측면에서 보면 가히 무시무시한 시절이 아니었겠는가. 둘째는 쫓아낼 때는 언제고 가문의 명예를 더럽혔다고 죽이려 할 때는 언제인가. 그럴 수가 있는가.

유다야말로 적반하장이 아닌가. 며느리가 미워서 쫓아낼 때는 언제인가. 행여나 그 며느리가 본가로 찾아올까 겁을 내던 유다였다. 그런데 이제는 애를 가졌다고 죽이려 한다. 이기적이다. 욕심이다. 그것이 인간의 얕은 본성이다. 이왕에 버린 며느리일 것 같으면 그녀가 무슨 짓을 하던 상관할 것이 뭐 있겠는가. 그런데 그렇지가 않았다. 자기 가문을 더럽히고 자신의 명예를 실추시킨 것이다. 한마디로 자기에게 손해를 끼친 것이다. 이런 사람은 잘잘못을 따지기 전에 잡아없애야 한다. 이것이 인간의 독성이다. 유다 역시 다를 바 없었다. 똑같은 성정을 가진 사람이었다. 유다가 며느리 다말을 잡아다가 취조하기 시작했다.

"그년을 잡아오라."

그는 노발대발하고 있었다.

"세상에 이럴 수가 있는가. 네 이년, 과부가 아이를 갖다니……. 하늘이 무섭지 않은가."

"……."

그러나 다말은 잠자코 있었다. 위기에 처했을 때 남자들은 대개 당황하고 우왕좌왕 하지만 오히려 침착해지는 건 여자 쪽이다. 시아버지가 아니라 임금이라도 남자를 우습게 여길 수 있는 여자의 특권이 여기에 있다. 어떤 남자라도 우습게 볼 수 있는 것이 여자다. 더구나 한 번 관계를 맺은 남자라면 더욱 그러하다. 여자의 교만은 이럴 때에 유독하다.

유다가 끌려온 며느리를 내려다본다. 괘씸하기 짝이 없다. 누구인지도 모르는 사내와 그런 짓을 하다니. 그런데 이상하다. 끌려온 며느리가 당당하기 짝이 없다. 애를 가진 며느리다. 그런 며느리가 그 배를 내민 채 시아버지 유다를 쏘아보고 있다. 이 상황에서 당황한 것은 오히려 시아버지 유다 쪽이다. 그리고 자신만만한 쪽은 며느리 다말이었다.

다말은 왜 그동안 잠자코 침묵을 지키고 있었는가. 시아버지 유다의 아이를 가졌다는 비밀을 무엇 때문에 혼자만 간직했던 것일까. 그것은 너무 귀한 비밀이었기 때문이다. 세상이 발칵 뒤집힐 비밀이기 때문이었다. 그리고 자신을 지켜줄 유일한 비밀이었기 때문이다. 더구나 이제 시아버지 유다와 최후의 결전을 치를 때가 온 것이고 그때에 써먹을 비밀이었던 것이다. 그것이 무엇인가. 유다가 다말과 동침하면서 주었던 화대, 즉 정표인 도장과 끈과 지팡이였던 것이다.

"아버님, 제 뱃속의 아이를 학대하시면 안 됩니다."

"아니, 저년이……."

"이 아이는 귀한 가문의 장손이랍니다."

"허허."

"우선 이 물건들을 살펴보세요. 이것이 무엇인지는 아버님이 더 잘 아실 것 아닙니까. 내 뱃속의 아이는 이 물건들의 주인인 아버님의 아이랍니다."

다말이 품속에 간직했던 물건들을 꺼내놓는다. 유다는 기겁하고 놀랐다. 아니, 저것이 무엇인가. 창녀와 하룻밤 풋사랑의 정표로 주었던 물건들이 아닌가. 그렇다면 그 창녀가 누구란 말인가. 유다는 순간 모든 상황을 깨닫게 되었다. 아니, 이것이 있을 수 있는 일인가. 그렇다면 내가 큰 자부 다말과 관계를 했단 말인가. 내가 그런 일을 했다는 말인가.

유다가 그것들을 알아보고 가로되 그는 나보다 옳도다 내가 그를 내 아들 셀라에게 주지 아니 하였음이로다 하고 다시는 그를 가까이 아니 하였더라   (창세기 38 : 26)

유다는 역시 큰 인물이었다. 거기서 다말과 티격태격하지 않았다. 관계를 했느니 안했느니, 그런 싸움을 하지 않았다. 아니면 유혹을 한 네가 나쁜 년이니 어쩌니 그런 말 또한 하지 않았다. 그런다고 문제가 해결되는 것은 아니었다. 상황을 알아차린 유다는 얼른 이 국면을 수습키로 했다. 그는 역시 대범하고 지혜로운 사람이었다. 모든 상황을 알아차린 순간 그는 모든 것을 실토했다. 며느리 뱃속의 아이는 누가 뭐래도 내 아이다. 우리 가문의 증손이다. 일이 이상하게 되었지만 사실은 사실이다. 그는 오히려 며느리 다말을 칭찬했다. 내가 막내아들 셀라를 그녀에게 주지 않았기 때문에 이런 일이 생겼다는 것이다. 그래서 큰 자부가 오죽 했으면 이런 일을 벌였겠느냐는 말이었다. 유다는 대세를 읽는 장점이 있었다. 며느리 다말이 대세였기 때문이다.

"애야 큰 애기야, 미안하다. 그동안 얼마나 고초가 심했느냐. 참으로 민망하고 민망하다. 이왕에 생긴 아이니 이 가문의 종손으로, 귀한 자식으로 잘 키워라. 어쨌든 나의 아이가 아니냐. 참으로 미안하다."

유다는 기뻤다. 젊은 여인 다말에게서 아이를 갖다니 스스로 자랑스럽기도 하고 며느리가 고맙기도 했다. 또 유다는 자신의 잘못을 솔직히 인정했다. 성경에 나오는 큰 인물들은 변명이 없다. 모세도 그랬고 다윗도 그랬다. 예수님은 처절했던 상황에서도 변명하지 않았다. 당시의 계대결혼 풍습은 큰아들이 죽으면 그 다음 동생들이 대를 이어주어야 한다. 그런데 유다는 그것을 인위적으로 막았다. 그는 며느리에게 잘못한 것이다. 그리고 그것을 시인했다.

유다의 또 다른 위대한 점은 큰며느리 다말과 더 이상의 성관계가 없었다는 것이다. 대부분의 사람은 여기서 실패하기 마련이다. 젊은 여자와의 하룻밤 풋사랑을 잊지 못했던 유다이다. 남녀관계엔 중독성과 습관성이 있다. 이것이 무서운 것이다. 그렇게 목메어 부르던 여인, 그렇게 찾아다니던 여인, 그날 밤 격정에 못 이겨 비명과 울음소리를 내던 여인. 이제 그 여인을 찾았다. 다른 사람도 아닌 큰며느리 다말이 아닌가. 그 여인이 며느리가 되어 지금 저기 앉아 있지 않는가. 그러나 유다는 여인을 단념했다. 며느리와 더 이상의 관계가 없었다.

그동안 자기의 마음을 설레게 했던 사련의 여인이 큰며느리라는 것을 알고는 단칼에 잘라버린 것이다. 일시적인 정욕, 그리움, 미련을 서슴없이 잘라버린 것이다. 그리고 표표히 그 정욕에서 사라진 것이다. 마치 김유신 장군이 천관녀를 잊기 위해 애마를 칼로 쳐 죽이듯이 단칼에 자신의 사련을 잘라버린 것이다. 유다의 위대성은 무엇보다 여기에 있는 것이다. 만약에 그가 며느리 다말과의 사련을 잊지 못하고 계속 부적절한 관계를 지속했다고 하자. 그는 선민의 수령자리에서 퇴출당했을 것이다. 계속해서 며느리와 그런 관계를 맺었다면 못난 사내의 범주에서 벗어나지 못했을 것이다. 그러나 그는 단칼에 정욕을 자르고 미련과 정욕을 단념했다. 그래서 그가 위대한 것이다.

판세는 뒤집혔다. 승리는 다말에게 있었다. 역시 다말은 지혜롭고 용기 있는 여인이었다. 지혜롭다는 것은 무엇인

가. 당시는 봉건제도였다. 인권이나 여권이 발달하지 않은 시대였다. 그런데 다말은 그런 환경에서 몸을 일으킨 것이다. 사회의 통념이나 규범을 깨뜨리고 과감하게 시아버지 유다를 유혹해 그의 씨를 잉태했다. 그뿐인가. 시아버지와의 하룻밤 동침의 역사를 증거물로 확보하여 자신의 신분상승과 변신의 도구로 이용했다는 것이다. 또 그동안 이 엄청난 비밀을 숨기고 있다가 극적인 순간, 결정적인 순간에 그 증거물을 공개했다. 그리하여 유다로 하여금 꼼짝없이 다말이 잉태한 아이가 자기의 씨앗임을 만천하에 고백하도록 만든 것이다.

주도면밀한 다말, 그녀는 그렇게 인생을 반전시킨 것이다. 만약 여기서 일이 조금만 틀어져버렸어도 다말은 비극적 여인이 될 수도 있었다. 다른 남자와의 불륜으로 임신을 했다면 그녀의 인생은 참혹하게 끝났을 것이다. 어처구니없는 모함으로 비극의 여인이 되었을지도 모른다. 용기 있는 여인이란 바로 다말 같은 여자다. 개혁적 인물이란 바로 다말 같은 여자다. 다말로서는 죽기 아니면 살기 아니었을까. 대를 이을 자손을 얻기 위해 피말리는 전쟁을 하지 않았던가. 창녀로 변장하여 시아버지를 유혹한, 그래서 목적을 달성한 무서운 여자가 아니었던가. 바로 그런 것이 다말의 장점이라 할 수 있다. 시아버지를 유혹한 일은 다른 여자라면 생각조차 못할 일이라는 사실이다. 선입관과 기존의 상식을 깨뜨리고 우뚝 선 여인이 다말이라는 것이다. 그리고 시아버지에게 불륜으로 몰려 처형 직전에 증거물을 공개하는 대담성에서 우리는 그녀의 진면목을 보아야 한다. 증거물이란 아무 때나 내놓는 것이 아니다. 제때에 공개되어야 상대방에게 타격을 가할 수 있다. 우리는 그녀에게서 자기 혁신과 변신을 배워야 한다.

다말은 드디어 유다 가문의 대를 이을 아들을 낳는다. 그것도 하나가 아닌 쌍둥이였다. 둘이나 낳았다. 베레스와 세라를 낳았다. 과부의 신분에서 만민의 어머니로 일약 등장하는 순간이다.

"아버님, 아기를 낳았어요. 쌍둥이랍니다."

"알고 있다. 아가야, 고생했다."

며느리는 조신했고 시아버지는 자애로웠다. 그들이 누구인가. 아이들의 아버지와 어머니가 아닌가. 정을 주고 받은 남녀가 아닌가. 그러나 그들은 의연했다.

칼빈은 다말에게서 쌍둥이가 출생한 것은 아름다운 일이라고 했다. 계대결혼의 숭고한 사건이라고 설파했다. 시아버지 유다와 며느리 다말이 아이를 생산한 것은 부끄러움이 아니라고 말했다. 사람은 종족보존을 위하여 태어난 것 아니냐는 말도 했다. 쌍둥이 출생은 놀랄 만한 사건이며 축복할 만한 일이었다. 오매불망 자녀 갖기를 소망하던 다말에게는 얼마나 경사스러운 일이었는가. 후일 그녀의 후손 중에서 다윗 왕이 나오고 솔로몬이 나오고 마침내 예수그리스도가 탄생한다. 이것은 무엇을 뜻하는가.

죄악과 암흑에서도 하나님의 의는 찬연하게 빛나고 아름답게 나타난다. 가장 추한 인간에게서 가장 선하신 하나님의 아들이 탄생된다고 하는 사실보다 더 극적인 반전의 역사가 어디 있겠는가. 마치 야구와도 같다. 인생에는 반전이 있다. 당신에게도 분명 반전이 있다. 9회 말까지 패망하던 팀이 마지막 순간 홈런을 치고 승리할 때의 그 감격과 벅찬 감동. 그것이 연출되기까지 9회 말까지의 패배라는 어둡던 시절이 있었지 않았는가. 생각해 보라. 당신은 지금 9회 말까지 홈런을 치지 못하고 있는가. 이제 당신의 차례가 올 것이다. 당신의 때가 올 것이다. 당신은 이제 타석으로 가게 된다. 홈런을 쳐라. 극적인 홈런을 쳐라. 그리고 인생을 반전시켜라.

다말—자신의 인생을 극적으로 반전시킨 인물이 아닌가.

『패륜의 극치인가 사랑의 장벽인가』는 이 시대 사랑의 대헌장입니다

이 정 근 박사 | 유니온 교회 담임목사, 미주성결대학교 명예총장

하나님은 박요한 총장님에게 특별한 은사를 주셨습니다. 다른 은사도 많지만 창작력, 특히 글쓰기라는 좋은 은사를 주셨습니다. 글을 쓰기 위해서는 언어관리 능력, 지성, 상상력, 추리력, 창의력, 시대정신과 같은 일의 전문가가 되어야만 합니다. 특히 하나님의 부르심을 받아 목사가 되었기에 성경과 신학의 전문가가 되어야만 합니다. 박 목사님은 그런 수준에서 신앙소설을 써 가고 있습니다.

목사의 가장 중요한 사명 중 하나는 설교입니다. 설교는 하나님의 말씀을 풀어 사람들의 마음을 뜨겁게 하고, 어느 때는 누군가의 인생에 천지개벽이 일어나게 하기도 합니다.

334

박 목사님은 그간 전통적 설교 양식으로도 설교를 했지만 특히 소설의 형태로 설교를 쓰시는 분이기에 더욱 귀중한 사명을 수행하고 있습니다. 이야기 설교(냇교, telling sermon)의 대표적인 모범은 바로 예수님임을 생각할 때 박요한 목사님의 글쓰기 설교야말로 그분의 발자취를 따르는 일이라 하겠습니다.

그간 여러 권의 신앙소설을 쓰신 박 목사님께서 이번에는 성경을 사랑이라는 시각에서 새롭게 정리하여 글을 쓰셨습니다. 모든 것이 저의 시각과 일치되는 것은 아닙니다. 물론 꼭 일치되어야 할 필요는 없습니다. 그것은 글쓴이의 개성적인 견해이기 때문입니다.

박 목사님께서 여러모로 저보다 앞선 분인 데도 굳이 이 책의 추천사를 써달라고 간절히 요청해 왔습니다. 작가가 자신이 받은 대로 글을 쓰듯이 저 또한 저대로 받은 것을 쓰는 것이 좋을 것 같아 추천의 말씀은 이만 줄이려고 합니다.

그 대신 「사랑대헌장」을 게재하여 추천사의 부족한 부분을 채우려고 합니다. 오래전부터 고린도전서 13장을 나 자신의 표현으로 정리해 보겠다는 소망을 가져왔는데 이번에 그 초안을 내놓게 된 것입니다.

사랑 대헌장

사랑은 따뜻합니다. 봄바람처럼 따뜻합니다. 시베리아 겨울바람 같은 사랑도 없는 것은 아니지만 그러나 참 사랑은 근본적으로는 따뜻하고 친절하고 심지어 뜨겁기도 합니다.

사랑은 아는 것입니다. 이해하는 것입니다. 사랑의 대상에 대하여 조금이라도 더 알고 조금이라도 더 이해하는 것입니다.

사랑은 돌보는 것입니다. 배고픈 사람에게 먹을 것을 주고 목마른 사람에게 마실 것을 주며, 헐벗어 추위에 떠는 사람에게 옷을 입혀주는 것이 사랑입니다. 병든 사람을 정성스레 간호해주며 나그네를 도와주며 갇힌 자를 풀어주는 것이 곧 사랑입니다.

사랑은 애틋한 마음입니다. 자녀들이 감기만 들어도 얼마나 아프냐며 눈물을 글썽거리는 어머니의 애틋함이 바로 사랑입니다. 슬픔 있는 사람과 함께 슬퍼하고 기뻐하는 사람과 함께 기뻐하는 것이 사랑입니다.

사랑은 만져주는 것입니다. 머리를 쓰다듬어 주고 얼굴을 비벼 주는 것이 사랑입니다. 손을 꼭 잡아주고 입술을 맞대는 것이 사랑이요 부둥켜 안아주는 것이 사랑입니다. 알몸과 알몸을 최대한으로 맞대는 부부들만의 비밀스런 행동 곧 한 몸 되는 것이 사랑입니다.

사랑은 힘을 불어넣습니다. 처절한 실패로 인생의 앞길이 캄캄해진 친구, 그래서 자살밖에는 다른 길이 전혀 없다고 단정하는 그런 친구를 격려하는 것이 바로 사랑입니다. 자살할 용기를 가지고 함께 새 삶을 개척해 보자며 새 힘을 불어넣는 것이 사랑입니다.

사랑은 감싸줍니다. 허물투성이인 이웃이 있다고 해도 그것들을 모두 가려주는 것이 사랑입니다. 사람은 누구나 약점도 있고 흠집도 있고 허물도 있게 마련입니다. 그러나 암탉이 병아리를 날개 아래 품어 꼭꼭 숨기듯 그것들을 빈틈없이 덮어주는 것이 사랑입니다.

사랑은 길러 주고 회복시켜 주는 것입니다. 상대편을 더 좋은 사람으로 만들려고 교육하는 것이 사랑입니다. 인생을 바르게 안내해 주고, 변화시키고, 건강하게 하고, 자라게 하고, 새롭게 하고, 인간완성에 도달하도록 섬기고 도와주는 것이 사랑입니다.

사랑은 함께 사는 것입니다. 연인들은 조금이라도 더 길게 함께 있고 싶어합니다. 할 일도 없고, 할 말이 없으면서도 그냥 옆에 앉아 있는 것만으로도 즐겁고 행복합니다.

사랑은 주는 것입니다. 껌 하나, 쌀 한 톨이라도 주어야 참 사랑이라 할 수 있습니다. 상대편을 위하여 스스로 손해

보기를 기뻐해야만 감히 사랑한다고 말할 수 있습니다. 그래서 사랑은 곧 자기 희생입니다. 자기 유익을 챙기지 않고 오히려 남의 유익을 도모하는 것이 사랑입니다.

사랑은 용서입니다. 눈을 눈으로 갚고 이를 이로 갚는 대신 눈멀게 한 사람을 용서하고 이빨 부러뜨린 사람을 용서하는 것이 바로 사랑입니다. 그래서 흉악한 원수조차 사랑의 친구로 만들게 됩니다.

사랑은 삶입니다. 사람은 누구나 말로 사랑하고 생각으로 사랑하고 마음으로 사랑합니다. 그러나 그런 것들은 사랑의 시작일 수 있지만 온전한 사랑은 아닙니다. 참되게 사랑하려면 몸, 말, 생각, 감정, 의지, 행동, 그리고 영혼을 모두 쏟아부어야 합니다. 사랑의 화신이라는 말이 있듯이 삶 자체가 사랑이어야 더욱 온전한 사랑입니다.

사랑은 너의 입장에서 살아가는 삶입니다. 강한 자는 약한 자의 입장에 서서 살고 선한 자는 악한 자의 입장에서 살아가는 것이 사랑입니다. 죽이려는 자는 죽는 자의 입장에서 살아가려는 것이 좋은 사랑입니다.

사랑은 살려 주는 것입니다. 사람들을 죽음의 마수로부터 막아줌으로 끝까지 살려내는 것이 사랑입니다. 심지어 하루살이 같은 미물들의 생명조차 경외심을 가지고 보존하는 것이 사랑입니다.

　사랑은 큰 그릇과 같습니다. 사랑이라는 말에 많은 것들이 담겨 있다는 뜻입니다. 이기주의, 탐욕, 미움, 질투, 나만주의 같은 쓰레기들도 사랑이라는 그릇에 담겨 있습니다. 색성, 육욕, 음란, 방탕도 이 그릇에 담겨 있습니다. 또래 정신, 친구 삼기, 내리사랑과 올리효도, 그리고 겨레사랑과 나라사랑도 거기에 담겨 있습니다. 믿음, 희망, 감사, 기쁨, 평화, 선행, 충성, 자기 다스림도 이 그릇에 담겨 있습니다. 그러나 무엇보다도 하나님이 사람되심, 주기만 하는 즐거움, 다른 사람을 살리기 위하여 스스로 죽는 결단과 행동 곧 거룩한 사랑이며 하늘의 사랑인 아가페도 바로 이 그릇에 담겨 있습니다.

　그러므로 사랑은 모든 것의 모든 것입니다. 사랑은 역사 속에 있는 영원이며 영원 속에 담긴 역사입니다. 사랑은 죽음 속에 있는 생명이며 생명 속에 있는 죽음입니다. 사랑은 땅 속에 묻힌 하늘이며 하늘 속에 박혀 있는 땅입니다. 사랑은 골짜기 속에 담긴 높은 산이며 높은 산에 안겨 있는 골짜기입니다.

　사랑은 씨앗이요 새싹입니다. 뿌리요 줄기요 가지요 잎이요 꽃이요 열매입니다. 사랑은 모든 것의 시작이며 모든 것의 과정입니다. 사랑은 모든 것의 완성이며 모든 것의 전체입니다.

사랑은 하나님 자신입니다. 사랑을 창조하신 하나님, 바로 그분입니다. 그리고 십자 틀에 걸려 있는 하나님, 바로 그분 자신입니다.

패륜의 극치인가 사랑의 장벽인가

대학시절, 나의 별명은 '신의 존재'였다. 신의 존재에 대해 너무 깊이 파고들었기 때문에 주변에서 그런 별명을 붙여 준 것이다.

'과연 인생은 무엇인가, 그리고 신은 무엇인가, 신은 스스로 창조되었는가 아니면 사람이 갖다 붙인 명칭인가.'

당시 내 고민의 명제는 신의 존재였다. 하나님, 하나님의 존재였다.

신의 존재, 그것이 풀려야 내 인생이 시작될 수 있다고 믿었다. 3대째 크리스천이면서 장로의 아들이었지만 내 젊은 날의 대부분은 늘 목말라 있었고 타는 듯한 갈증으로 허덕였다. 그로 인해 신의 존재, 신의 명칭을 풀어보기 위하여 신학을 공부하게 되었던 것이다.

그 이후 내게 다가온 또 하나의 숙명적인 과제는 "사랑"
이었다. '사랑은 과연 무엇인가' 얼마 전 신문 기사에 보니
중국의 노동자들 20여 명이 불못 용광로에 빠져 흔적도 없
이 사라졌다고 한다. 이처럼 사랑은 흔적도 없는 뜨거움인
가, 만날 때는 설렘과 기쁨을 주지만 헤어지면 허망해지는
것이 사랑인가.

도대체 사랑의 정체는 무엇인가. 사랑의 이데올로기는
무엇인가. 그래서 나는 사랑의 실체를 규명하기 위해 다시
문학을 선택했다. 신학과 문학은 내 인생의 양 날개이다.

신과 사랑은 나의 운명이다. 나의 모든 작품에는 하나님
이 있고 사랑이 그려져 있다. 신과 사랑, 나는 처절한 가슴으
로 거기에 다가간다.

나의 목회와 문학은 '신과 사랑'으로 귀결된다. 신의 존
재, 사랑의 악랄함, 사랑의 고약함, 그리고 그것을 규명하기
위해 나는 목회를 하며 작품을 쓴다. 그 중 하나가 액션 바이
블 러브스토리 『패륜의 극치인가 사랑의 장벽인가』이다.

성서 안에 모든 것이 있다. 성서 안에 하나님이 있다. 성
서 안에 나의 사랑이 꿈틀대고 있다. 인생의 고뇌와 환희, 죄
악과 구원, 죽음과 부활 등 모든 것이 담겨 있다.

나는 이번에 성서에서 사랑이라는 상자를 꺼내 풀어내는
작업을 했다. 성서에 등장했던 사랑의 사건들을 오늘의 언

어와 시각으로 재해석했다. 5년이라는 시간이 걸렸으니 그 작업이 결코 짧지는 않았다.

이 작업을 도와준 성안당의 이종춘 회장님, 이준원 사장님, 최옥현 본부장님의 동지애적인 우정에 감사드린다.

박 요 한

액션 바이블 러브 스토리 **2**

패륜의 극치인가 사랑의 장벽인가

2008년 6월 18일 초판 1쇄 인쇄
2008년 6월 25일 초판 1쇄 발행

지은이 | 박요한
펴낸이 | 이종춘
펴낸곳 | **BM** 성안당

주   소 | 경기도 파주시 교하읍 문발리 출판문화정보산업단지 536-3
전   화 | 031-955-0511
팩   스 | 031-955-0510
등   록 | 1973. 2. 1. 제13-12호
홈페이지 | www.cyber.co.kr
수신자부담 전화 | 080-544-0511

ISBN 978-89-315-7285-8(03230)
ISBN 978-89-315-7283-4(세트)
정가 9,800원

이 책을 만든 사람들
책임 · 진행 | 최옥현
교정 · 교열 | 박은미
표지 디자인 | 정민수
본문 디자인 | ㈜하람커뮤니케이션
홍보 | 박재언
제작 | 구본철